Avatare im Metaversum

Peter Hoffmann

Avatare im Metaversum

Auf dem Weg zur Avatar-based-Interaction

Peter Hoffmann ⓘ
FHV Vorarlberg Hochschule für Angewandte Wissenschaften
Dornbirn, Austria

ISBN 978-3-658-51036-7   ISBN 978-3-658-51037-4 (eBook)
https://doi.org/10.1007/978-3-658-51037-4

Die Deutsche Nationalbibliothek verzeichnet diese Publikation in der Deutschen Nationalbibliografie; detaillierte bibliografische Daten sind im Internet über https://portal.dnb.de abrufbar.

Planung/Lektorat: David Imgrund
Springer Vieweg ist ein Imprint der eingetragenen Gesellschaft Springer Fachmedien Wiesbaden GmbH und ist ein Teil von Springer Nature.
Die Anschrift der Gesellschaft ist: Abraham-Lincoln-Str. 46, 65189 Wiesbaden, Germany

Wenn Sie dieses Produkt entsorgen, geben Sie das Papier bitte zum Recycling.

Vorwort

„Next Generation Internet" versuchte 2024, den Grundstein für ein tiefer gehendes Verständnis der nächsten Entwicklungsstufe des Internets, des Metaversums, zu legen. Es zeigte auf, wie dezentrale Technologien, KI-gestützte Systeme und immersive digitale Räume die digitale Kommunikation und Wirtschaft transformieren.

Dieses neue Buch, „Avatare im Metaversum – Auf dem Weg zur Avatar-based-Interaction", knüpft daran an und vertieft den Aspekt der digitalen Präsenz und Interaktion. Während das Buch von 2024 und die zweite Auflage von 2025 das Metaversum als Struktur und Ökosystem vorstellte, fokussiert sich das neue Buch auf den Avatar als zentrales Interface zu dieser Welt.

Dieser Fokus ist deshalb relevant, weil das Metaversum sich immer mehr zu einer interaktiven Parallelwelt entwickelt, in der Avatare zur primären Schnittstelle zwischen Mensch und digitalem Raum werden. Was aber bedeutet es, wenn die Interaktion nicht mehr über klassische Bildschirme oder Tastaturen, sondern über avatar-basierte Kommunikation erfolgt?

Das Buch betrachtet, wie Avatare als digitale Identitäten fungieren, welche technologischen Fortschritte ihre Nutzung revolutionieren und welche gesellschaftlichen, ethischen und wirtschaftlichen Implikationen mit dieser Entwicklung einhergehen.

Rorschach, Schweiz
19.03.2025

Peter Hoffmann

Interessenskonflikt Der/die Autor*in hat keine relevanten Interessenskonflikte im Zusammenhang mit dieser Publikation.

Inhaltsverzeichnis

Abkürzungen

A^3	Autonom agierender Avatar
ACL	FIPA Agent Communication Language
ACT-R	Adaptive Control of Thought-Rationa
AI	Artificial Intelligence
AJAX	Asynchronous JavaScript and XML
API	Application Programming Interface
AR	Augmented Reality
ARPA	Advanced Research Projects Agency
BCI	Brain Computer Interface
CERN	Conseil européen pour la recherche nucléaire (Europäische Organisation für Kernforschung)
CGI	Computer Generated Imagery
CLI	Command Line Interface (Kommandozeilen-Interface)
CNN	Convolutional Neural Networks
CSS	Cascading Style Sheets
DARPA	Defense Advanced Research Projects Agency
DID	Decentralized Identifier (dezentrale Identitätssysteme)
DNS	Domain Name System
D2A	Direct-to-Avatar
EARN	European Academic and Research Network
EEG	Elektroenzephalografie
FTP	File Transfer Protocol
GUI	Graphical User Interface
HCI	Human-Computer Interaction
HRTF	Head-Related Transfer Functions
HTML	Hypertext Markup Language
HTTP	Hypertext Transfer Protocol
ICANN	Internet Corporation for Assigned Names and Numbers
IETF	Internet Engineering Task Force
IoT	Internet of Things

IRC	Internet Relay Chat
KI	Künstliche Intelligenz
LLM	Large Language Model
MIT	Massachusetts Institute of Technology
MMI/ MMS	Mensch-Maschine-Interaktion/ Mensch-System-Interaktion
MMORPG	Massively Multiplayer Online Role-playing Games (Multiplayer-Online-Rollenspiele)
MoCap	Motion Capturing
MR	Mixed Reality
MUD	Multi-User-Dungeon
NLS	oN-Line System
NCP	Network Control Protocol
NLP	Natural Language Processing
NPC	Non-Player Character
NPL	National Physical Laboratory
OWL	Web Ontology Language
PBR	Physically Based Rendering
PHP	PHP: Hypertext Preprocessor (ursprünglich: Personal Home Page Tools)
RDF	Resource Description Framework
RFC	Request for Comments
SSI	Self-Sovereign Identity
SOAR	Security Orchestration, Automation, and Response
SRI	Stanford Research Institute
TCP/ IP	Transmission Control Protocol/ Internet Protocol
UCLA	University of California, Los Angeles
URL	Uniform Resource Locator
VR	Virtual Reality
WIMP	Windows, Icons, Menus, Pointer (Benutzungsparadigma)
WWW	World Wide Web
W3C	World Wide Web Consortium
XAI	Explainable Artificial Intelligence
XR	Extended Reality

Abbildungsverzeichnis

Rückblick: Vom Web zum Metaversum 1

Die Geschichte des Internets reicht bis in die frühen Konzepte der vernetzten Kommunikation des 20. Jahrhunderts zurück. Bereits in den 1960er-Jahren entwickelte sich die Idee, Computer über große Entfernungen hinweg miteinander zu verbinden, um Informationen effizient auszutauschen. Eine entscheidende Rolle spielte hierbei die Entwicklung der Paketvermittlung, das sogenannte „Packet Switching", die unabhängig voneinander von Paul Baran bei der RAND Corporation und Donald Davies am National Physical Laboratory (NPL) in Großbritannien entwickelt wurde [BAR64, DAV66].

Das erste praktisch realisierte Computernetzwerk war das ARPANET, welches 1969 unter Führung der Advanced Research Projects Agency (ARPA) des US-Verteidigungsministeriums entstand. Das Ziel dieser Idee bestand darin, eine dezentrale Kommunikationsstruktur zu entwickeln, die auch im Falle eines Teilausfalls funktionsfähig bleiben würde [LIC68]. Die ersten vier Knoten des ARPANET wurden an der University of California, Los Angeles (UCLA), dem Stanford Research Institute (SRI), der University of California, Santa Barbara (UCSB) und der University of Utah eingerichtet.

In den folgenden Jahren erweiterte sich das Netzwerk kontinuierlich, und mit der Einführung des Network Control Protocol (NCP) im Jahr 1970 wurde eine einheitliche Kommunikationsbasis geschaffen. Einen entscheidenden Fortschritt brachte die Entwicklung des Transmission Control Protocol/Internet Protocol (TCP/IP) durch Vinton Cerf und Robert Kahn in den 1970er-Jahren. Dieses Protokollmodell wurde 1983 offiziell in das ARPANET integriert und legte die Grundlage für das moderne Internet [CER74].

TCP (Transmission Control Protocol) ist ein Kernprotokoll der Internetprotokollsuite, das eine zuverlässige, geordnete und fehlerfreie Übertragung von Daten zwischen Anwendungen ermöglicht. Es wurde erstmals 1981 in RFC 793 spezifiziert und bietet eine Reihe von Funktionen, die es für eine breite Palette von Internetanwendungen unverzichtbar machen, von Webseitenaufrufen und Dateiübertragungen bis hin zu E-Mail und darü-

© Der/die Autor(en), exklusiv lizenziert an Springer Fachmedien Wiesbaden GmbH, ein Teil von Springer Nature 2026
P. Hoffmann, *Avatare im Metaversum*, https://doi.org/10.1007/978-3-658-51037-4_1

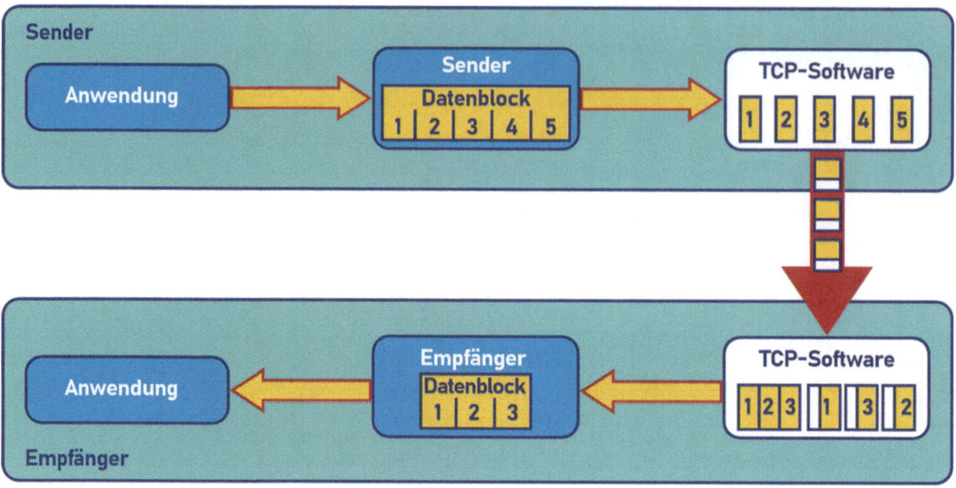

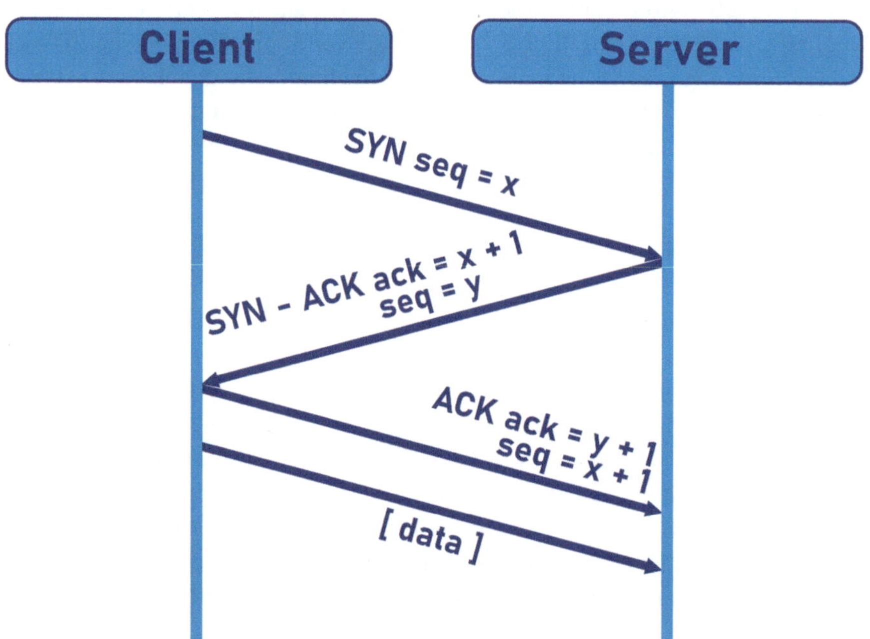

Abb. 1.1 Datenübertragung im TCP

ber hinaus. Dieser RFC erhielt vielfältige Überarbeitung und die heutige Grundlage für TCP bildet RFC 9293, in dem die ursprünglichen Inhalte mit den Erweiterungen zusammengebracht wurden [Protokolle] (Abb. 1.1).

Parallel zu diesen Entwicklungen entstanden verschiedene nationale und internationale Netzwerke. In Europa wurde beispielsweise das Cyclades-Netzwerk in Frankreich entwickelt, das ebenfalls auf Paketvermittlung basierte und wichtige Konzepte für TCP/ IP einführte [POU73]. In Großbritannien wurde das NPL-Netzwerk weiter ausgebaut, während in Deutschland das Wissenschaftsnetz EARN (European Academic and Research Network) ab den 1980er-Jahren eine wichtige Rolle in der akademischen Kommunikation spielte [FLU00].

Mit der zunehmenden Vernetzung verschiedener Systeme entstand die Notwendigkeit, standardisierte Adressierungs- und Namenskonventionen zu entwickeln. Die Einführung des Domain Name System (DNS) im Jahr 1984 vereinfachte die Identifikation von Computern im Netz und ersetzte frühere numerische Adressierungssysteme [MOC87]. Das DNS kann ohne Zweifel als die entscheidende Komponente des Internets angesehen werden. Es übersetzt benutzerfreundliche, lesbare Domainnamen wie z. B. „currywurst.de" in numerische IP-Adressen wie „192.0.2.1" für IPv4 oder „2001:0db8:85a3:0000:0000: 8a2e:0370:7334" für IPv6 und umgekehrt, die die Computer verwenden, um Ressourcen im Internet zu identifizieren und zu lokalisieren. Diese Umwandlung ist notwendig, weil Menschen sich Namen leichter merken können als Zahlenfolgen, während Netzwerke und Maschinen mit IP-Adressen arbeiten, um Hosts im Internet zu lokalisieren und Datenpakete korrekt zuzustellen [HOF24].

In dieser Phase bildeten sich auch die ersten institutionellen Strukturen zur Verwaltung und Weiterentwicklung des Internets, darunter die Internet Engineering Task Force (IETF) und später die Internet Corporation for Assigned Names and Numbers (ICANN).

Gegen Ende der 1980er-Jahre führten sowohl die steigende Verfügbarkeit von Rechnern als zugleich auch die sinkenden Kosten für Netzwerktechnologie zu einer rapiden Expansion des Internets über den akademischen und militärischen Bereich hinaus. Kommerzielle Anbieter begannen, Netzwerkinfrastruktur bereitzustellen, und neue Anwendungen wie E-Mail und Dateiübertragungsprotokolle wie z. B. das File Transfer Protocol (FTP) trugen zur zunehmenden Bedeutung des Internets bei [POS80]. FTP ist ein Standard-Netzwerkprotokoll, das für die Übertragung von Dateien zwischen einem Client und einem Server über ein TCP-basiertes Netzwerk, wie es das Internet ist, verwendet wird. FTP wurde in den frühen 1970er-Jahren entwickelt und ist damit eines der ältesten Protokolle, das sich noch im Einsatz befindet. Es bildet daher die Grundlage für das Verständnis der Funktionsweise von Netzwerkprotokollen und der Dateiübertragung über das Internet, denn FTP ermöglicht Benutzern den Umgang mit Dateien über das Netzwerk. Auf der Grundlage von FTP können [HOF24]

- Daten übertragen werden,
- Dateien und Verzeichnisse auf einem entfernten Rechner aufgelistet werden,
- Verzeichnisse auf entfernten Rechnern erstellt und auch gelöscht werden sowie
- Inhalte von Dateien und von Verzeichnissen geändert werden.

Mit der Etablierung des Internets als globales Kommunikationsmedium entstanden in den 1990er-Jahren erste Debatten über Governance, Sicherheit und Regulierung. Die grundlegenden Prinzipien der offenen Architektur und Dezentralität, die das Internet seit seinen Anfängen geprägt hatten, standen zunehmend im Spannungsfeld zwischen staatlicher Kontrolle, wirtschaftlichen Interessen und der Wahrung eines freien Informationsflusses [LES99].

1.1   Was bisher geschah: Web, Web 2.0, Web3

Die Ursprünge des World Wide Web (WWW) lassen sich auf konzeptuelle Überlegungen zurückführen, die weit vor der technischen Realisierung des Internets entstanden. Bereits 1945 formulierte Vannevar Bush mit seinem visionären Konzept des „Memex" eine Idee, die als frühe Inspiration für das Hypertext-Prinzip des Webs gilt. In seinem Artikel As We May Think beschrieb Bush ein mechanisches Gerät, das es ermöglichen sollte, Informationen durch assoziative Verknüpfungen abzurufen, anstatt sie linear zu durchsuchen. Diese Idee eines netzwerkartigen, nicht-sequentiellen Zugangs zu Wissen beeinflusste spätere Entwicklungen in der Informationstechnologie maßgeblich [BUS45]. Dieses hypothetische Gerät sollte es einem Benutzer ermöglichen, umfangreiche Mengen an Informationen in Form von Mikrofilm zu speichern und durch assoziative Verknüpfungen, ähnlich wie das menschliche Gedächtnis, miteinander zu verbinden. Bushs Vision des Memex war insofern revolutionär, als dass es nicht nur die Speicherung und den Abruf von Informationen erleichtern sollte, sondern auch die Möglichkeit bieten würde, Informationen auf eine nicht-lineare Weise zu organisieren und zu durchstöbern [BUS45] (Abb. 1.2).

Im Verlauf der 1960er- und 1970er-Jahre wurden verschiedene Hypertext-Konzepte weiterentwickelt, unter anderem durch Ted Nelson, der das Xanadu-Projekt ins Leben rief, und Douglas Engelbart, dessen bahnbrechende Demonstration des „oN-Line System" (NLS) 1968 zentrale Elemente wie Hyperlinks und grafische Benutzeroberflächen enthielt [ENG68, NEL65]. Während diese Ansätze den theoretischen Grundstein legten, fehlte noch die infrastrukturelle Basis für eine umfassende Vernetzung, die erst durch die Etablierung des Internets mit dem TCP/ IP-Protokoll in den 1980er-Jahren gegeben war (Abb. 1.3).

Eine besondere Form des Internet begann 1989, als Tim Berners-Lee am CERN die Idee eines dezentralen, hypertextbasierten Informationssystems entwickelte. Sein Vorschlag zielte darauf ab, wissenschaftliche Dokumente und Daten effizienter zu organisieren und zugänglich zu machen. Dazu kombinierte er die Konzepte von Hypertext, verteilten Netzwerken und einem universellen Identifikationsmechanismus durch Uniform Resource Locators. (URLs) [BER89] Ein Jahr später entwickelte er die ersten grundlegenden Komponenten des World Wide Webs (WWW):

- das Hypertext Transfer Protocol (HTTP),
- die Hypertext Markup Language (HTML) und
- den ersten Webbrowser sowie Webserver.

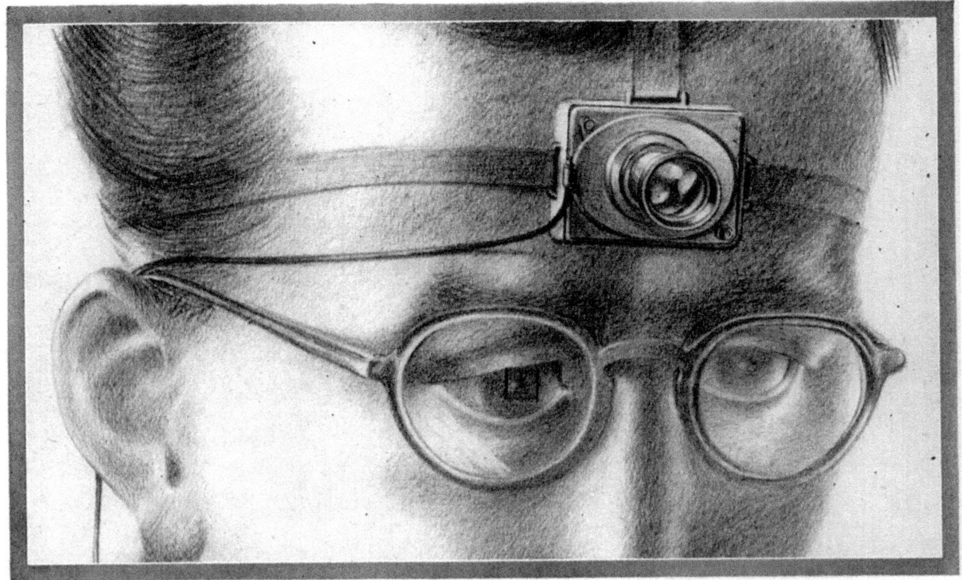

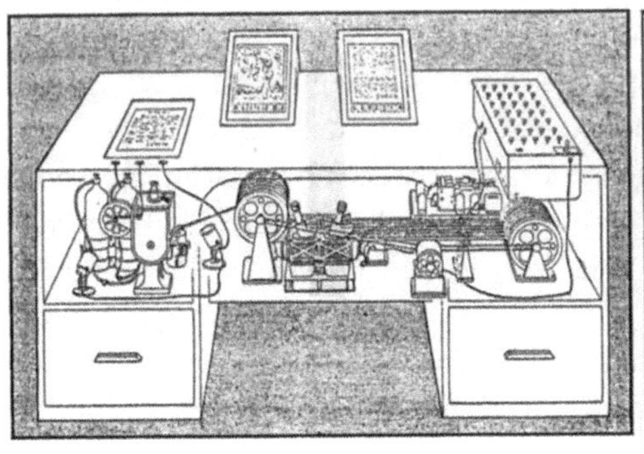
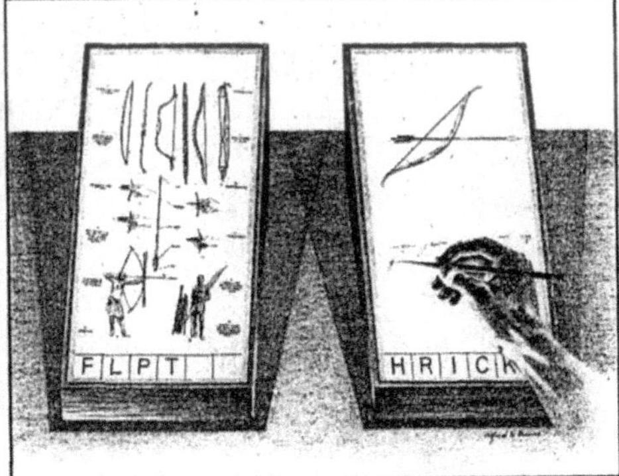

Abb. 1.2 MEMEX

Im August 1991 wurde das WWW für die Öffentlichkeit zugänglich gemacht, was eine rapide Expansion einleitete. Die Veröffentlichung der ersten Webbrowser mit grafischer Benutzeroberfläche, insbesondere NCSA Mosaic im Jahr 1993, trug erheblich zur

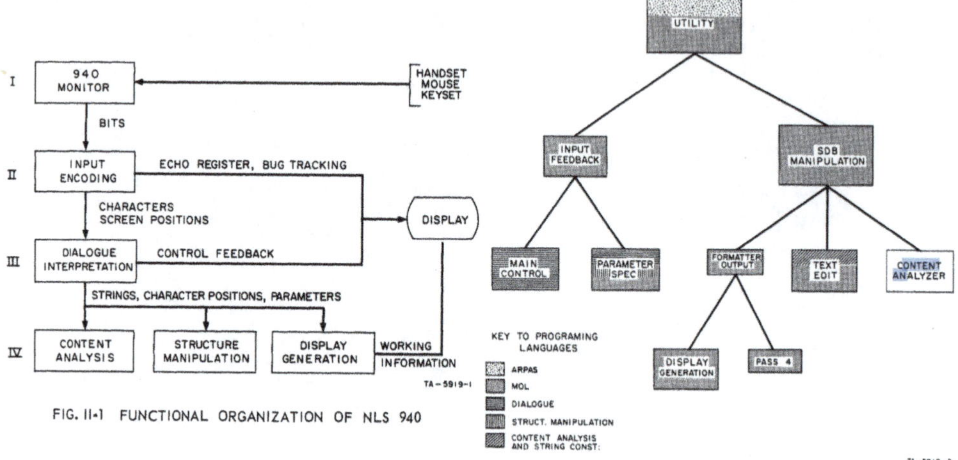

Abb. 1.3 NLS

Popularisierung des Webs bei, da sie eine intuitive Nutzung ohne technische Vorkenntnisse ermöglichte [AND94]. In den folgenden Jahren entstanden erste Suchmaschinen und Webverzeichnisse, die die Navigation innerhalb des exponentiell wachsenden Informationsraums erleichterten.

Hypertext, wie es ursprünglich von Ted Nelson in den 1960er-Jahren konzipiert wurde, beschreibt ein System, in dem Textinformationen nicht linear, sondern in Form von verknüpften Knoten organisiert sind. Diese Struktur ermöglicht es Benutzern, durch Verweise, sogenannte Hyperlinks, von einem Textabschnitt zu einem anderen zu springen, wodurch ein Netzwerk aus miteinander verbundenen Texten entsteht. Das Ziel dieses Ansatzes war es, die Art und Weise, wie Informationen präsentiert und konsumiert werden, grundlegend zu verändern, indem der Benutzer die Freiheit erhält, eigene Pfade durch das Informationsmaterial zu navigieren, anstatt einer vorgegebenen linearen Struktur zu folgen [NEL65].

Mit der fortschreitenden Entwicklung digitaler Technologien und der zunehmenden Verfügbarkeit von Multimedia-Inhalten wurde das Konzept des Hypertextes erweitert, um auch andere Medienformen wie Bilder, Audio und Video zu integrieren. Diese Erweiterung führte zur Entstehung von Hypermedia, einem System, das die Prinzipien des Hypertextes auf eine breitere Palette von Medien anwendet. Während Hypertext primär auf die Verknüpfung von Texten fokussiert ist, erlaubt Hypermedia die Integration verschiedener Medientypen in ein zusammenhängendes, interaktives Netzwerk. Hypermedia bietet dadurch ein reichhaltigeres und vielseitigeres Benutzererlebnis, da es die Stärken verschiedener Medien kombiniert und dem Benutzer eine dynamischere und interaktivere Form der Informationsdarstellung und -navigation ermöglicht [HAR95].

Parallel zur technischen Entwicklung kam es zu einer zunehmenden Standardisierung. Das World Wide Web Consortium (W3C), das 1994 von Berners-Lee gegründet wurde, übernahm eine zentrale Rolle bei der Weiterentwicklung offener Webstandards, um die Interoperabilität und langfristige Stabilität des WWW zu gewährleisten [BER99]. Die Einführung von Cascading Style Sheets (CSS) und frühen Skriptsprachen wie JavaScript erweiterte die gestalterischen und interaktiven Möglichkeiten des Webs erheblich.

In der ersten, frühen Phase des WWW dominierten statische HTML-Seiten, die hauptsächlich der Informationsbereitstellung dienten. Erst mit der Weiterentwicklung serverseitiger Technologien und solcher Technologien zur Datenbankintegration begann das Web, interaktiver zu werden. Unternehmen erkannten zunehmend das wirtschaftliche Potenzial des Internets, was zur Entstehung von E-Commerce-Plattformen und Online-Diensten führte. Die rasche Kommerzialisierung führte jedoch auch zu Diskussionen über Datenschutz, Netzneutralität und die gesellschaftlichen Auswirkungen einer zunehmend digital vernetzten Welt [CAS01].

Das World Wide Web veränderte innerhalb weniger Jahre die Art und Weise, wie Informationen und wie Wissen organisiert, verbreitet und konsumiert wird. Basierend auf Konzepten, die bereits Jahrzehnte zuvor entwickelt wurden, gelang es mit der Einführung des Internets als technischer Infrastruktur, Hypertext-Systeme in globalem Maßstab umzusetzen. Dies führte zu einem tiefgreifenden Wandel in Wissenschaft, Wirtschaft und Gesellschaft, der die digitale Ära nachhaltig prägte – und immer noch prägt.

Mit der zunehmenden Verbreitung des World Wide Web in den 1990er-Jahren entwickelte sich das Internet von einer rein statischen Informationsplattform hin zu einer interaktiven Umgebung. Während das frühe Web durch statische HTML-Seiten geprägt war, entstand um die Jahrtausendwende eine neue Entwicklungsphase, die als „Web 2.0" bezeichnet wurde. Dieser Begriff wurde maßgeblich durch Tim O'Reilly geprägt und der die veränderte Nutzung des Webs, die durch Interaktivität, nutzergenerierte Inhalte und soziale Vernetzung charakterisiert ist, beschreibt [ORE07].

Die technologische Grundlage für diese Entwicklung bildeten verbesserte Web-Technologien wie AJAX (Asynchronous JavaScript and XML), die eine dynamischere Gestaltung von Webseiten, die gezielt auf Benutzerinteraktion mit der Webseite reagiert, ermöglichten. Dadurch war es nicht mehr notwendig, eine gesamte Webseite neu zu laden, um Inhalte zu aktualisieren, was die Usability erheblich verbesserte [GAR05]. Durch diese Innovationen erst konnten soziale Plattformen, Blogs, Wikis und anderer Anwendungen, die den Nutzer stärker in den Gestaltungsprozess einbeziehen, entstehen.

Zentrales für Web 2.0 war die Entstehung sozialer Netzwerke wie Facebook, das 2004 gegründet wurde, YouTube, gegründet 2005, und Twitter, das 2006 folgte. Diese Plattformen veränderten die Art der digitalen Kommunikation grundlegend, indem sie es ermöglichten, Inhalte in unterschiedlichen medialen Formen in Echtzeit zu teilen und globale Netzwerke aufzubauen [BOY07]. Ebenso gewannen kollaborative Wissensplattformen wie Wikipedia an Bedeutung, die durch kollektive Beiträge und offene Bearbeitungsmöglichkeiten eine neue Form der Wissensproduktion etablierten [TAP06].

In dieser Phase nahm ebenfalls die Kommerzialisierung des Webs deutlich zu. Unternehmen begannen, Web-2.0-Technologien für Marketingstrategien, personalisierte Werbung und E-Commerce-Anwendungen zu nutzen. Die beginnende algorithmische Verarbeitung von Nutzerdaten wurde zu einem zentralen Bestandteil der digitalen Wirtschaft, was zugleich neue Herausforderungen hinsichtlich des Datenschutzes und der informationellen Selbstbestimmung mit sich brachte [ZUB19]. Die fortschreitende Personalisierung von Inhalten durch Empfehlungsalgorithmen führte zudem zu Debatten über Filterblasen und die damit einhergehende Fragmentierung des öffentlichen Diskurses [PAR11].

Während das Web 2.0 zunächst als Werkzeug zur Demokratisierung der digitalen Welt gefeiert wurde, wurde zugleich zunehmend Kritik an monopolartigen Strukturen großer Plattformunternehmen laut. Die Abhängigkeit von wenigen dominanten Akteuren wie Google, Facebook und Amazon verstärkte Fragen nach Machtverhältnissen, Regulierung und alternativen dezentralisierten Strukturen [LAN13]. Gleichzeitig entstanden neue Formen partizipativer Kultur, die insbesondere durch nutzergenerierte Inhalte auf Plattformen wie YouTube und Instagram sichtbar wurden. Diese Entwicklungen zeigten, dass das Web 2.0 nicht nur eine technologische, sondern auch eine tiefgreifende gesellschaftliche Transformation darstellte.

Neue Technologien und Paradigmen trugen zu einer noch schnelleren Weiterentwicklung des Webs bei. Konzepte wie semantisches Web, Blockchain-basierte Anwendungen und dezentrale Netzwerke zunehmend an Bedeutung gewannen. Während das Web 2.0 eine Ära der sozialen Vernetzung und kollaborativen Inhalte einleitete, bleiben seine strukturellen Herausforderungen bis heute ein zentrales Thema wissenschaftlicher und gesellschaftlicher Auseinandersetzungen.

Einhergehend mit der technischen Weiterentwicklung hat die Veränderung der Nutzung insbesondere des World Wide Web tiefgreifende Auswirkungen in der Art und Weise bewirkt, wie Menschen Informationen konsumieren und produzieren. Diese Veränderungen lassen sich konzeptionell durch die Begriffe „Prosumtion" nach Alvin Toffler und „Produsage" nach Axel Bruns erfassen, die beide beschreiben, wie sich die traditionelle Trennung zwischen Produzenten und Konsumenten im digitalen Zeitalter zunehmend auflöst.

Alvin Toffler führte den Begriff der „Prosumtion" bereits in den 1980er-Jahren ein und beschrieb damit eine wirtschaftliche und gesellschaftliche Entwicklung, in der Konsumenten nicht mehr nur passive Empfänger von Gütern und Informationen sind, sondern aktiv in deren Produktion eingebunden werden [TOF80]. In einer Umgebung mit einer stets verfügbaren und leistungsstarken digitalen Kommunikation verschwimmt die die Unterscheidung zwischen Produzent und Konsument immer weiter. Zwar wird der Produzent weiterhin die physischen Produktionsmittel besitzen, aber der Konsument kann mittels der zunehmenden Vernetzung durch das Internet und die einerseits einfache, andererseits zugleich aber tiefgreifende (Daten-)Verbindung quasi direkt selbst in diese Produktionsmittel eingreifen. Die, zumeist webgestützten, Konfiguratoren nicht nur der Automobilhersteller sondern unter anderem auch der Fashion-Industrie sind gute Beispiele für die Idee der Prosumtion, wie sie heute realisiert wird. Hier sind allen voran insbesondere Adidas und Nike zu nennen [CHE20]. Die Konsumenten stellen sich die

Produkte nach ihren individuellen Wünschen zusammen; diese Einstellungen werden digital an die Produktionsmaschinen gesandt und gezielt für den einzelnen Konsumenten Produziert, Es ergibt sich das Bild, als ob der Konsument die Produktionsanlagen selbst steuert.

Bleibt die Prosumtion nach Toffler noch übergreifend zwischen physischer und digitaler Welt verankert, so entwickelte Axel Bruns diesen Gedanken für die rein digitale Welt weiter. Sein Konzept der „Produsage" nutzt die kooperative, iterative und kollektive Natur der digitalen Produktion [BRU08]. Während Tofflers „Prosumtion" noch stark auf den ökonomischen Aspekt der Konsumproduktion fokussiert war, erweitert „Produsage" das Verständnis auf kollaborative digitale Prozesse. Nutzer sind nicht mehr an eine lineare Wertschöpfungskette gebunden, sondern tragen aktiv zur Evolution von Inhalten bei, indem sie bestehende Materialien modifizieren, erweitern oder kombinieren. Dies zeigt sich insbesondere in offenen Wissensplattformen, Open-Source-Software-Entwicklung oder Crowdsourcing-Projekten, in denen Inhalte kontinuierlich durch eine dezentrale Gemeinschaft verbessert werden (Abb. 1.4 und 1.5).

Die technische Entwicklung des Internets hat die Umsetzung dieser Konzepte erheblich begünstigt. Während in der Frühphase des Webs (Web 1.0) noch eine klare Trennung zwischen Informationsanbietern und -nutzern bestand, führte die interaktive Architektur des Web 2.0 dazu, dass sich Nutzer nicht nur an der Rezeption, sondern auch an der Schaffung von Inhalten beteiligen. Das Internet bietet durch niedrige Zugangshürden und die Vernetzung globaler Communities die infrastrukturellen Voraussetzungen für die Entfaltung von

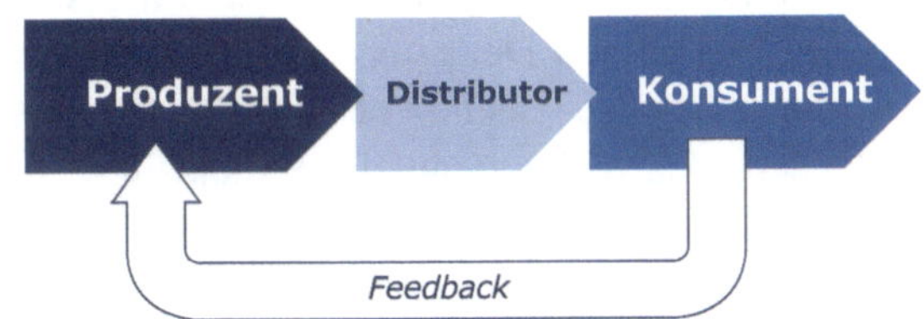

Abb. 1.4 Prosumtion nach Toffler

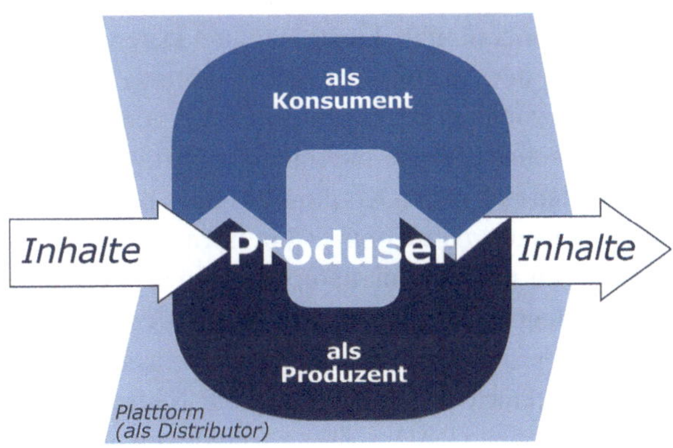

Abb. 1.5 Produsage nach Bruns

Prosumtion und Produsage. Dadurch entstehen neue Formen der Wertschöpfung, in denen digitale Nutzer aktiv an der Produktion von Medieninhalten, Wissen und Software beteiligt sind, ohne notwendigerweise einer klassischen Produzentenrolle zu entsprechen.

Die zunehmende Digitalisierung und Vernetzung wirft jedoch auch kritische Fragen auf. Während Prosumtion und Produsage eine Demokratisierung sowohl der physischen, als auch der Informationsproduktion suggerieren, profitieren in vielen Fällen vor allem große Technologieunternehmen von diesen Strukturen, indem sie die unbezahlte Arbeit von Nutzern für kommerzielle Zwecke verwerten [FUC14]. Die Mechanismen solcher Plattformökonomien führen dazu, dass Nutzer Inhalte bereitstellen, die durch datengetriebene Geschäftsmodelle monetarisiert werden, ohne dass sie selbst unmittelbar am wirtschaftlichen Gewinn beteiligt sind. Diese Entwicklung stellt einen zentralen Aspekt der aktuellen digitalen Kultur und Ökonomie dar und zeigt, dass die Verschmelzung von Produktion und Konsum nicht nur technologische, sondern auch gesellschaftliche und wirtschaftliche Implikationen mit sich bringt.

Als Antwort auf die strukturellen und normativen Defizite des Web2.0 lässt sich das sogenannte Die Entwicklung des Web3 verstehen. Bleibt das Metaversum zunächst unberücksichtigt, so stellt das Web3 den bislang letzten evolutionären Schritt in der Geschichte des World Wide Web dar. Während das Web2.0, wie gerade dargestellt, vor allem durch nutzergenerierte Inhalte, Plattformökonomien und soziale Netzwerke geprägt war, offenbarte sich im Laufe seiner Etablierung eine zunehmende Zentralisierung digitaler Machtstrukturen, insbesondere durch die Dominanz großer Plattformunternehmen, die über umfangreiche Datenbestände, algorithmische Steuerungsmöglichkeiten und infrastrukturelle Kontrolle verfügen. Diese Machtkonzentration führte zu wachsenden Spannungen hinsichtlich Datenschutz, digitaler Souveränität und informationeller Selbstbestimmung, die zu Beginn der 2010er-Jahre verstärkt in den Fokus einer kritisch-reflektierenden Tech-Öffentlichkeit rückten.

Aus diesem Spannungsfeld entstand das Konzept des Web3. Es wurde zunächst als technologische wie auch ideologische Gegenbewegung zum zentralisierten Web2.0 formuliert, getragen vor allem durch Akteure aus der Krypto- und Blockchain-Community, die sich auf die Grundprinzipien der Dezentralisierung, der Transparenz und der Nutzerkontrolle über digitale Identitäten und Daten beriefen. In technischer Hinsicht basiert das Web3 auf der Nutzung dezentraler Netzwerke, insbesondere Blockchain-Technologien, die es ermöglichen, digitale Transaktionen, Eigentumsnachweise und Governance-Prozesse ohne zentrale Intermediäre abzuwickeln. Die frühesten Umsetzungen dieser Vision finden sich in den Kryptowährungen der ersten Generation, wie Bitcoin, und in darauf aufbauenden Smart-Contract-Plattformen wie Ethereum, das 2015 als dezentrale Infrastruktur für programmierbare, autonome Anwendungen eingeführt wurde [BUT14].

Der Begriff Web3 selbst wurde im öffentlichen Diskurs ab Mitte der 2010er-Jahre zunehmend prominent, insbesondere im Zusammenhang mit dem Aufkommen dezentraler Finanzsysteme (DeFi), Non-Fungible Tokens (NFTs) und der Idee dezentraler autonomer Organisationen (DAOs). Diese Entwicklungen markieren eine konzeptionelle Verschiebung, bei der die Nutzer nicht nur Inhalte bereitstellen, sondern auch Eigentumsrechte an digitalen Gütern besitzen, an Governance-Prozessen teilnehmen und durch Token-basierte Systeme ökonomisch incentiviert werden. Das Web3 versteht sich somit nicht nur als technisches Netzwerk, sondern auch als sozioökonomisches Ökosystem, das auf kooperativen, partizipativen und selbstorganisierten Strukturen basiert [WER18].

Ein wesentliches Merkmal der Web3-Historie ist die enge Verflechtung technischer Innovationen mit politischen und ideologischen Visionen. Die Betonung individueller Datensouveränität, die Kritik an Plattformmonopolen und die Forderung nach sogenannten digitalen Commons sind nicht nur Reaktionen auf technologische Entwicklungen, sondern Ausdruck eines tiefgreifenden normativen Paradigmenwechsels in der Auffassung von digitaler Öffentlichkeit, Ökonomie und Governance. Die Entstehung des Web3 kann daher auch als Versuch gelesen werden, die emanzipatorischen Versprechen des frühen Webs, nämlich Offenheit, Zugang, partizipative Gestaltung, unter neuen technologischen Bedingungen einzulösen.

Aktuell ist das Web3 durch eine Hybridität zwischen experimentellen Systemen und infrastrukturellen Ambitionen gekennzeichnet. Zahlreiche Initiativen arbeiten an der Integration von Identitätsmanagement, interoperablen Wallets, dezentralen Marktplätzen und an der Etablierung von Protokollen für die Maschinenökonomie. Zugleich bleibt die Verbreitung des Web3 begrenzt durch technologische Skalierungsprobleme, regulatorische Unsicherheiten und soziale Hürden in Bezug auf Usability und Vertrauen. Nichtsdestotrotz wird das Web3 zunehmend als Grundlage für zukünftige Anwendungen im Metaversum, in der digitalen Bildung, in neuen Arbeitsformen und in sozialen Netzwerken diskutiert, in denen Nutzer durch ihre A^3-Avatare als souveräne Subjekte in digitalen Ökonomien und Governance-Strukturen auftreten können [TAP14].

Die Historie des Web3 ist damit nicht nur als Fortsetzung der technischen Evolution des World Wide Web zu verstehen, sondern als Ausdruck eines umfassenderen Wandels in der digitalen Gesellschaft, in dem Fragen von Kontrolle, Eigentum und Partizipation neu verhandelt werden.

1.2   Das Metaversum als evolutionärer Schritt nach Social Media und Plattform-Ökonomie

Die Idee des Metaversums ist eng mit der Entwicklung des World Wide Web, des Web 2.0 und des Web3 verknüpft. Während das Web ursprünglich als statische Hypertext-Struktur konzipiert wurde, sich mit dem Web 2.0 zunehmend zu einer interaktiven Plattform und mit Web3 zu einer durchkommerzialisierten Umgebung entwickelte, stellt das Metaversum eine weitere Stufe der digitalen Vernetzung dar. Es ist geprägt durch dreidimensionale virtuelle Welten, erweiterte und virtuelle Realität sowie eine zunehmende Verschmelzung von physischer und digitaler Identität. Das Ziel ist also eine immersive digitale Umgebung, in der physische und virtuelle Realität verschmelzen,

Die theoretischen Grundlagen für das Metaversum reichen bis in die 1980er-Jahre zurück. Der Begriff selbst wurde erstmals in Neal Stephensons Roman Snow Crash im Jahr

1992 geprägt [STE92]. Darin wird ein virtueller Raum beschrieben, in dem Nutzer durch Avatare interagieren. Dieses Konzept wurde jedoch von früheren kybernetischen und virtuellen Umgebungen inspiriert, darunter frühe Multi-User-Dungeons (MUDs) und Online-Communities wie Habitat, das 1986 von Lucasfilm entwickelt wurde [MOR91]. Diese Systeme legten den Grundstein für die Idee persistent verbundener digitaler Räume, in denen Nutzer nicht nur Informationen konsumieren, sondern aktiv Teil einer virtuellen Welt sind.

Mit der Weiterentwicklung des Internets und der steigenden Rechenleistung begannen Unternehmen und Forschungsinstitute, immersive virtuelle Umgebungen zu schaffen. In den frühen 2000er-Jahren gewann das Konzept durch Plattformen wie Second Life an Popularität. Diese Plattform, die 2003 von Linden Lab veröffentlicht wurde, ermöglichte es Nutzern, eigene digitale Inhalte zu erstellen, Grundstücke zu erwerben und in einer persistenten virtuellen Welt zu interagieren [OND24]. Parallel dazu entwickelte sich das Gaming-Segment mit massiven Multiplayer-Online-Rollenspielen (MMORPGs) wie World of Warcraft, die soziale und wirtschaftliche Dynamiken digitaler Welten simulierten [CAS05].

Die zunehmende Konvergenz von Virtual Reality (VR), Augmented Reality (AR) und künstlicher Intelligenz (KI) führte im Laufe der 2010er-Jahre zu einer neuen Welle des Interesses an immersiven digitalen Umgebungen. Unternehmen wie Facebook, das 2014 Oculus VR übernahm, investierten massiv in VR-Technologien, während Fortschritte im Bereich Blockchain und dezentralisierter digitaler Ökonomien die Grundlage für neue Metaversum-Konzepte legten [DIO13]. Während frühe Visionen des Metaversums oft zentralisierte Plattformen betrafen, entwickelten sich zunehmend dezentrale Ansätze, die auf Nutzerautonomie und digitalen Eigentumsrechten basieren.

Sowohl in der wissenschaftlichen als auch in der wirtschaftlichen Debatte bleibt das Metaversum ein umstrittenes Konzept. Einerseits wird es als neue Ära digitaler Vernetzung betrachtet, die soziale Interaktion, Bildung und Wirtschaft revolutionieren könnte. Andererseits bestehen Herausforderungen hinsichtlich Datenschutz, digitaler Souveränität und ethischer Fragestellungen im Umgang mit virtuellen Identitäten [ZUC21]. Die historische Entwicklung zeigt, dass das Metaversum nicht als singuläre Innovation betrachtet werden kann, sondern als Kontinuum einer technologischen Evolution, die im Konzept des Webs begann und sich mit der fortschreitenden Digitalisierung der Lebenswelt weiterentwickelt [HOF25].

Das Metaversum kann als ein nächster logischer evolutionärer Schritt nach der Ära von Social Media und Plattform-Ökonomie verstanden werden, der nicht nur eine rein technologische Weiterentwicklung darstellt, sondern darüber hinaus auch tiefgreifende Veränderungen in der Struktur digitaler Kommunikation, Ökonomie und Sozialität mit sich bringt. Während Social Media die digitale Kommunikation durch Vernetzung, Partizipation und Nutzerzentriertheit veränderte und die Plattform-Ökonomie eine intermediäre Infrastruktur zur Verfügung stellte, in der datenbasierte Geschäftsmodelle und algorithmische Steuerung dominieren, eröffnet die Idee des Metaversums einen neuen digitalen Erfahrungsraum, in dem räumliche, soziale und ökonomische Interaktionen immersiv, persistent und zunehmend durch virtuelle Identitäten vermittelt stattfinden.

Im Kontext der Social-Media-Entwicklung stand die Ermöglichung niedrigschwelliger Kommunikation, Nutzerbeteiligung und sozialer Selbstrepräsentation im Vordergrund. Plattformen wie Facebook, Instagram oder Twitter strukturierten diese Interaktionen durch zentralisierte technische Infrastrukturen und monetarisierten die Aufmerksamkeit der Nutzer durch werbebasierte Modelle [DIJ13]. Mit dem Übergang zur Plattform-Ökonomie kam es zu einer weiteren Ausweitung dieser Strukturen, bei der Plattformbetreiber nicht mehr nur Kommunikationskanäle bereitstellten, sondern als infrastrukturelle Akteure auftraten, die Marktbeziehungen, Arbeitsprozesse und kulturelle Praktiken algorithmisch kontrollierten und monetarisierten [SRN16].

Das Metaversum, verstanden als dreidimensionale, persistent vernetzte digitale Umgebung, in der physische und virtuelle Realität verschmelzen, geht über diese zentralisierten und linearen Strukturen hinaus. Es etabliert eine neue Logik der digitalen Präsenz, in der Nutzer nicht mehr primär über Profile oder Beiträge interagieren, sondern über Avatare in räumlich strukturierten Umgebungen agieren, kommunizieren, produzieren und konsumieren [BAI18]. In diesem Sinne kann das Metaversum als eine räumlich-immersive Fortsetzung sozialer Medien gedacht werden, die durch VR, AR und Echtzeitdatenverarbeitung neue Formen sozialer Interaktion und digitaler Selbstverortung ermöglicht.

Zugleich führt das Metaversum die Prinzipien der Plattform-Ökonomie in erweiterter Form fort. Es reproduziert die Logik der zentralisierten Kontrolle durch technologische „Gatekeeper", etwa durch die Unternehmen, die Metaversum-Plattformen wie Horizon Worlds oder Roblox betreiben, und verschärft diese durch die Einführung virtueller Ökonomien, digitaler Eigentumsrechte und dezentraler Finanzsysteme [FIL16]. Die technische Infrastruktur dieser Umgebungen erlaubt eine granulare Datenerfassung und algorithmische Steuerung, die über die in klassischen Plattformen etablierten Mechanismen hinausgeht. Gleichzeitig eröffnet das Metaversum auch die Möglichkeit zu dezentralisierten Strukturen, etwa durch die Integration von Blockchain-Technologien, Non-Fungible Tokens (NFTs) und Smart Contracts, die auf Nutzerautonomie und digitale Besitzverhältnisse abzielen [TAP14].

In gesellschaftstheoretischer Perspektive markiert das Metaversum eine neue Phase der Digitalisierung, in der die Verschmelzung von symbolischer Repräsentation und räumlicher Interaktion zu einer neuartigen, hybriden Form von Identität, Arbeit und Konsum führt. Während in sozialen Medien vorwiegend diskursive Formen der Selbstpräsentation dominieren, basiert das Metaversum auf performativen und immersiven Formen sozialer Präsenz. Damit verlagern sich auch die sozialen Aushandlungsprozesse von Sichtbarkeit, Zugehörigkeit und Partizipation in neue mediale Formate, in denen Fragen von Zugänglichkeit, Inklusion und Kontrolle erneut zur Disposition stehen [FLO14].

Das Metaversum ist somit nicht lediglich ein technologischer Trend oder eine Erweiterung bestehender digitaler Medienformen, sondern stellt eine tiefgreifende Verschiebung dar, die neue Paradigmen sozialer Interaktion, ökonomischer Organisation und kultureller Repräsentation hervorbringt. In seiner Konzeption als räumlich-soziales Netzwerk ist es zugleich Konsequenz und Disruption der bisherigen Entwicklungslinien von Social Media und Plattform-Ökonomie [HOF25].

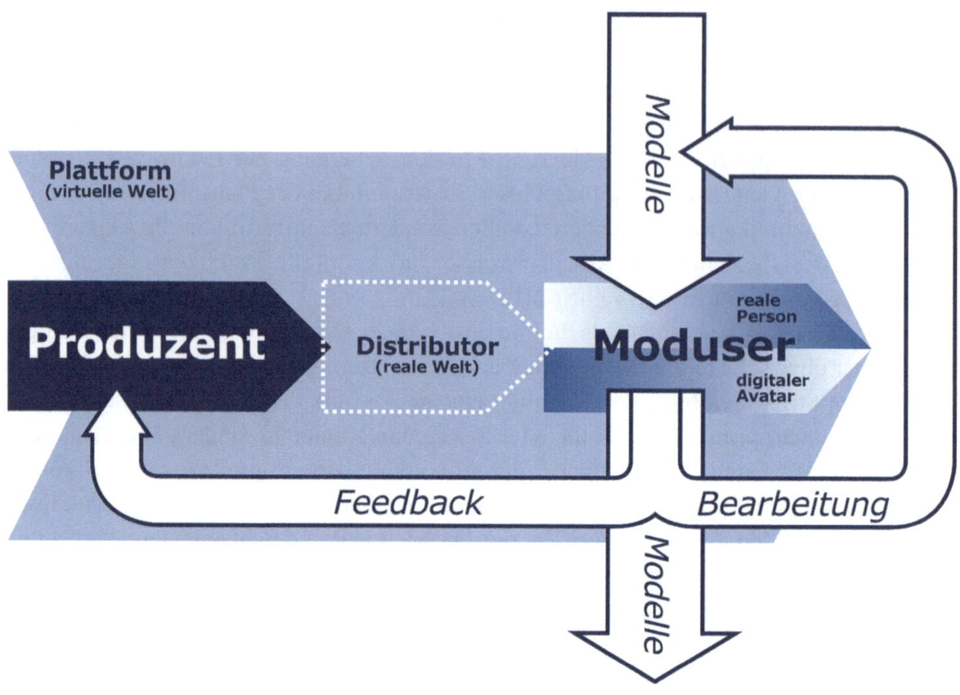

Abb. 1.6 Das Konzept der Modusage [HOF24]

Die Entwicklung des Metaversums als immersiver digitaler Raum, in dem physische und virtuelle Realität zunehmend verschmelzen, steht in engem Zusammenhang mit neuen Formen der digitalen Teilhabe und Gestaltung. Eine theoretische Perspektive zur Beschreibung dieser Prozesse ist der Begriff „Modusage" [HOF24], der die kombinierte dynamische Wechselwirkung zwischen Nutzung und Modifikation digitaler Inhalte und physischer Produkte in über die Grenze von virtuellen Umgebungen und realer Welt hinweg beschreibt. Modusage erweitert die Konzepte der „Produsage" nach Axel Bruns und der „Prosumtion" nach Alvin Toffler, indem es spezifisch auf die kreative Aneignung und Veränderung digitaler Umgebungen in offenen, kollaborativen Netzwerken eingeht [HOF25] (Abb. 1.6).

Im Metaversum manifestiert sich Modusage insbesondere in der Art und Weise, wie Nutzer digitale Welten nicht nur konsumieren, sondern aktiv modifizieren und weiterentwickeln. Plattformen wie Second Life, Roblox oder Minecraft bieten nicht ausschließlich vorgefertigte Inhalte, sondern stellen eine Umgebung bereit, in der die Nutzer eigene digitale Räume erschaffen, erweitern und verändern und in diesen Räumen ebenso eigene Objekte erschaffen können. Diese Form der Partizipation geht über die bloße Nutzung hinaus, da es keine klare Trennung zwischen Entwicklern und Anwendern gibt. Die Nutzer sind zugleich Gestalter und Konsumenten virtueller Umgebungen als auch Konsumenten physischer Produkte und Dienstleistungen. Sie tragen durch kontinuierliche Modifikationen zur Evolution dieser digitalen Räume, aber auch der physischen Wertschöpfungskette bei.

Ein zentrales Merkmal von Modusage ist die nicht-lineare, iterative Gestaltung von Inhalten. Anders als klassische Produktionsmodelle, die eine klare Trennung zwischen Erstellung und Nutzung vorsehen, ist Modusage durch offene Adaptions- und Weiterentwicklungsprozesse charakterisiert. Im Metaversum zeigt sich dies beispielsweise in der kollaborativen Gestaltung von Avataren, interaktiven Objekten, die von Nutzern modifiziert und weiterverwendet werden, bis hin zur Schaffung ganzer virtueller Ökonomien. Digitale Marktplätze für virtuelle Güter, wie sie etwa in Decentraland oder VRChat existieren, basieren auf diesem Prinzip, indem sie Nutzern die Möglichkeit geben, bestehende Inhalte nach individuellen Bedürfnissen zu transformieren.

Die technologischen Grundlagen des Metaversums, insbesondere die zunehmende Integration von Blockchain-Technologien, erweitern die Potenziale der Modusage durch Mechanismen digitaler Eigentümerschaft. Während frühere virtuelle Umgebungen oft durch zentralisierte Kontrolle gekennzeichnet waren, ermöglichen dezentrale Plattformen es Nutzern, digitale Inhalte nicht nur zu gestalten, sondern auch wirtschaftlich zu verwerten. Dies führt zu einer neuen Form der Wertschöpfung, die über die klassischen Produktions- und Konsummodelle hinausgeht und einen kreativen, gemeinschaftlichen Umgang mit digitalen Ressourcen etabliert.

Die Entwicklung des Metaversums verdeutlicht, dass digitale Räume nicht mehr nur statische Konsumprodukte sind, sondern sich in einem ständigen Wandel durch die aktive Partizipation der Nutzer befinden. Modusage beschreibt diesen offenen, fluid verlaufenden Gestaltungsprozess, der die Grenzen zwischen Nutzung und Produktion zunehmend auflöst und eine neue Form der digitalen Teilhabe ermöglicht. Dies zeigt, dass das Metaversum nicht nur eine technologische, sondern auch eine soziokulturelle Transformation darstellt, in der sich digitale Kreativität und wirtschaftliche Wertschöpfung zunehmend überschneiden.

1.3   Was seit dem Metaversum als dem „Next Generation Internet" geschah

Nach der Umbenennung von Facebook zu Meta im Oktober 2021 trat das Konzept des Metaversums verstärkt in das Zentrum öffentlicher und wissenschaftlicher Diskurse. Mark Zuckerberg proklamierte das Metaversum als die nächste Evolutionsstufe des Internets, in der physische und digitale Realitäten in einer dreidimensionalen, persistenten Umgebung konvergieren, die nutzerzentrierte Interaktionen in Echtzeit ermöglicht. Diese Vision geht weit über die bisherigen Web-Erfahrungen hinaus und strebt eine immersive Verschmelzung von Realität und Virtualität an, gestützt auf technologische Schlüsselinnovationen wie VR, AR und KI [HOF25, DIO13, MYS22].

Im Zuge dieser Neuausrichtung tätigte Meta Platforms substanzielle Investitionen in die Entwicklung immersiver Technologien. Besonders hervorzuheben ist dabei die VR-Plattform „Horizon Worlds", die Nutzenden die Möglichkeit bietet, interaktive virtuelle Räume zu gestalten und soziale Erfahrungen in digitaler Umgebung zu teilen. Trotz dieser Innovationsbemühungen blieb der erhoffte kommerzielle Durchbruch bislang aus.

Im Vergleich zu etablierten Plattformen wie „Fortnite" oder „Roblox", die aufgrund ihrer eigenen Historie jeweils bereits über eine breite Nutzerbasis verfügen, konnte „Horizon Worlds" bisher nur eine begrenzte Reichweite erzielen. Diese Entwicklung verweist auf eine strukturelle Diskrepanz zwischen technologischer Innovationsdynamik und dem tatsächlichem Nutzerverhalten. Einen dieser Verhaltensparameter beschreibt Cathy Hackl mit „Users don't pay fort he metaverse" und begründet ihn mit der Gewöhnung an eine Konstenlosmentalität im WWW [HAC21, HOF25].

Zentral für die weitere Entwicklung des Metaversums sind Fortschritte in den Bereichen der künstlichen Intelligenz sowie der drahtlosen Kommunikationsnetze. Insbesondere die Entwicklung von 6G-Technologien wird als infrastrukturelle Voraussetzung für die Realisierung latenzarmer, multimodaler Echtzeitinteraktionen im Metaversum diskutiert [LAT19]. KI-Systeme wiederum ermöglichen die automatische Generierung personalisierter Inhalte, intelligente Interaktionen mit virtuellen Agenten sowie die Steuerung komplexer sozialer Dynamiken innerhalb virtueller Umgebungen. In diesem Zusammenhang kündigte Meta im September 2024 eine bedeutende Verbesserung der Avatare an, die unter anderem auf generativer KI basieren. Diese ermöglicht es Nutzenden, ihre digitalen Repräsentationen durch textbasierte Eingaben individuell zu gestalten, was eine weitere Demokratisierung der Teilnahme und Ausdrucksformen im Metaversum befördern könnte.

Auch in Bezug auf Medieninhalte verfolgt Meta eine Diversifikationsstrategie. Die Kooperation mit Lightstorm Vision, dem Technologieunternehmen von Regisseur James Cameron, stellt ein ambitioniertes Unterfangen dar, immersive 3D-Inhalte für das Meta-Ökosystem zu produzieren. Ziel ist die Erweiterung des Inhaltsangebots um Live-Sportveranstaltungen, Konzerte und Serienformate, wodurch das Meta Quest Headset verstärkt als Zugangspunkt zu hochwertiger virtueller Unterhaltung positioniert werden soll. Diese Entwicklung verdeutlicht den Anspruch Metas, das Metaversum nicht nur als Interaktionsraum, sondern auch als vollumfängliche Medienplattform zu etablieren.

Allerdings steht das Metaversum trotz technologischer Fortschritte vor erheblichen ökonomischen Herausforderungen. Während in den Jahren 2021 und 2022 erhebliche Finanzmittel in Metaversum-Plattformen wie Decentraland oder The Sandbox flossen, unter anderem durch Investitionen in virtuelle Grundstücke und NFTs, erwies sich das zugrunde liegende wirtschaftliche Modell vielerorts als nicht tragfähig. Die Entwicklung der Werte digitaler Immobilien basierte oftmals auf spekulativen Erwartungen, die durch stagnierende Nutzerzahlen und den Rückgang kryptobasierter Zahlungsmittel nicht erfüllt werden konnten [PAR22]. Die wirtschaftliche Realität des Metaversums entwickelte sich somit differenzierter als im Rahmen des initialen Hypes prognostiziert.

Nichtsdestotrotz bleibt das Metaversum für viele Unternehmen von strategischer Bedeutung. Der Fokus verschiebt sich zunehmend von konsumorientierten Anwendungen hin zu professionellen Einsatzszenarien. Unternehmen wie Accenture und PwC experimentieren mit virtuellen Arbeitsumgebungen für Schulungen und kollaborative Prozesse, was auf eine funktionale Integration immersiver Technologien in bestehende Unternehmensstrukturen hindeutet [DWI22]. Im Bereich der digitalen Markenführung nutzen Akteure wie Nike und Gucci weiterhin das Potenzial virtueller Güter und sammelbarer NFTs, um neue Formen der Kundenbindung zu erproben.

Besonders stabil erweist sich der ökonomische Beitrag des Gaming-Sektors. Plattformen wie Roblox und Fortnite verfügen über gewachsene Nutzerökosysteme, die wirtschaftliche Modelle wie den Verkauf virtueller Güter, In-Game-Währungen und die Organisation von Live-Events erfolgreich operationalisieren. Die Gaming-Industrie zeigt damit, dass nachhaltige Geschäftsmodelle im Kontext des Metaversums vor allem dort entstehen, wo digitale Räume bereits integraler Bestandteil kultureller Praktiken sind.

Die Zukunft des Metaversums hängt maßgeblich von der weiteren technologischen und regulatorischen Entwicklung ab. Neben infrastrukturellen Voraussetzungen, insbesondere Fortschritten in Cloud Computing, KI und Mobilfunk, sind auch rechtliche Rahmenbedingungen zentral, etwa in Bezug auf Datenschutz, digitale Eigentumsrechte und die fiskalische Regulierung virtueller Transaktionen [OEC20]. Während der erste ökonomische Aufschwung des Metaversums abgeklungen ist, wird deutlich, dass nachhaltige digitale Ökonomien nicht allein durch technologische Innovationen, sondern durch ein Zusammenspiel aus Nutzerakzeptanz, inhaltlicher Relevanz und ökonomischer Tragfähigkeit entstehen müssen.

1.4   Ein erster Ausblick: Avatare als Schlüsseltechnologie für immersive digitale Erlebnisse

Avatare nehmen im gegenwärtigen Diskurs über das Metaversum eine zentrale Rolle als digitale Repräsentationen der Nutzer ein und fungieren als entscheidende Schnittstellen zwischen Individuum und virtueller Umgebung. Sie ermöglichen nicht nur die (inter-)aktive Teilnahme an digitalen Welten, sondern beeinflussen auch maßgeblich die Art und Weise, wie soziale, ökonomische und kulturelle Interaktionen innerhalb dieser Räume gestaltet werden. Durch ihre Fähigkeit zur Verkörperung von Identität und Präsenz im virtuellen Raum werden Avatare zu Trägern personalisierter Selbstausdrucksformen, deren Relevanz sowohl aus sozialpsychologischer als auch aus technologischer Perspektive nicht zu unterschätzen ist [NOW18].

Ein grundlegender Aspekt der Relevanz von Avataren besteht in ihrer Funktion als Mittel zur Identitätsdarstellung und -konstruktion. Die Gestaltungsmöglichkeiten von Avataren reichen von realitätsnahen Reproduktionen der physischen Erscheinung bis hin zu vollständig fiktionalen und fantastischen Ausprägungen, wodurch die Nutzer die unterschiedlichsten Facetten ihrer Persönlichkeit visualisieren oder sogar gänzlich neue Identitäten erproben können. Diese Flexibilität eröffnet Räume für experimentelle Formen der Selbstrepräsentation, deren psychologische Effekte in der Forschung unter dem Begriff des Proteus-Effekts diskutiert werden. Dieser beschreibt die Wechselwirkungen zwischen der physischen Gestaltung eines Avatars und dem Verhalten des Nutzenden, wobei nachgewiesen wurde, dass die äußere Erscheinung des Avatars Rückwirkungen auf die Selbstwahrnehmung und soziale Interaktionen in virtuellen Kontexten haben kann [YEE07].

Neben ihrer sozialpsychologischen Dimension sind Avatare auch eng mit der digitalen Ökonomie des Metaversums verknüpft. Insbesondere der Handel mit virtuellen Gütern, etwa Kleidung, Accessoires oder digitalen Immobilien, stellt einen wachsenden wirtschaftlichen Sektor dar, in dem Avatare als Konsumenten und Repräsentanten ökonomischer Interessen auftreten. Diese Entwicklung hat zur Herausbildung einer digitalen Modeindustrie geführt, deren Geschäftsmodelle auf der Individualisierung und Ästhetisierung von Avataren basieren. Hier manifestiert sich die Verbindung von Selbstdarstellung und Konsum in einer neuartigen digitalen Ökosphäre, die ökonomische Wertschöpfung eng mit kulturellen Ausdrucksformen verknüpft [DRE25].

Die technologische Weiterentwicklung von Avataren trägt wesentlich zur Qualität immersiver Erlebnisse im Metaversum bei. Besonders durch den Einsatz von KI werden Avatare zunehmend autonom und interaktiv. KI-basierte Systeme ermöglichen die Personalisierung von Interaktionen durch Analyse von Nutzerverhalten und Präferenzen, wodurch maßgeschneiderte Erlebnisse geschaffen werden können. Solche Avatare agieren nicht mehr nur als statische Repräsentationen, sondern als adaptive, lernfähige Entitäten, die in der Lage sind, komplexe soziale Interaktionen zu simulieren und so das Gefühl von Präsenz und sozialer Nähe zu intensivieren [CHE24].

Ein weiterer bedeutender Aspekt betrifft die soziale Funktion von Avataren. Sie sind die zentralen Agenten interpersonaler Kommunikation im Metaversum, indem sie Interaktionen durch Sprache, Gestik und Mimik vermitteln. Technologische Fortschritte wie die Echtzeiterkennung von Blickkontakt oder Mikroexpressionen erhöhen die Realitätsnähe und Qualität virtueller Begegnungen. Dies fördert ein Gefühl der Ko-Präsenz, das für soziale Kohäsion und gemeinschaftliches Handeln in virtuellen Räumen von entscheidender Bedeutung ist [LIN22]. Damit avancieren Avatare zu sozialen Schnittstellen, die nicht nur Kommunikationsmittel darstellen, sondern auch soziale Beziehungen stiften und stabilisieren.

Auch im Kontext digitaler Eigentumsrechte gewinnen Avatare zunehmend an Bedeutung. Die Möglichkeit, Avatare als Non-Fungible Tokens (NFTs) auf der Blockchain zu verankern, eröffnet neue Perspektiven für die Kontrolle und Monetarisierung digitaler Identitäten. Diese technologische Entwicklung stellt einen Paradigmenwechsel im Verständnis von digitalem Eigentum dar, indem Nutzenden erstmals die Möglichkeit gegeben wird, ihre virtuellen Repräsentationen dauerhaft und nachweislich zu besitzen, zu handeln oder zu lizenzieren [ANT22]. In diesem Zusammenhang werden Avatare nicht nur als visuelle Manifestationen von Identität verstanden, sondern auch als digitale Assets, deren ökonomische und rechtliche Relevanz kontinuierlich wächst.

Avatare sind im Metaversum weit mehr als bloße Darstellungen der Nutzer. Sie sind integrale Bestandteile einer komplexen sozio-technologischen Infrastruktur, die Identitätsbildung, soziale Interaktion, ökonomische Partizipation und technologische Innovation miteinander verknüpft. Ihre Gestaltung und Weiterentwicklung sind entscheidend für das Gelingen immersiver Erfahrungen im Metaversum und damit auch für die Zukunft digitaler Räume, in denen Menschen zunehmend leben, arbeiten und interagieren.

Literatur

[AND94] Andreessen, M., & Bina, E. (1994). NCSA Mosaic: A global hypermedia system. *Internet Research, 4*(1), 7–17. https://doi.org/10.1108/10662249410798803. Emerald Group Publishing Limited. ISSN 1066-2243.

[ANT22] Ante, L. (2022). The Non-Fungible Token (NFT) market and its relationship with Bitcoin and Ethereum. *FinTech, 1*, 216–224. https://doi.org/10.3390/fintech1030017

[BAI18] Bailenson, J. N. (2018). *Experience on demand: What virtual reality is, how it works, and what it can do.* W. W. Norton & Company.

[BAR64] Baran, P. (1964). *On distributed communications: Introduction to distributed communications networks.* RAND Corporation.

[BER89] Berners-Lee, T. J. (1989). *Information management: A proposal.* In: CERN Report CERN-DD-89-001-OC, 1989 No. 3.

[BER99] Berners-Lee, T. J., & Fischetti, M. (1999). *Weaving the web: The original design and ultimate destiny of the World Wide Web.* Harper San Francisco. ISBN:978-0-06-251586.

[BOY07] Boyd, D. M., & Ellison, N. B. (2007). Social network sites: Definition, history, and scholarship. *Journal of Computer-Mediated Communication, 13*(1), 210–230. https://doi.org/10.1111/j.1083-6101.2007.00393.x

[BRU08] Bruns, A. (2008). *Blogs, Wikipedia, second life, and beyond: From production to produsage.* Peter Lang Inc., International Academic Publishers. isbn: 978-0820488660.

[BUS45] Bush, V. (1945). As we may think. *The Atlantic Monthly, 176*(1), 101–108.

[BUT14] Buterin, V. (2014). *A next-generation smart contract and decentralized application platform.* https://ethereum.org/en/whitepaper. Zugegriffen am 10.03.2026.

[CAS01] Castells, M. (2001). *The internet galaxy: Reflections on the internet, business, and society.* Oxford University Press.

[CER74] Cerf, V., & Kahn, R. (1974). A protocol for packet network intercommunication. *IEEE Transactions on Communications, 22*(5), 637–648.

[CAS05] Castronova, E. (2005). *Synthetic worlds: The business and culture of online games.* University Of Chicago Press. isbn: 978-0-226-09626-1.

[CHE20] Cheung, A. (2020). *End of an era: Miadidas has been shut down.* On Soles Footwear. https://thesolesupplier.co.uk/news/end-of-an-era-miadidas-has-been-shut-down. Zugegriffen am 24.07.2025.

[CHE24] Cheong, B. C. (2024). The rise of AI Avatars: Legal personhood, rights and liabilities in an evolving metaverse. *Journal of Digital Technologies and Law, 2*(4), 857–885. https://doi.org/10.21202/jdtl.2024.42

[DAV66] Davies, D. W. (1966). Proposal for a digital communication network. In *Science and technology, April 1968.* National Physical Laboratory.

[DIJ13] van Dijck, J. (2013). *The culture of connectivity: A critical history of social media.* Oxford University Press.

[DIO13]   Dionisio, J. D. N., Burns, W. G., & Gilbert, R. (2013). 3D virtual worlds and the metaverse: Current status and future possibilities. *ACM Computing Surveys (CSUR), 45*(3), 34.

[DRE25]   Dress.x. (2025). *Avatar fashion as a business opportunity: Enhancing digital presence and monetization.* https://dressx.com/news/avatar-fashion-as-a-business-opportunity-enhancing-digital-presence-and-monetization?srsltid=AfmBOopNhpNzJFX5S8eWS oWbK1Tb5qFxfDNOKworY6_TdQ4oBj3XTSWt. Zugegriffen am 25.07.2025.

[DWI22]   Dwivedi, Y. K., Hughes, L., Baabdullah, A. M., et al. (2022). Metaverse beyond the hype: Multidisciplinary perspectives on emerging challenges, opportunities, and agenda for research, practice and policy. *International Journal of Information Management, 66*, 102542.

[ENG68]   Engelbart, D. (1968). A research center for augmenting human intellect. In D. C. Engelbart & W. K. English (Hrsg.), *Fall joint computer conference* (Bd. 33 (Part 1)). Stanford Research Institute.

[FIL16]   de Filippi, P., & Hassan, S. (2016). Blockchain technology as a regulatory technology: From code is law to law is code. *First Monday, 21*(12), special issue on „Reclaiming the Internet with distributed architectures." Online: SSRN. https://ssrn.com/abstract=3097430. Zugegriffen am 25.07.2025.

[FLO14]   Floridi, L. (2014). *The fourth revolution: How the infosphere is reshaping human reality.* Oxford University Press.

[FLU00]   Fluckiger, F. (2000). The European Researchers' Network. *La Recherche, 328.* „Special Internet, l'Avenir du Web". CERN, Genf, Schweiz.

[FUC14]   Fuchs, C. (2014). *Digital labour and Karl Marx.* Routledge. isbn: 9780415716161.

[GAR05]   Garrett, J. J. (2005). *Ajax: A new approach to web applications.* http://www.adaptivepath.com/publications/essays/archives/000385. Zugegriffen am 24.07.2025.

[HAC21]   Hackl, C. (2021). *Making money in the metaverse. Medium.* https://medium.com/@CathyHackl/making-money-in-the-metaverse-4efe59aebab8. Zugegriffen am 25.07.2025.

[HAR95]   Hardman, L., Bulterman, D., & Rossum, G. (1995). The Amsterdam Hypermedia Model: Extending Hypertext to Support Real Multimedia. Hypermedia. DOI: 0.1080/09558543.1993.12031214.

[HOF24]   Hoffmann, P. (2024). *Protokolle: Internet* (1. Aufl.) bifop-Verlag. WWW und darüber hinaus. isbn-13: 9783-94877329-8.

[HOF25]   Hoffmann, P. (2025). *Metaversum: Die Verschmelzung von Realität und Virtualität im Next Generation Internet* (2. Aufl.). Springer Vieweg. isbn: 978-3-658-48179-7.

[LAN13]   Lanier, J. (2013). *Who Owns the Future?* Simon & Schuster. isbn: 978-1451654974.

[LIN22]   Lin, J.; Latoschik, N. E. (2022). Digital body, identity and privacy in social virtual reality: A systematic review. *Frontiers in Virtual Reality, 3.* https://www.frontiersin.org/articles/10.3389/frvir.2022.974652. Zugegriffen am 25.07.2025. https://doi.org/10.3389/frvir.2022.974652.

[LAT19]   Latva-Aho, M., & Leppänen, K. (2019). *Key drivers and research challenges for 6G ubiquitous wireless intelligence* (6G Flagship White Paper). University of Oulu. isbn: 978-952-62-2353-7.

[LES99]   Lessig, L. (1999). *Code and other laws of cyberspace.* Basic Books. isbn: 9780465039135.

[LIC68]   Licklider, J. C. R., & Taylor, R. W. (1968). The computer as a communication device. *Science and Technology, 76*, 21–38.

[MOC87]   Mockapetris, P. (1987). *Domain names – Concepts and facilities.* RFC 1034. https://www.rfc-editor.org/rfc/rfc1034. Zugegriffen am 24.07.2025.

[MOR91]   Morningstar, C., & Farmer, F. R. (1991). The lessons of Lucasfilm's habitat. In Cyberspace: First steps, Michael Benedikt (Hrsg.), 1990, MIT Press, Mass.

[MYS22]   Mystakidis, S. (2022). Metaverse. *Encyclopedia, 2*(1), 486–497. https://doi.org/10.3390/encyclopedia2010031

[NEL65]   Nelson, T. (1965). Complex information processing: A file structure for the complex, the changing and the indeterminate. In: *ACM ,65: Proceedings of the 1965 20th national conference.*

[NOW18]   Nowak, K. L., & Fox, J. (2018). Avatars and computer-mediated communication: A review of the definitions, uses, and effects of digital representations. *Review of Communication Research, 6*, 30–53.

[OEC20]   OECD. (2020). *Taxing virtual currencies: An overview of tax treatments and emerging tax policy issues.* OECD Publishing. https://doi.org/10.1787/e29bb804-en

[OND24]   Ondrejka, C. R. (2024). *Escaping the gilded cage: User created content and building the metaverse.* https://ssrn.com/abstract=538362. Zugegriffen am 25.07.2025.

[ORE07]   O'Reilly, T. (2007). What is Web 2.0: design patterns and business models for the next generation of software. *Communications & Strategies, 1*, 17. First Quarter 2007. https://ssrn.com/abstract=1008839

[PAR11]   Pariser, E. (2011). *The filter bubble: What the internet is hiding from you.* Penguin Press. isbn: 978-0-670-92038-9.

[PAR22]   Park, S.-M., & Kim, Y.-G. (2022). A metaverse: Taxonomy, components, applications, and open challenges. *IEEE Access, 10*, 4209–4251.

[POS80]   Postel, J. (1980). *Simple mail transfer protocol.* RFC 772. https://www.rfc-editor.org/rfc/rfc772.html. Zugegriffen am 24.07.2025.

[POU73]   Pouzin, L. (1973). Presentation and major design aspects of the CYCLADES Computer Network. In *Proceedings of the third ACM symposium on Data communications and Data networks: Analysis and design.* Association for Computing Machinery.

[STE92]   Stephenson, N. (1992). *Snow crash.* Bantam Books.

[SRN16]   Srnicek, N. (2016). *Platform capitalism.* Polity Press.

[TAP06]   Tapscott, D., & Williams, A. D. (2006). *Wikinomics: How mass collaboration changes everything.* Portfolio. isbn: 9781591841388.

[TAP14]   Tapscott, D., & Tapscott, A. (2014). *Blockchain revolution: How the technology behind Bitcoin is changing money, business, and the world.* isbn: 978-1101980132.

[TOF80]   Toffler, A. (1980). *The third wave.* Bantam Books. isbn: 9780553144314.

[WER18]   Werbach, K. (2018). *The blockchain and the new architecture of trust.* MIT Press. https://doi.org/10.7551/mitpress/11449.001.0001. isbn: 9780262349772.

[YEE07]   Yee, N., & Bailenson, J. (2007). The Proteus effect: The effect of transformed self-representation on behavior. *Human Communication Research, 33*(3), 271–290. https://doi.org/10.1111/j.1468-2958.2007.00299.x

[ZUB19]   Zuboff, S. (2019). *The age of surveillance capitalism: The fight for a human future at the new frontier of power.* PublicAffairs.

[ZUC21]   Zuckerberg, M. (2021). *Founder's letter, meta platforms.* https://about.fb.com/news/2021/10/founders-letter/. Zugegriffen am 24.07.2025.

Avatare als Identitätsträger im Metaversum 2

Als einer der frühesten Ansätze zur Simulation menschlicher Kommunikation durch automatisierte, mathematisch-informatische Mittel gilt ELIZA. Dabei handelt es sich um ein von Joseph Weizenbaum in den 1960er-Jahren entwickeltes Computerprogramm, dass er am Massachusetts Institute of Technology (MIT) konzipierte und umsetzte. Dieses Programm war in der Lage, über eine textbasierte Schnittstelle mit Nutzern zu interagieren und scheinbar gezielt zu kommunizieren. Obwohl ELIZA keinen physischen oder grafischen Anteil besaß, kann es dennoch als früher Vorläufer moderner digitaler Avatare betrachtet werden, da es erstmals eine softwaregesteuerte Entität schuf, die mit Menschen in einem dialogischen Kontext interagierte [WEI66].

Weizenbaum war ein deutsch-US-amerikanischer Informatiker und zu dieser Zeit Professor am Massachusetts Institute of Technology (MIT) und ein erfahrener Computerwissenschaftler mit einem Hintergrund in Mathematik und Elektrotechnik. Sein dortiges Umfeld war von der aufkommenden Künstlichen Intelligenz geprägt. Das Ziel von ELIZA war es ursprünglich, zu demonstrieren, wie oberflächlich die Kommunikation zwischen Mensch und Computer sein kann.

Das Programm basierte auf einem einfachen Regelwerk zur Sprachanalyse, das auf Schlüsselwörter und bestimmte Satzmuster reagierte. Die bekannteste Implementierung von ELIZA war das „DOCTOR"-Skript, das die Kommunikation eines Rogerianischen Psychotherapeuten nachahmte. Dabei spiegelte das Programm in seinen Antworten häufig die Aussagen des Nutzers wider, wodurch die Illusion eines sinnvollen Gesprächs entstand. ELIZA wurde nicht mit einem tieferen Verständnis für natürliche Sprache ausgestattet, sondern arbeitete mit Mustererkennung und Umformulierung von Eingaben, um den Eindruck von Intelligenz und Empathie zu erzeugen [TUR84].

Trotz der einfachen Struktur führte die Interaktion mit ELIZA zu unerwarteten Reaktionen von Nutzern. Weizenbaum selbst bemerkte, dass viele Menschen dazu neigten,

P. Hoffmann, *Avatare im Metaversum*, https://doi.org/10.1007/978-3-658-51037-4_2

dem Programm emotionale und kognitive Fähigkeiten zuzuschreiben, obwohl es lediglich mechanische Sprachmuster reproduzierte. Dieses Phänomen, das später als ELIZA-Effekt bezeichnet wurde, verdeutlicht, wie Menschen geneigt sind, anthropomorphe Eigenschaften auf Maschinen zu projizieren, wenn diese eine plausible soziale Interaktion simulieren. Diese Reaktionen führten später zu der kritischen Haltung Weizenbaums gegenüber der unreflektierten Anwendung von KI, insbesondere in sensiblen Bereichen wie der Psychotherapie. In seinem Buch „Computer Power and Human Reason" äußerte er sich deutlich skeptisch über die moralischen Implikationen solcher Technologien [WEI76].

In historischer Perspektive muss ELIZA jedoch als konzeptioneller Vorläufer heutiger Avatare und virtueller Assistenten betrachtet werden. Während moderne Avatare mit fortgeschrittener KI, maschinellem Lernen und multimodaler Interaktion ausgestattet sind, zeigte ELIZA bereits, wie eine textbasierte Software die menschliche Wahrnehmung und das Kommunikationsverhalten beeinflussen kann. Die Grundidee, Maschinen als interaktive Partner in der digitalen Kommunikation einzusetzen, wurde mit ELIZA erstmals in der Informatik erprobt und legte den Grundstein für die Weiterentwicklung von dialogbasierten Systemen, virtuellen Assistenten und KI-gesteuerten Avataren [BOD06].

2.1 Von Göttern zu Programmen, oder: von Pixel-Charakteren zu KI-gestützten Agenten

Die Verwendung des Begriffs „Avatar" in der Informationstechnologie und den digitalen Medien geht auf die 1980er-Jahre zurück. Der erste dokumentierte Einsatz im technologischen Kontext fand sich in dem Computerspiel Habitat, das 1986 von Lucasfilm Games entwickelt wurde. In diesem frühen Multi-User-Online-Spiel wurde der Begriff genutzt, um die grafischen Repräsentationen von Spielern in der virtuellen Welt zu beschreiben [MOR91]. Der Begriff wurde weiter popularisiert durch Neal Stephensons Science-Fiction-Roman Snow Crash, in dem Avatare als digitale Alter Egos von Menschen innerhalb einer virtuellen Realität fungieren. Diese literarische Darstellung prägte nachhaltig die Vorstellung von Avataren in digitalen Räumen und trug zur Etablierung des Begriffs in der Populärkultur bei [STE92].

Der Begriff „Avatar" ist allerdings deutlich älter. Er hat seinen Ursprung im Sanskrit und stammt aus der religiösen und philosophischen Tradition des Hinduismus. In diesem Kontext bezeichnet „avatāra" (Hindi: अवतार) die Herabkunft einer Gottheit in irdischer Gestalt. Hier ist damit insbesondere die Inkarnation des Gottes Vishnu gemeint, der in verschiedenen Formen auf die Erde hinabsteigt, um das Gleichgewicht zwischen Gut und Böse wiederherzustellen [ZIM51]. Diese spirituelle Bedeutung wurde im Laufe der Zeit in westliche Diskurse überführt und fand im Bereich der digitalen Technologie eine neue Anwendung.

Mit der Weiterentwicklung des Internets und der Entwicklung der Virtual-Reality-Technologien wurde der Begriff zunehmend zur Bezeichnung digitaler Identitäten innerhalb von Online-Umgebungen. In sozialen Netzwerken, Videospielen und virtuellen

Welten dienen Avatare als vor allem visuelle Repräsentationen der Nutzer und ermöglichen personalisierte Interaktionen mit digitalen Umgebungen und anderen Nutzern. Die Bedeutung des Begriffs hat sich somit von seiner ursprünglichen religiösen Konnotation hin zu einer zentralen Komponente der digitalen Mensch-Maschine-Interaktion entwickelt [BAI18].

Die Entwicklung von den frühen Terminal-Chat-Programmen hin zu den heutigen Avataren ist das Ergebnis eines kontinuierlichen technologischen Fortschritts in Technik und Gestaltung der Mensch-Maschine-Interaktion (MMI). Diese Evolution umfasst die Transformation von textbasierten Kommunikationssystemen zu visuell und interaktiv ausgereiften digitalen Repräsentationen, die in virtuellen Umgebungen im Sinne der Benutzers agieren.

Wie oben schon erwähnt, reichen die Anfänge dieser Entwicklung bis in die 1960er-Jahre zurück. Trotz der limitierten technischen Möglichkeiten zeigten die Anwendungen dieser Zeit schon deutlich, dass Menschen digitale Systeme als Gesprächspartner akzeptieren können, wenn diese die Illusion von Dialog und Interaktion vermitteln.

In den 1970er- und 1980er-Jahren führte die Entwicklung von Netzwerkarchitekturen zur Verbreitung interaktiver Kommunikationsformen in Mehrbenutzersystemen. Die Einführung von Multi-User Dungeons erweiterte die textbasierte Interaktion, indem sie virtuelle Räume schufen, in denen Nutzer nicht nur miteinander kommunizieren, sondern auch eine digitale Identität durch beschreibende Charaktere annehmen konnten [BAR03]. Diese frühen textbasierten Rollenspiele legten den Grundstein für die Idee, dass Nutzer in virtuellen Umgebungen durch eine personalisierte Darstellung agieren.

Mit der Weiterentwicklung der Grafiktechnologie in den 1990er-Jahren wandelten sich textbasierte Interfaces zunehmend zu grafischen Repräsentationen. Ein entscheidender Schritt war auch für diesen Kontext hier die Einführung des Begriffs „Avatar" in der digitalen Welt durch Neal Stephenson, in dem Avatare als digitale Alter Egos von Nutzern in einer virtuellen Realität beschrieben wurden [STE92]. Kurz darauf begannen Online-Plattformen wie Habitat und später Second Life, grafische Avatare als visuelle Stellvertreter für Nutzer in virtuellen Umgebungen zu etablieren [MOR91]. Diese Entwicklung markierte einen grundlegenden Wandel in der Mensch-Maschine-Interaktion, da die Kommunikation nun nicht mehr ausschließlich über Text erfolgte, sondern durch Bewegungen, Gesten und Interaktionen in dreidimensionalen Räumen ergänzt wurde.

Die Fortschritte in der künstlichen Intelligenz und der Rechenleistung führten im frühen 21. Jahrhundert zu einer neuen Generation von Avataren, die zunehmend adaptive und realistische Verhaltensweisen zeigten. Systeme wie Chatbots und virtuelle Assistenten, darunter Siri, Alexa und Google Assistant, kombinieren Spracherkennung, maschinelles Lernen und Natural Language Processing, um menschenähnliche Interaktionen zu ermöglichen [BAI18]. Gleichzeitig entwickelte sich die Avatar-Technologie weiter, sodass Nutzer ihre digitalen Repräsentationen mit individuellen Gesichtszügen, Körperbewegungen und Emotionen ausstatten konnten. Fortschritte in Motion-Capture-Technologie und künstlicher Intelligenz ermöglichen heute, dass Avatare nicht nur als

Kommunikationsschnittstellen dienen, sondern auch personalisierte Interaktionspartner sind, die in Echtzeit auf Nutzer reagieren.

Dieser Entwicklungsstrang von den Terminal-Chat-Programmen hin zu modernen Avataren spiegelt eine tiefgreifende Veränderung der digitalen Kommunikation wider. Während frühe textbasierte Systeme primär auf den Austausch von Informationen beschränkt waren, sind heutige Avatare in der Lage, komplexe soziale Interaktionen zu vermitteln, Identitäten zu repräsentieren und in immersiven virtuellen Umgebungen zu agieren. Diese Entwicklung zeigt nicht nur technologische Fortschritte, sondern auch die zunehmende Bedeutung von Individualität und sozialer Präsenz in digitalen Räumen.

2.1.1 Die psychologische Wirkung virtueller Selbstdarstellung

Ein zentrales Forschungsthema in der digitalen Medienpsychologie ebenso wie in der Human-Computer-Interaction-Forschung ist die psychologische Wirkung virtueller Selbstdarstellung durch Avatare. Dieses Thema umfasst eine Vielzahl kognitiver, affektiver und sozialer Prozesse, die mit der Repräsentation des Selbst in computergenerierten Umgebungen verbunden sind. Avatare fungieren dabei nicht nur als technische Schnittstellen zur virtuellen Welt, sondern auch als symbolische Erweiterungen des Selbst, über die Identität konstruiert, kommuniziert und verhandelt wird.

Ein wesentliches psychologisches Phänomen im Zusammenhang mit der Nutzung von Avataren ist der sogenannte Proteus-Effekt. Damit wird beschrieben, wie das Aussehen eines Avatars das Verhalten des Nutzers beeinflussen kann. Studien haben gezeigt, dass Nutzer, die sich über attraktive oder sozial dominante Avatare darstellen, in virtuellen Interaktionen selbstbewusster und extravertierter auftreten [YEE07]. Die virtuelle Repräsentation wirkt dabei nicht nur auf die Außenwirkung, sondern auch auf die Selbstwahrnehmung und kann das Verhalten über die digitale Umgebung hinaus beeinflussen. Dieses Phänomen basiert auf der Theorie der Selbstwahrnehmung, nach der Individuen ihr eigenes Verhalten und Erscheinungsbild beobachten und daraus Rückschlüsse auf ihre Identität ziehen [BEM72].

Darüber hinaus eröffnet die Möglichkeit zur individuellen Gestaltung des Avatars die Möglichkeit zur Selbstdistanzierung oder Selbsterweiterung. Der Benutzer kann durch die Wahl eines Avatars Aspekte seiner Persönlichkeit hervorheben, unterdrücken oder experimentell verändern. Dies erlaubt nicht nur eine kontrollierte Form der Selbstdarstellung, sondern auch eine Erweiterung der Selbstkonzepte im Sinne der Identity-Shift-Hypothese [TUR95]. Sie besagt, dass sich die Identität eines Individuums im digitalen Raum durch die Interaktion mit und durch Avatare verändern kann. Dabei geht die Hypothese davon aus, dass Menschen in virtuellen Umgebungen neue Rollen oder Persönlichkeitsaspekte ausprobieren können, die sich mit der Zeit auf ihr Selbstbild und ihre Identitätsstruktur auswirken. Die Nutzung eines Avatars – etwa mit bestimmten äußeren Merkmalen oder sozialen Eigenschaften – kann zu einer Internalisierung der damit verbundenen

Verhaltensweisen führen, wodurch sich das reale Selbstbild an die digitale Selbstrepräsentation annähert.

Diese Idee wurde unter anderem von Turkle im Kontext von Online-Rollenspielen und virtuellen Gemeinschaften formuliert [TUR95]. Sie beobachtete, dass Individuen über ihre Avatare alternative Identitäten explorieren und entwickeln, die über das bloße Rollenspiel hinausgehen und langfristig das Verständnis des eigenen Selbst prägen können. Diese symbolische Transformation kann sowohl positive Effekte, etwa in Form von Empowerment oder therapeutischer Reflexion, als auch belastende psychologische Spannungen hervorrufen, wenn das virtuelle Selbst stark von der realen Selbstwahrnehmung abweicht.

Ein weiterer psychologischer Aspekt betrifft die Embodiment-Forschung, die untersucht, inwiefern Benutzer die Perspektive und den Körper ihres Avatars als eigenen erfahren. Studien im Bereich der virtuellen Realität zeigen, dass ein hoher Grad an Körperidentifikation mit dem Avatar, zum Beispiel durch Motion-Tracking und haptisches Feedback, zu intensiven emotionalen Reaktionen und einem gesteigerten Präsenzgefühl führt [SLA10]. Dieses Gefühl, sich in der digitalen Repräsentation zu „verkörpern", beeinflusst nicht nur das Verhalten im virtuellen Raum, sondern kann auch Rückwirkungen auf das emotionale Erleben, die kognitive Verarbeitung und das soziale Verhalten im realen Leben haben.

Die psychologische Wirkung virtueller Selbstdarstellung durch Avatare ist zudem eng mit sozialen Kontexten verknüpft. In sozialen Interaktionen übernehmen Avatare nicht nur kommunikative, sondern auch normative Funktionen. Sie sind Träger von Statusmerkmalen, Gruppenzugehörigkeiten und kulturellen Symboliken. Die Art und Weise, wie Avatare wahrgenommen und interpretiert werden, beeinflusst soziale Erwartungen und Interaktionsdynamiken, was wiederum Rückwirkungen auf die Selbstdarstellung und -wahrnehmung der Nutzer hat [NOW18]. Diese sozialen Feedbackprozesse sind insbesondere in persistenten virtuellen Gemeinschaften von hoher Relevanz, in denen langfristige Beziehungen über Avatare aufgebaut und gepflegt werden (Abb. 2.1).

Jenseits unmittelbarer Interaktionen wirkt die virtuelle Selbstdarstellung über Avatare auch auf langfristige Identitätsprozesse ein. Insbesondere im Kontext digitaler Sozialisation entwickeln Nutzer über längere Zeiträume hinweg narrative Identitätskonstruktionen, in denen virtuelle Erfahrungen mit Avataren integraler Bestandteil autobiografischer Erinnerung und individueller Selbstdefinition werden. Die wiederholte Interaktion mit einem konsistenten Avatar kann dabei zu einem Prozess der Identitätskohärenz beitragen, in dem die virtuelle Repräsentation zunehmend als authentischer Teil des Selbst empfunden wird. Gleichzeitig bergen solche Prozesse jedoch auch das Risiko, dass Diskrepanzen zwischen der digitalen und der physischen Identität zu psychologischen Belastungen führen, insbesondere wenn der Avatar Ideale verkörpert, die im realen Leben unerreichbar erscheinen. Solche Spannungen können sich in Form von digitalem Rollenstress, depressiven Symptomen oder Entfremdung äußern [BES07].

Auch im therapeutischen Kontext werden Avatare zunehmend als Instrumente psychologischer Interventionen eingesetzt. In der virtuellen Realität ermöglichen sie es Patienten, sich mit belastenden Inhalten in einem kontrollierten Rahmen auseinanderzusetzen, etwa

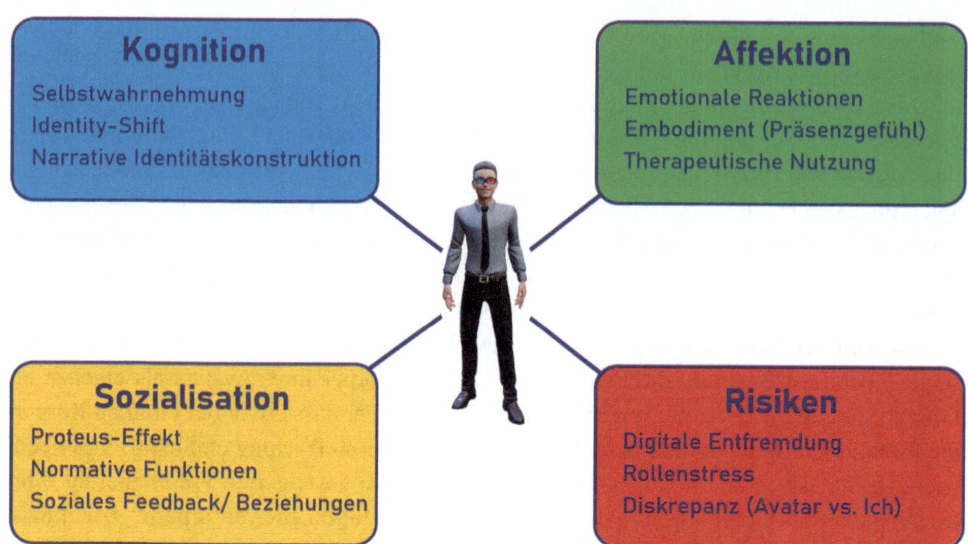

Abb. 2.1 Psychologische Dimensionen rund um die Nutzung von Avataren

bei der Behandlung von Angststörungen oder sozialen Phobien. Studien belegen, dass die Möglichkeit zur distanzierten, aber dennoch verkörperten Konfrontation mit angstbesetzten Situationen, zum Beispiel durch Avatare, die stellvertretend für das eigene Selbst agieren, eine therapeutisch wirksame Desensibilisierung und Neubewertung fördern kann [FRE17]. Damit eröffnen Avatare nicht nur neue methodische Zugänge in der psychologischen Diagnostik und Therapie, sondern unterstreichen auch ihre Bedeutung als psychodynamisch relevante Medien der Selbstverarbeitung.

Psychologische Studien zeigen, dass Avatare weit mehr sein können als technische Repräsentationen. Sie fungieren als psychologisch wirksame Medien des Selbst, die Identität formen, Verhalten steuern und soziale Beziehungen strukturieren. Die virtuelle Selbstdarstellung über Avatare eröffnet einerseits neue Räume der Selbstgestaltung und sozialen Interaktion, birgt andererseits aber auch das Potenzial für Entfremdung, Rollenstress und eine Fragmentierung der digitalen Identität, insbesondere wenn Diskrepanzen zwischen virtuellem und realem Selbstbild auftreten. Die fortschreitende Integration immersiver Technologien in Alltag, Bildung und Arbeitswelt macht es daher erforderlich, die psychologischen Implikationen virtueller Selbstdarstellungen nicht nur im Hinblick auf individuelles Verhalten, sondern auch im gesamtgesellschaftlichen Kontext weiter zu erforschen.

2.1.2 Das Spannungsfeld zwischen realer und digitaler Identität

Mit der Digitalisierung des Selbst durch die Nutzung von Avataren entsteht ein Spannungsfeld zwischen realer und digitaler Identität, dass tiefgreifende psychosoziale Veränderungen mit sich bringt. Während Avatare als Projektionsflächen für kreative, explorative und emanzipatorische Formen der Selbstgestaltung dienen können, erfordern sie zugleich neue Formen der Reflexion und Regulierung von Identitätsprozessen in digitalen Umwelten.

Mit dem zunehmenden Übergang von diskreten Medienpraktiken hin zu immersiven, persistenten digitalen Räumen verändert sich auch die epistemologische Grundlage dessen, was als „das eigene Selbst" verstanden wird. In virtuellen Realitäten, in denen soziale Präsenz über Avatare vermittelt wird, wird dieses Selbst nicht mehr nur dargestellt, sondern es wird zunehmend inszeniert und in performativen Interaktionen verhandelt. Diese performative Dimension wird durch Technologien wie Motion-Capturing, Sprachsynthese und haptisches Feedback weiter intensiviert und lässt Avatare als multisensorische Erweiterung der physischen Person erscheinen. Die digitale Identität ist dadurch nicht mehr lediglich ein symbolisches Konstrukt, sondern ein Produkt fortwährender situativer Aushandlung [GOF59, RET14].

Diese Dynamik birgt jedoch auch das Risiko, dass die Repräsentation des Selbst in digitalen Räumen normativen Gestaltungszwängen unterliegt. So kann etwa der Druck entstehen, einen Avatar zu entwerfen, der zunächst einmal visuell attraktiv, zugleich aber auch sozial und funktional anschlussfähig ist. In Plattformen wie VRChat oder Horizon Worlds ist zu beobachten, dass sich bestimmte visuelle Codes und kulturelle Muster etablieren, die Konformität nahelegen und damit implizit normative Erwartungen an die digitale Identität formulieren [DIJ13]. Die Folge kann eine zunehmende Entfremdung vom realen Selbst sein, insbesondere dann, wenn die digitale Repräsentation als „besseres Ich" wahrgenommen wird, das mit den Unzulänglichkeiten der physischen Existenz kontrastiert. Bei fehlender Integration kann diese Identitätsdivergenz zu einer psychologischen Belastung führen, da sie eine kohärente Selbstwahrnehmung erschwert und innere Spannungen im Sinne einer „digitalen Dissonanz" erzeugt [SUL02].

Besonders vulnerabel gegenüber diesen Effekten scheinen Jugendliche und junge Erwachsene zu sein, deren Selbstkonzepte sich noch in der Entwicklung befinden. Studien aus der Medienwirkungsforschung belegen, dass in dieser Lebensphase digitale Medien nicht nur zur sozialen Orientierung genutzt werden, sondern auch maßgeblich an der Konstruktion von Rollenbildern und Selbstzuschreibungen beteiligt sind [LIV10]. Die intensive Nutzung von Avataren in sozialen und spielerischen Kontexten kann in diesem Zusammenhang sowohl stabilisierende als auch destabilisierende Effekte haben. Einerseits können positive Rückmeldungen im digitalen Raum das Selbstwertgefühl stärken und explorative Identitätsarbeit unterstützen. Dies ist schon im Umfeld der bisherigen sozialen Medien wie z. B. Instagram oder TikTok zu beobachten. Andererseits können permanente Vergleiche, soziale Ablehnung oder ein gefühltes Auseinanderklaffen zwischen realem und digitalem Selbstbild zu Identitätsunsicherheit und dysfunktionalem Verhalten führen, etwa in Form von übermäßiger Rückzugsneigung oder kompensatorischer Selbstoptimierung [MAR13].

Ein weiterer Aspekt betrifft die langfristigen sozio-kulturellen Implikationen digitaler Identitätspraktiken. In dem Maße, wie sich virtuelle Interaktionen etwa in Bildung, Arbeit oder der sozialen Infrastruktur im Metaversum institutionalisieren, gewinnt die digitale

Identität zunehmend an sozialer Relevanz und Verbindlichkeit. Avatare werden in diesem Kontext nicht mehr nur als individuelle Repräsentationen verstanden, sondern auch als Träger institutioneller Rollen, Verantwortlichkeiten und rechtlicher Zuschreibungen. Dies wirft grundlegende Fragen zur Authentizität, Verantwortung und Rechenschaftspflicht im digitalen Raum auf [FLO11]. Die Grenzen zwischen Spiel, Simulation und Realität beginnen zu verschwimmen, sodass sich eine „Hybridität des Selbst" herausbildet, die die traditionellen Konzepte von Identität, Privatheit und Subjektivität herausfordert (Abb. 2.2).

Insofern darf das durch Avatare vermittelte Spannungsfeld zwischen realer und digitaler Identität nicht nur als individuelles Anpassungsproblem verstanden werden, sondern muss als Ausdruck einer umfassenden Transformation der Subjektivität im digitalen Zeitalter betrachtet werden. Diese Transformation fordert interdisziplinäre Perspektiven aus Medienpsychologie, Soziologie, Philosophie und Kulturwissenschaften heraus, um ein angemessenes Verständnis für die neuen Formen des „vernetzten Selbst" zu entwickeln [TUR11]. Die Herausforderung besteht darin, eine Balance zwischen gestalterischer

Abb. 2.2 Psychologische Dimensionen rund um die Nutzung von Avataren im Spannungsfeld Realität – Digitalität

Freiheit, sozialer Integration und psychologischer Kohärenz zu ermöglichen – und damit das Potenzial digitaler Identitäten zu nutzen, ohne ihre Risiken zu vernachlässigen.

Die Betrachtung von Avataren als hybride Entitäten, die zwischen funktionalem Interface und sozialer Repräsentation hin- und herwechseln, legt nahe, dass traditionelle Klassifikationen aus der Medien- und Technikforschung hier wohl nicht mehr gänzlich ausreichen, um die komplexe Rolle digitaler Selbstrepräsentationen in immersiven Umgebungen adäquat zu beschreiben. Vielmehr ist ein interdisziplinärer Zugang erforderlich, der die Wechselwirkungen zwischen Mensch, Technologie und sozialem Kontext systematisch berücksichtigt. Insbesondere in immersiven, multimodalen Umgebungen wie dem Metaversum, in denen digitale, physische, soziale und symbolische Realitäten überlagert werden, gewinnt die Frage nach dem „metaphysischen" Status des Avatars neue Relevanz. Der Avatar ist dabei eben nicht nur Ausdruck eines digitalen Selbst, sondern wirkt als dynamische Vermittlungsinstanz zwischen dem intentionalem Handeln, der sozialen Wahrnehmung und der technologischen Medialität.

Aus medientheoretischer Perspektive lässt sich dies mit dem Konzept der „technologischen Verkörperung" fassen [IHD90]. Damit wird beschrieben, wie Technologien nicht nur Werkzeuge sind, sondern wie sie die Wahrnehmungs- und Handlungsmöglichkeiten des Subjekts mitgestalten. Der Avatar wird in dieser Lesart zur „extension of the body", also zur medialen Erweiterung der körperlichen und kognitiven Kapazitäten des Nutzers [MCL64]. Durch diese technologische Verkörperung kommt es zu einer Re-Konfiguration der Position des Subjekts im digitalen Raum: Der Avatar fungiert nicht nur als Interface, sondern als verkörperter Agent, durch den das Subjekt in der virtuellen Welt operiert, wahrgenommen wird und sich selbst erfährt. Diese Vermittlungsstruktur verändert nicht nur die Form, sondern auch die Qualität sozialer Interaktion, da der Körper als Träger nonverbaler Signale, Affekte und Statuszuweisungen digital transformiert wird [BIO97].

Zugleich wird der Avatar durch seine soziale Wirksamkeit damit auch zu einem Akteur im Sinne der Akteur-Netzwerk-Theorie, der nicht nur passiv gesteuert, sondern als Knotenpunkt vielfältiger Beziehungen konfiguriert ist [LAT07] In virtuellen Welten entsteht dadurch eine soziotechnische Hybridität, in der menschliche Intention, maschinelle Logik und symbolische Repräsentation in wechselseitiger Abhängigkeit stehen. Diese Triangulation zeigt sich beispielsweise in der Nutzung von Avataren mit integrierter KI, etwa in virtuellen Assistenten oder Bots, die in sozialen Plattformen auftreten. Solche Avatare lassen sich letztlich nicht mehr eindeutig einem menschlichen Akteur zuordnen, sondern agieren als semi-autonome Repräsentationen, deren Verhalten teils durch Nutzer gesteuert, teils algorithmisch erzeugt wird. Darauf soll im späteren Kap. 4 noch Näher eingegangen werden. Die aus dieser Perspektive resultierende Ambivalenz stellt etablierte Konzepte wie Autorschaft, Präsenz und Intentionalität infrage und erfordert neue theoretische Modelle für die Beschreibung digitaler Interaktionen [KNO01].

Diese Entwicklungen werfen nicht zuletzt ethische und normative Fragen auf, insbesondere im Hinblick auf Verantwortung, Authentizität und Vertrauen in digitalen Interaktionsräumen. Wenn Avatare als erweiterte Selbst- oder Fremdrepräsentationen auftreten, die durch technische Systeme mitgestaltet oder sogar autonom generiert werden, stellt sich die Frage nach der Zuschreibung von Handlungsmacht und moralischer Verantwortlichkeit:

- Inwiefern kann ein Avatar als authentisch gelten, wenn seine Ausdrucksformen durch algorithmische Optimierungen oder Designvorgaben geprägt sind?
- Und welche Verantwortung trägt der Nutzer für das Verhalten seines Avatars in sozialen Kontexten, wenn dessen Wirkung nicht vollständig intendiert oder kontrollierbar ist?

Solche und weitere Fragen werden insbesondere in digitalen Lernumgebungen, therapeutischen Settings oder arbeitsbezogenen Kontexten virulent, in denen Avatare nicht nur symbolische, sondern auch funktionale Relevanz besitzen.

Vor diesem Hintergrund darf die Forschung zu Avataren nicht bei einer ambivalenten Kategorisierung als Werkzeug oder Kommunikationsmedium verweilen, sondern sie muss vielmehr eine Prozessperspektive einnehmen, die den Avatar als dynamische, relationale Entität begreift. Diese Perspektive betont die situative Eingebundenheit, die affektive Resonanz sowie die medientechnologische Materialität von Avataren und eröffnet damit einen integrativen Forschungsansatz, der der Vielschichtigkeit virtueller Repräsentationen gerecht wird. In Anlehnung an mediensoziologische Modelle könnte der Avatar somit als „boundary object" verstanden werden [STA16]. Er wird zu einem flexiblen Medium, das zwischen unterschiedlichen epistemischen und sozialen Kontexten vermittelt und dadurch sowohl individuelle Selbstpraktiken als auch kollektive Bedeutungsstrukturen mitgestaltet.

2.2　Die Weiterentwicklung des Konzeptes „Avatar"

Die fortschreitende Digitalisierung und die zunehmende Verlagerung sozialer, ökonomischer und kultureller Interaktionen in virtuelle Räume haben das Konzept des Avatars in den vergangenen Jahrzehnten wesentlich transformiert. Ursprünglich als grafische Repräsentationen von Nutzern in digitalen Umgebungen konzipiert, erfüllen Avatare heute weit komplexere Funktionen. Sie dienen nicht nur der visuellen Identifikation, sondern übernehmen Aufgaben in der Kommunikation, der Kollaboration und sogar der Handlungsausführung in immersiven Systemen wie Virtual und Augmented Reality. Diese Entwicklung ist eng verknüpft mit technologischen Innovationen in den Bereichen Grafikdarstellung, Künstliche Intelligenz und Human-Computer Interaction.

Mit dem Aufkommen persistenter, multiuser-fähiger Plattformen wie etwa im Kontext des Metaversums wurde die Gestaltung und Steuerung von Avataren zunehmend zu einem interdisziplinären Forschungsgegenstand. Während frühe Ansätze primär von der Informatik und Spieletheorie geprägt waren, gewinnt seit den 2010er-Jahren auch die soziotechnische Perspektive an Bedeutung [YEE07]. Hierbei stehen Fragen nach Identitätskonstruktion, sozialen Rollen sowie der Wirkung von Avataren auf das Verhalten und Erleben der Nutzer*innen im Fokus [NOW18].

Die Weiterentwicklung des Avatar-Konzepts spiegelt somit nicht nur technische Fortschritte wider, sondern auch sich wandelnde gesellschaftliche Anforderungen an digitale Repräsentationen. Sie fordert eine Neubewertung des Verhältnisses zwischen Mensch, Medium und Identität, insbesondere im Hinblick auf Autonomie, Authentizität und Interaktion in hybriden Realitäten.

2.2.1 Dabei, und doch nicht dabei: NPC

Sogenannte Non-Player Character, also „Nicht-Spieler-Charaktere" (NPCs) sind Komponenten in digitaler Spiele, die zur Gestaltung interaktiver virtueller Welten beitragen. Mittlerweile sind insbesondere „große" und vielmehr noch immersive Spiele ohne sie nicht mehr vorstellbar. NPCs sind Figuren, die von der Spiel-KI oder durch vordefinierte Skripte gesteuert werden und mit Spielern auf vielfältige Weise interagieren können. Ihre Funktionen reichen von rein dekorativen Elementen, die die Immersion einer Spielwelt erhöhen, bis hin zu komplexen Charakteren mit tiefgreifenden Dialogsystemen, Handlungssträngen und adaptivem Verhalten. Die Ursprünge des Konzepts reichen bis in die frühen Tage der Rollenspiele zurück, in denen NPCs als von Spielleitern gesteuerte Figuren in Pen-and-Paper-Spielen agierten [FIN83]. Mit der Digitalisierung dieser Spielmechaniken wurden NPCs zu zentralen Elementen vieler Computerspiele, insbesondere in Rollenspielen und offenen Spielwelten. In frühen Spielen waren sie oft statische Charaktere mit festgelegten Dialogen und vordefinierten Verhaltensmustern, die den Spielern Informationen gaben oder Quests initiierten [ADA14]. Mit den Fortschritten in der Künstlichen Intelligenz haben sich NPCs jedoch weiterentwickelt und zeigen heute eine größere Autonomie, dynamische Entscheidungsfindung und anpassungsfähiges Verhalten (Abb. 2.3).

Die Interaktion mit NPCs erfolgt in modernen Spielen sowohl über komplexe Dialogsysteme, in denen Spieler verschiedene Antwortoptionen wählen können, die den Verlauf der Geschichte beeinflussen, aber auch auf indirektem Wege wie zum Beispiel allein durch Annäherung an den NPC. Die Dialogmechanik wurde besonders in narrativen Rollenspielen wie der Mass Effect- oder The Elder Scrolls-Serie weiterentwickelt, in denen NPCs individuelle Persönlichkeiten, Beziehungen zum Spieler und erinnerungsbasiertes Verhalten aufweisen [MAT05a, MAT05b]. Fortschritte in der KI haben darüber hinaus zur Entwicklung von NPCs geführt, die in der Lage sind, auf unvorhersehbare Weise auf das Verhalten des Spielers zu reagieren, was die Immersion und Glaubwürdigkeit der Spielwelt erhöht [YAN18].

Neben ihrer narrativen Rolle dienen NPCs auch als funktionale Elemente des Spieldesigns. Sie können Gegner darstellen, die strategisches Verhalten an den Tag legen, Verbündete, die den Spieler unterstützen, oder Händler, die Ressourcen bereitstellen. Besonders in Open-World-Spielen wie Red Dead Redemption 2 oder Cyberpunk 2077 wurden NPCs so konzipiert, dass sie eigene Tagesabläufe, Reaktionen auf Umweltveränderungen und adaptive soziale Interaktionen besitzen, wodurch die Spielwelt lebendiger erscheint [ROC18].

Abb. 2.3 Beispiele für NPCs in aktuellen Spielen

Mit der stetigen Weiterentwicklung von maschinellem Lernen und Natural Language Processing verändert sich auch das Konzept der NPCs. Moderne KI-gesteuerte NPCs sind in der Lage, natürliche Gespräche mit Spielern zu führen und ihr Verhalten auf Basis von Datenanalysen kontinuierlich anzupassen. Dadurch verschwimmen die Grenzen zwischen vorprogrammierten NPCs und interaktiven, spielergesteuerten Charakteren zunehmend, was langfristig zu einer noch immersiveren Spielerfahrung führen könnte.

Diese Entwicklung wirft zugleich grundlegende Fragen nach Autorschaft, Interaktivität und Narrativität in digitalen Spielen auf. Während traditionelle Narrative auf einer klaren Trennung zwischen Autor, Rezipient und Werk beruhen, durchbrechen dynamische NPCs diese Struktur, indem sie emergente Geschichten ermöglichen, die aus der Interaktion zwischen Spieler und System hervorgehen [HAR09]. Damit werden NPCs nicht nur als dramaturgische Werkzeuge verstanden, sondern als algorithmisch vermittelte Agenten innerhalb eines performativen Mediums. Ihre Fähigkeit, durch lernbasierte Systeme kontextsensitiv zu agieren, eröffnet neue Dimensionen der Adaptivität, die bislang nicht vollständig ausgeschöpft sind, jedoch ein erhebliches Potenzial für zukünftige Spieleentwicklung und Forschung im Bereich Human-Computer-Interaction bergen [ISB06].

Gleichzeitig entstehen neue Herausforderungen im Hinblick auf ethische und gestalterische Implikationen. Die zunehmende Verhaltenskomplexität von NPCs erfordert eine verantwortungsvolle Gestaltung, insbesondere wenn sie menschenähnliche Reaktionen zeigen oder emotionale Bindungen hervorrufen. Studien im Bereich (→) Affective Computing weisen darauf hin, dass Spieler NPCs mit höherer emotionaler Resonanz als sozial relevante Entitäten wahrnehmen, was Einfluss auf ihre moralischen Entscheidungen und das Spielverhalten insgesamt nehmen kann [PAI17]. Hierbei spielt auch die Gestaltung der künstlichen Empathie eine zentrale Rolle, da glaubwürdige soziale Simulationen sowohl positive Lerneffekte als auch ethische Dilemmata hervorrufen können.

NPCs können daher nicht als statische Spielkomponenten betrachtet werden, sondern sie sind als dynamische, kognitiv und emotional anschlussfähige Agenten zu betrachten, die einen interaktiven Raum der Bedeutungsproduktion mitgestalten. Ihre zukünftige Entwicklung wird wesentlich davon abhängen, wie gut technologische Innovationen mit gestalterischer Reflexion und ethischer Verantwortung in Einklang gebracht werden können.

Die gegenwärtige Forschung im Bereich digitaler Spiele und Künstlicher Intelligenz verdeutlicht, dass NPCs zunehmend nicht nur als Teil der Spielmechanik oder als narrative Unterstützung verstanden werden, sondern als autonome Akteure innerhalb komplexer simulationsbasierter Systeme. Diese Verschiebung wird insbesondere durch Fortschritte in der Verhaltensmodellierung, in agentenbasierter KI sowie in der sozialen Simulation vorangetrieben. Die Entwicklung hin zu agentenbasierten NPCs, die mit Zielen, Bedürfnissen, Emotionen und Gedächtnis ausgestattet sind, erlaubt eine nuanciertere Darstellung von Handlungskompetenz und Sozialverhalten. Dies bedeutet, dass NPCs heute in der Lage sind, kohärente Handlungen über längere Zeiträume hinweg zu vollziehen und dabei auf frühere Ereignisse oder Interaktionen mit dem Spieler Bezug zu nehmen [LAN11, MCC11].

Die jüngere Forschung schaut vor allem auf das sogenannte „believable agent design", bei dem der Fokus auf der Erzeugung von NPCs liegt, die nicht nur funktional effektiv, sondern auch sozial glaubwürdig erscheinen [BAT94]. Dabei steht nicht allein die technische Repräsentation von Intelligenz im Vordergrund, sondern auch die ästhetische und dramaturgische Kohärenz, mit der ein NPC in eine Spielwelt eingebunden ist. Insbesondere narrative Spiele und simulationsbasierte Open-World-Games profitieren von solchen Ansätzen, da glaubwürdige NPCs wesentlich zur (→) „Suspension of Disbelief" und damit zur Immersion beitragen.

Ein weiteres Forschungsfeld betrifft die Integration von Emotionserkennung und affektiven Reaktionen in NPC-Systeme. Die Fähigkeit, zum Beispiel durch biometrische Sensorik oder Verhaltensanalyse emotionale Zustände des Spielers zu erkennen und diese in die Interaktionsgestaltung einfließen zu lassen, eröffnet neue Formen adaptiver Narration und emotionaler Rückkopplung. Projekte wie „Ghost in the Machine" demonstrieren, wie durch den Einsatz von Deep Learning und multimodaler Datenanalyse NPCs geschaffen werden können, die auf emotionale Nuancen des Spielers eingehen und somit eine stärkere Bindung ermöglichen [ZHO06].

Im Zusammenhang mit immersiver Interaktion gewinnt auch das Konzept des emergenten Verhaltens zunehmend an Bedeutung. Hierbei handelt es sich um nicht vollständig vorhersehbare Verhaltensweisen von NPCs, die aus der Kombination verschiedener modularer KI-Systeme hervorgehen. Solche Systeme folgen nicht mehr nur festgelegten Skripten oder Entscheidungsbäumen, sondern operieren auf Basis probabilistischer Modelle oder Reinforcement Learning, um situationsspezifisch zu agieren [SIL16]. Dies erlaubt es NPCs, nicht nur auf das Spielerverhalten zu reagieren, sondern auch eigene Ziele zu verfolgen, Strategien zu entwickeln oder Gruppenverhalten zu zeigen – etwa in Form kollektiver Reaktionen innerhalb sozialer Gruppen in einer Spielwelt.

Schließlich wird mit der Integration generativer KI-Modelle, wie sie in Systemen auf Grundlage großer Sprachmodelle zum Einsatz kommen, die Gestaltung von NPC-Dialogen nochmals neu gedacht. Anstatt auf statische Dialogbäume zurückzugreifen, ermöglichen Modelle wie GPT oder PaLM die dynamische Generierung von Sprache, die nicht nur grammatikalisch korrekt, sondern auch semantisch kontextsensitiv ist. Dies verändert nicht nur die Qualität der Spieler-NPC-Interaktion, sondern auch das Designparadigma von Spielen, da Entwickler zunehmend Werkzeuge benötigen, um solche Systeme ethisch und dramaturgisch sinnvoll einzubetten [CRA24].

Diese Entwicklung geht jedoch mit neuen Herausforderungen einher. Einerseits stellen sich Fragen der Kontrolle und Vorhersehbarkeit innerhalb eines Spiels, insbesondere wenn NPCs durch generative Modelle eine hohe Autonomie erhalten. Andererseits treten ethische Fragen auf, etwa im Hinblick auf die Manipulierbarkeit emotionaler Zustände oder das potenzielle Überschreiten sozialer Normen durch KI-gesteuerte Figuren. Die Forschung beginnt daher, Prinzipien der Responsible AI auch auf die Gestaltung von Spielsystemen und NPCs anzuwenden, etwa durch transparente Designprozesse, Erklärbarkeit von Entscheidungen und das Setzen ethischer Leitlinien für KI-Verhalten in fiktionalen Kontexten [CRA21].

Die Entwicklung und Integration von NPCs kann durchaus als Paradigmenwechsel innerhalb der Spieleentwicklung angesehen werden. NPCs sind heute nicht mehr bloße funktionale Figuren zur Unterstützung des Gameplays, sondern emergente, adaptiv handelnde Akteure, deren Verhalten zunehmend auf komplexen lernfähigen Systemen basiert. Damit werden sie zu Trägern einer neuen Form der Interaktivität, in der narrative Kohärenz, soziale Simulation und technische Innovation eng miteinander verflochten sind.

2.2.2 Digital Twin & Digital Clone

Für das Verständnis moderner Avatare sind auch die Begriffe „Digital Twin" und „Digital Clone" relevant. Hierbei handelt es sich um Begriffe der digitalen Transformation, die unterschiedliche Herangehensweisen zur Repräsentation physischer Objekte oder Personen in virtuellen Umgebungen beschreiben. Beide Konzepte basieren auf der Erfassung, Analyse und Simulation von realen Daten, unterscheiden sich jedoch in ihren Zielen, Anwendungen und technischen Grundlagen.

- Ein Digital Twin ist eine virtuelle Repräsentation eines physischen Systems oder Objekts, die kontinuierlich mit Echtzeitdaten aus der physischen Welt aktualisiert wird. Das Konzept wurde in den frühen 2000er-Jahren im Kontext der Industrie 4.0 und des Internets der Dinge (IoT) populär und ermöglicht eine enge Verzahnung zwischen physischen und digitalen Systemen [GRI17]. Digital Twins werden insbesondere in Bereichen wie Fertigung, Logistik und Smart Cities eingesetzt, um Prozesse zu optimieren, Simulationen durchzuführen und zukünftige Entwicklungen vorherzusagen. Durch die Integration von Sensoren, maschinellem Lernen und Datenanalysen können digitale Zwillinge nicht nur den Zustand eines physischen Objekts in Echtzeit reflektieren, sondern auch Szenarien simulieren und Optimierungspotenziale identifizieren. Diese bidirektionale Interaktion zwischen digitalem Modell und physischer Realität schafft eine dynamische Kopplung, die über rein statische digitale Repräsentationen hinausgeht [TAO19].
- Im Gegensatz dazu beschreibt ein Digital Clone eine exakte, virtuelle Nachbildung eines Individuums oder eines physischen Systems, die nicht zwangsläufig mit Echtzeitdaten aus der realen Welt gespeist wird. Während ein Digital Twin eine kontinuierliche Synchronisation mit dem physischen Gegenstück erfordert, kann ein Digital Clone auf historischen oder modellierten Daten basieren, die eine vollständige, jedoch nicht notwendigerweise dynamische Replikation ermöglichen [GLA12]. Digitale Klone werden häufig im Bereich der künstlichen Intelligenz, virtueller Assistenten und digitaler Avatare genutzt. Ein bekanntes Beispiel ist die Verwendung digitaler Klone in der Medien- und Unterhaltungsindustrie, wo Prominente oder historische Persönlichkeiten durch KI-generierte Modelle in Filmen oder virtuellen Umgebungen wiederbelebt werden. Darüber hinaus gibt es Anwendungen im Gesundheitswesen, bei denen digitale Klone von Patienten für simulationsbasierte Diagnosen und personalisierte Behandlungsstrategien eingesetzt werden [CEL23].

Beide Konzepte sind somit komplementär, weisen damit aber auch unterschiedliche Funktionalität auf. Während Digital Twins als Werkzeuge für vorausschauende Analysen und Optimierung genutzt werden, sind Digital Clones darauf ausgerichtet, realistische Repliken von Menschen oder Objekten zu schaffen, die unabhängig von kontinuierlichen Echtzeitdaten existieren können. Mit der Weiterentwicklung von Künstlicher Intelligenz, Big Data und Edge Computing werden beide Konzepte zunehmend miteinander verknüpft, sodass hybride Modelle entstehen, die sowohl dynamische Echtzeitaktualisierungen als auch hochpräzise digitale Replikationen ermöglichen.

Die Konzepte des „Digital Twin" und des „Digital Clone" haben sich über mehrere Jahrzehnte hinweg entwickelt und sind eng mit Fortschritten in der Digitalisierung, der Sensorik, aber auch der Entwicklung der Künstlichen Intelligenz verknüpft. Während der Digital Twin seinen Ursprung in der Industrie und der Systemsimulation hat, entstand der Digital Clone als technologisches Konzept in der Entwicklung virtueller Repräsentationen von Menschen und komplexen biologischen Systemen. Beide Entwicklungen sind von zentraler Bedeutung für die digitale Transformation und die zunehmende Verschmelzung von physischer und virtueller Realität.

Der Ursprung des Digital-Twin-Konzepts lässt sich bis in die 1960er-Jahre zurückverfolgen, als in der Luft- und Raumfahrt erste digitale Modelle von physischen Systemen entwickelt wurden, um Tests und Simulationen durchzuführen, ohne physische Prototypen zu benötigen. Die NASA nutzte bereits in den 1970er-Jahren digitale Modelle zur Überwachung und Steuerung von Raumfahrzeugen, um mögliche Probleme vorherzusagen und zu beheben. Ein entscheidender theoretischer Schritt erfolgte durch Michael Grieves im Jahr 2005, der den Begriff „Digital Twin" erstmals im Kontext des Produktlebenszyklus-Managements verwendete [GRI05]. Er beschrieb ein Konzept, bei dem ein physisches Produkt eine virtuelle Entsprechung besitzt, die durch kontinuierlichen Datenaustausch mit Echtzeitinformationen aktualisiert wird. Dieser Ansatz wurde später von der NASA und der Industrie adaptiert, um komplexe technische Systeme effizienter zu überwachen und zu optimieren.

Mit der zunehmenden Verbreitung des IoT in den 2010er-Jahren erlangte der Digital Twin eine wachsende Bedeutung in der Industrie 4.0. Unternehmen begannen, digitale Zwillinge für Produktionsprozesse, Maschinen und Infrastrukturen einzusetzen, um Wartungskosten zu senken und Prozesse effizienter zu gestalten. Ein frühes Beispiel ist die Anwendung von Digital Twins im Flugzeugbau durch Unternehmen wie Boeing, die digitale Abbilder ihrer Flugzeuge erstellten, um Materialermüdung und Wartungsbedarf in Echtzeit zu analysieren. Auch in der Automobilindustrie setzen Hersteller wie BMW und Tesla auf digitale Zwillinge, um den Zustand von Fahrzeugen zu überwachen und vorausschauende Wartungsmaßnahmen zu implementieren.

Das Konzept des Digital Clone entwickelte sich parallel, jedoch mit einem stärkeren Fokus auf menschliche und biologische Systeme. Während frühe digitale Klone auf die Simulation von Verhaltensweisen in virtuellen Umgebungen beschränkt waren, führte der Fortschritt in der Künstlichen Intelligenz und der Biotechnologie zur Entwicklung von realitätsnahen digitalen Replikationen von Menschen. Ein markantes Beispiel war die Entstehung von virtuellen Persönlichkeiten und KI-gesteuerten Avataren, die in der Unterhaltungsindustrie genutzt wurden. Bereits in den frühen 2000er-Jahren begannen Filmstudios, digitale Nachbildungen von Schauspielern für Spezialeffekte und posthume Darstellungen zu verwenden, wie im Film „Rogue One: A Star Wars Story" aus dem Jahr 2016, in dem ein digitaler Klon des verstorbenen Schauspielers Peter Cushing für die Rolle des Grand Moff Tarkin erzeugt wurde (Abb. 2.4).

Ein weiteres Beispiel für den Einsatz digitaler Klone findet sich im Gesundheitswesen. Die Entwicklung virtueller Patientenmodelle, die anatomische und physiologische Prozesse simulieren, ermöglicht personalisierte medizinische Diagnosen und Behandlungen. Besonders in der Kardiologie und Neurowissenschaft werden digitale Klone genutzt, um Reaktionen auf Medikamente oder chirurgische Eingriffe vorab zu testen und so individuelle Behandlungsstrategien zu optimieren.

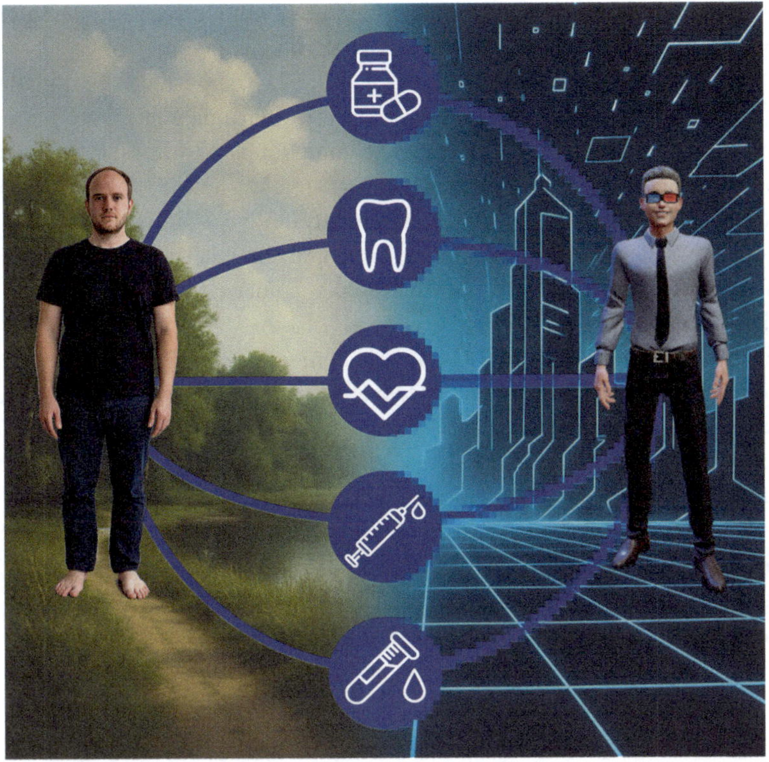

Abb. 2.4   Beispiele für Digital Twin und Digital Clone

Die fortschreitende Entwicklung von Digital Twins und Digital Clones zeigt eine zunehmende Annäherung beider Konzepte. Während der Digital Twin ursprünglich zur Optimierung technischer Systeme diente, werden inzwischen auch menschliche Körper oder sogar ganze Städte als digitale Zwillinge modelliert, um Entscheidungsprozesse zu unterstützen. Gleichzeitig werden Digital Clones durch den Einsatz von maschinellem Lernen und neuronalen Netzwerken immer realistischer und interaktiver, was die Grenzen zwischen realer und virtueller Welt weiter verwischt.

2.2.3   Virtual Human

Grundlegend von den Konzepten „Digital Twin" und „Digital Clone" unterscheidet sich das Konzept des „Virtual Human", obwohl es in der technologischen Entwicklung Überschneidungen gibt. Während der Digital Twin und der Digital Clone sich auf digitale Repräsentationen physischer Objekte oder Personen konzentrieren, steht bei Virtual Humans die Interaktion und Kommunikation im Vordergrund. Diese virtuellen Wesen sind darauf ausgelegt, menschliche Verhaltensweisen zu imitieren, mit Nutzern zu interagieren und in digitalen Umgebungen autonom oder teilautonom zu agieren.

Ein Digital Twin ist, wie im vorigen Abschnitt Näher dargestellt, die digitale Entsprechung eines realen Systems, die kontinuierlich mit Echtzeitdaten aktualisiert wird. Das Hauptziel ist die Überwachung, Analyse und Simulation von Prozessen, beispielsweise in der Industrie, Medizin oder städtischen Infrastruktur. Digitale Zwillinge von Menschen werden in der personalisierten Medizin eingesetzt, um etwa individuelle physiologische Prozesse zu modellieren und Behandlungen zu optimieren. Dabei steht jedoch nicht die autonome Interaktion mit Nutzern im Mittelpunkt, sondern die datengetriebene Optimierung realer Prozesse.

Durchaus ähnlich ist der Digital Clone, bei dem es sich auch um eine exakte digitale Nachbildung einer Person handelt, die aber nicht zwangsläufig in Echtzeit mit dem physischen Gegenstück verbunden ist. Er basiert auf statischen oder historischen Daten und findet insbesondere in der Medienindustrie oder im Bereich der virtuellen Identitäten Anwendung. Ein Digital Clone kann beispielsweise in der Unterhaltungsbranche eingesetzt werden, um verstorbene Schauspieler in Filmen zu rekonstruieren oder interaktive virtuelle Assistenten zu erschaffen. Diese Repräsentationen können menschliches Verhalten nachahmen, sind jedoch meist auf vordefinierte Skripte oder trainierte Daten angewiesen.

Im Gegensatz dazu sind Virtual Humans digitale Wesen, die entweder als interaktive Charaktere in virtuellen Umgebungen agieren oder als KI-gesteuerte Agenten für die Mensch-Computer-Interaktion entwickelt wurden. Sie sind nicht zwingend an ein reales physisches Vorbild gebunden und verfügen über verschiedene Grade an Autonomie. Während einige Virtual Humans als einfache textbasierte Chatbots existieren, sind andere hoch entwickelte 3D-Modelle mit realistischer Mimik, Gestik und Sprachausgabe, die mit Nutzern kommunizieren und sich an Interaktionskontexte anpassen können. Ein prominentes Beispiel ist die virtuelle Influencerin Lil Miquela, die als digitale Persönlichkeit mit Social-Media-Nutzern interagiert, obwohl sie keine physische Existenz hat. Im medizinischen Bereich werden Virtual Humans als interaktive Trainingssimulatoren eingesetzt, um medizinische Fachkräfte auf reale Patienteninteraktionen vorzubereiten.

Die wesentliche Abgrenzung zwischen diesen Konzepten liegt in ihrer Funktionalität und ihrem Verwendungszweck. Während Digital Twins datengetriebene Modelle realer Systeme sind und Digital Clones exakte Reproduktionen von Individuen darstellen, sind Virtual Humans primär für interaktive und kommunikative Aufgaben entwickelt. Sie fungieren als Schnittstelle zwischen Mensch und Maschine und können durch Fortschritte in Künstlicher Intelligenz immer autonomer agieren. Diese Entwicklungen verdeutlichen die fortschreitende Digitalisierung und die zunehmende Integration virtueller Entitäten in verschiedene gesellschaftliche Bereiche.

Das Konzept des „Virtual Human" hat sich über mehrere Jahrzehnte hinweg entwickelt und ist eng mit Fortschritten in der Künstlichen Intelligenz, der Computergrafik sowie der Mensch-Maschine-Interaktion verknüpft. Ursprünglich aus der Forschung zur Sprach- und Textverarbeitung hervorgegangen, umfasst es heute interaktive digitale Entitäten, die in verschiedenen Anwendungsbereichen wie virtuellen Assistenten, Computerspielen, Simulationen und Social Media als digitale Persönlichkeiten fungieren. Die Entwicklung dieses Konzepts lässt sich in verschiedene technologische und konzeptionelle Meilensteine unterteilen, die die Evolution virtueller Menschen maßgeblich geprägt haben.

An dieser Stelle wird eine große Nähe des Konzeptes Virtual Human und des oben schon vorgestellten NPC ersichtlich. Der zentrale Unterschied zwischen beiden Konzepten liegt weniger in der technologischen Ausstattung als vielmehr in der intentionellen Ausrichtung und sozialen Funktion der jeweiligen virtuellen Akteure. Während Virtual Humans gezielt für menschlich-soziale Interaktionen in simulationsnahen Kontexten entwickelt werden, erfüllen NPCs primär strukturierende oder unterstützende Rollen innerhalb fiktionaler Welten. In der wissenschaftlichen Diskussion wird daher vorgeschlagen, Virtual Humans als eine semantische Weiterentwicklung des NPC-Konzepts zu betrachten, in dem funktionale Steuerbarkeit mit sozialer Interaktionsfähigkeit verschmilzt [TRA03]. Diese Unterscheidung ist insbesondere für Forschungsfelder wie die soziale Robotik, Mensch-Technik-Interaktion oder immersive Bildungstechnologien von Relevanz, da sie unterschiedliche Anforderungen an Design, Ethik und Evaluation virtueller Agenten impliziert.

Die Anfänge virtueller Menschen lassen sich auf frühe Experimente mit textbasierten Dialogsystemen zurückführen. Das bereits in den 1960er-Jahren von Joseph Weizenbaum am Massachusetts Institute of Technology entwickelte Programm ELIZA gilt, wie schon in Kapitel 2 beschrieben, als eines der ersten Systeme zur Simulation menschlicher Kommunikation. ELIZA imitierte eine einfache Form eines Rogerianischen Therapeuten und konnte durch die Reproduktion bestimmter Schlüsselwörter den Eindruck eines sinnvollen Gesprächs erwecken. Obwohl das System keine tiefer gehende semantische Verarbeitung besaß, zeigte es, dass Menschen dazu neigen, auch rudimentären textbasierten Systemen menschliche Eigenschaften zuzuschreiben [WEI66]. Diese Beobachtung, später als ELIZA-Effekt bekannt geworden, legte die Grundlage für die Entwicklung interaktiver virtueller Charaktere.

In den folgenden Jahrzehnten führten Fortschritte in Computergrafik und Künstlicher Intelligenz zur Entwicklung realistisch anmutender virtueller Menschen. Ein bedeutender Meilenstein war das Projekt Virtual Human des Institute for Creative Technologies (ICT) der University of Southern California, das Ende der 1990er-Jahre begann. Dieses Forschungsprojekt untersuchte, wie virtuelle Charaktere mit realen Menschen in natürlichen Dialogen interagieren können. Dabei wurden Techniken aus der Künstlichen Intelligenz, Gesichtserkennung und Sprachanalyse kombiniert, um menschenähnliche digitale Charaktere zu schaffen, die in Bereichen wie psychologischer Beratung, Training und Bildung eingesetzt werden konnten [RIC99].

Parallel dazu entwickelte sich das Konzept des virtuellen Menschen ebenfalls in der Unterhaltungsindustrie weiter. In den 1990er-Jahren erschienen erste vollständig computeranimierte Charaktere, die versuchten, menschliche Mimik und Bewegungen nachzubilden. Eine der bekanntesten virtuellen Figuren dieser Zeit war Aki Ross, die Hauptfigur des vollständig digital animierten Films „Final Fantasy: The Spirits Within" aus dem Jahr 2001. Obwohl die Figur keine Interaktivität aufwies, markierte sie einen

Meilenstein in der realistischen Darstellung virtueller Menschen in Medienproduktionen. Weitere Entwicklungen in der Filmindustrie führten dazu, dass digitale Schauspieler und virtuelle Doubles zunehmend in Filmproduktionen integriert wurden, insbesondere durch Motion-Capture-Technologien (Abb. 2.5).

Mit dem Aufkommen sozialer Medien und virtueller Plattformen ab den beginnenden 2010er-Jahren entstanden neue Formen virtueller Menschen, die als eigenständige digitale Persönlichkeiten auftraten. Ein prominentes Beispiel ist die virtuelle Influencerin Lil Miquela, die 2016 als vollständig digital generierte Persönlichkeit in den sozialen Medien debütierte. Im Gegensatz zu früheren virtuellen Charakteren ist Lil Miquela keine Figur eines Films oder eines Videospiels, sondern eine eigenständige digitale Identität, die in sozialen Netzwerken interagiert, mit Followern kommuniziert und Markenbotschaften verbreitet [BAI18]. Die Existenz solcher virtuellen Influencer zeigt, dass digitale Menschen nicht nur in interaktiven Medien, sondern auch in der popkulturellen und wirtschaftlichen Realität eine zunehmende Bedeutung erlangen.

In der Medizin und psychologischen Forschung finden virtuelle Menschen Anwendung in Simulationen und Schulungen. Virtuelle Patientenmodelle werden genutzt, um medizinische Fachkräfte in der Diagnostik und Behandlung zu trainieren. Ebenso werden Virtual Humans in der Psychotherapie eingesetzt, um Gesprächssituationen zu simulieren und therapeutische Interventionen zu erproben. Studien haben gezeigt, dass virtuelle Therapeuten als Interaktionspartner für Patienten wirksam sein können, insbesondere in der Behandlung von Angststörungen und posttraumatischen Belastungsstörungen [RIZ04].

Die heutige Entwicklung virtueller Menschen wird zunehmend von Fortschritten in der Künstlichen Intelligenz, der Sprachverarbeitung und der Sprachgenerierung geprägt. Durch maschinelles Lernen und neuronale Netze sind digitale Charaktere in der Lage, in natürlicher Sprache mit Nutzern zu interagieren, Gestik und Mimik in Echtzeit anzupassen und sich an individuelle Gesprächspartner anzupassen. Während frühe virtuelle Menschen vordefinierte Skripte verwendeten, um Interaktionen zu simulieren, können moderne Systeme auf Datenanalyse und kontextbezogene Reaktionen zurückgreifen, um dynamische, menschenähnliche Dialoge zu führen.

Die Entwicklung des Konzepts des Virtual Human zeigt die fortschreitende Annäherung zwischen Mensch und Maschine. Während frühe Systeme vor allem in der Forschung und der Unterhaltung Anwendung fanden, sind virtuelle Menschen heute Teil des alltäglichen digitalen Lebens und agieren als Assistenten, Berater oder Influencer. Die fortschreitende Integration von KI-gesteuerten virtuellen Charakteren in soziale, wirtschaftliche und therapeutische Kontexte deutet darauf hin, dass sich das Konzept weiterentwickeln wird und künftig noch tiefgreifender in die digitale Gesellschaft eingebunden sein könnte.

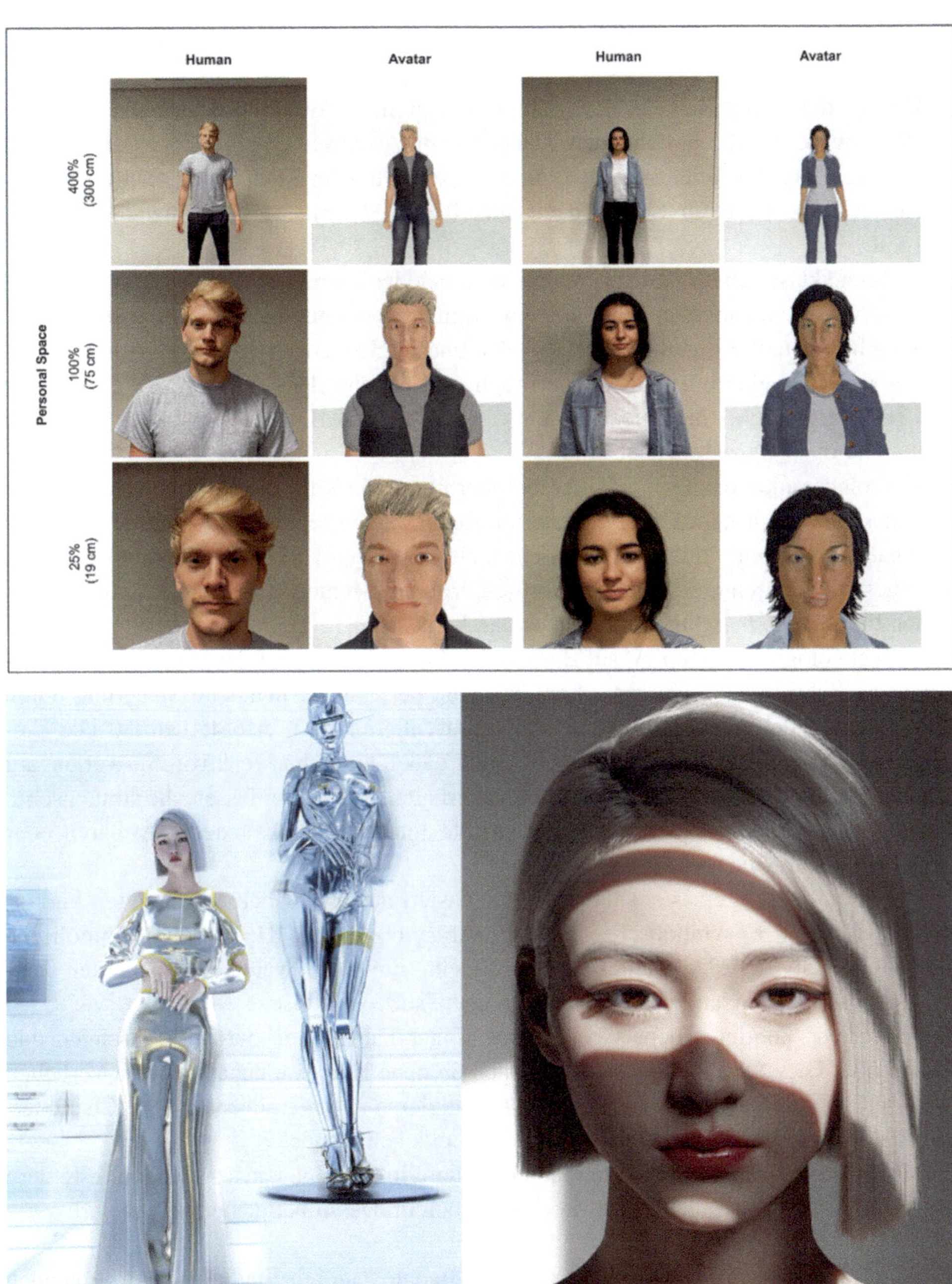

Abb. 2.5 Beispiele für Virtual Humans

2.3   Ein zweiter Ausblick: A³ – Autonom agierende Avatare

Zukünftig könnte das Konzept des „autonom agierenden Avatars" (A³) eine kombinierte Weiterentwicklung der bestehenden Konzepte von Avataren, Digital Clones und Digital Twins darstellen. An dieser Stelle soll ein erster, einführender Blick auf dieses Konzept geworfen werden, bevor in Kap. 4 dann auf einzelne Details vertieft eingegangen werden soll.

Während klassische Avatare primär als visuelle oder interaktive Stellvertreter von Menschen in virtuellen Umgebungen fungieren, Digital Clones auf die möglichst exakte Nachbildung individueller Eigenschaften abzielen und Digital Twins datengetriebene Simulationen realer Objekte oder Prozesse ermöglichen, vereint der A³-Avatar diese Elemente und erweitert sie um eine autonome Entscheidungs- und Handlungskompetenz, wie sie beginnend in NPCs zu erkennen sind.

Ein solcher autonom agierender Avatar übernimmt die Rolle einer digitalen Entität, die sich nicht nur in virtuellen oder erweiterten Realitäten bewegt, sondern auch in der Lage ist, unabhängig vom direkten Einfluss eines Nutzers adaptive Entscheidungen zu treffen. Dies geschieht durch die Integration fortgeschrittener Methoden und Modelle der Künstlichen Intelligenz, maschinellen Lernens und kontextsensitiver Datenverarbeitung. Durch diese Technologien kann ein A³ auf Basis individueller Nutzerpräferenzen, kognitiver Modelle und Echtzeitdaten agieren, ohne dass eine permanente manuelle Steuerung durch den Benutzer, der sich durch den Avatar repräsentieren lässt, erforderlich ist. Die Entscheidungen und Handlungen eines A³ sind dabei nicht nur reaktive Antworten auf Umwelteinflüsse, sondern können proaktive Verhaltensweisen umfassen, die strategisches Planen, interaktive Problemlösung und soziale Interaktion mit anderen Avataren oder Menschen beinhalten.

Die Kernfunktion eines solchen Systems basiert auf einer hoch entwickelten Verbindung zwischen (→) symbolischer und (→) sub-symbolischer KI. Während symbolische KI eine regelbasierte Modellierung ermöglicht, um den Avatar mit expliziten Entscheidungsstrategien auszustatten, ermöglichen sub-symbolische Methoden wie Deep Learning eine kontinuierliche Optimierung seiner Fähigkeiten durch Erfahrungen und Interaktion. Dies führt dazu, dass ein A³ sich an neue Kontexte anpassen, sein Verhalten auf Grundlage vergangener Interaktionen modifizieren und menschenähnliche Charakterzüge in Kommunikation und Problemlösung entwickeln kann.

In der Praxis könnten solche autonome Avatare in verschiedenen Anwendungsfeldern eingesetzt werden, wie auch später in Kap. 5 noch im Detail betrachtet werden soll:

- So könnten A³ im Bildungswesen als intelligente Tutoren fungieren, die Lernenden nicht nur Inhalte vermitteln, sondern auch individualisierte Lernstrategien entwickeln.
- Im Bereich der Arbeit und Kollaboration könnten A³ als digitale Repräsentanten von Fachkräften in virtuellen Besprechungen oder Entscheidungsprozessen agieren, indem sie komplexe Daten analysieren und daraus Handlungsvorschläge generieren.

- Im Gesundheitssektor könnten sie eine Rolle in der personalisierten Betreuung übernehmen, indem sie patientenspezifische Informationen in Echtzeit verarbeiten und präventive Empfehlungen aussprechen.

Eine besondere Herausforderung besteht in der ethischen und rechtlichen Regulierung solcher Systeme. Da ein A^3 eigenständig agieren und Entscheidungen treffen soll, müssen Mechanismen zur Kontrolle, Verantwortungszuweisung und Datenschutz entwickelt werden. Insbesondere die Frage, inwieweit solche Avatare als eigenständige Entitäten oder lediglich als erweiterte digitale Repräsentationen ihrer Nutzer betrachtet werden, wird zentrale Bedeutung in der künftigen technologischen und gesellschaftlichen Entwicklung haben.

Die Vision eines autonomen agierenden Avatars stellt letztlich die logische Weiterentwicklung existierender digitaler Repräsentationen dar. Während klassische Avatare primär der Visualisierung und Kommunikation dienen, Digital Clones auf die Replikation individueller Merkmale ausgerichtet sind und Digital Twins datengetriebene Echtzeitsimulationen ermöglichen, könnte der A^3-Avatar erstmals eine eigenständig denkende und handelnde digitale Entität schaffen, die tief in soziale, wirtschaftliche und wissenschaftliche Prozesse integriert wird.

Literatur

[ADA14]   Adams, E. (2014). *Fundamentals of game design*. New Riders. isbn: 978-0321929679.

[BAI18]   Bailenson, J. N. (2018). *Experience on demand: What virtual reality is, how it works, and what it can do*. W. W. Norton & Company.

[BAR03]   Bartle, R. (2003). *Designing virtual worlds*. New Riders. isbn: 978-0131018167.

[BAT94]   Bates, J. (1994). The role of emotion in believable agents. *Communications of the ACM, 37*(7), 122–125. https://doi.org/10.1145/176789.176803

[BEM72]   Bem, D. J. (1972). Self-perception theory. In *Advances in experimental social psychology* (S. 1–62). Academic Press. https://doi.org/10.1016/S0065-2601(08)60024-6

[BES07]   Bessière, K., Seay, A. F., & Kiesler, S. (2007). The ideal elf: Identity exploration in world of warcraft. *CyberPsychology & Behavior, 10*, 530–535. https://doi.org/10.1089/cpb.2007.9994

[BIO97]   Biocca, F. (1997). The Cyborg's Dilemma: Progressive embodiment in virtual environments. *Journal of Computer-Mediated Communication, 3*(2), JCMC324. https://doi.org/10.1111/j.1083-6101.1997.tb00070.x

[BOD06]   Boden, M. (2006). *Mind as machine: A history of cognitive science*. Oxford University Press. isbn: 9780199241446.

[CEL23]   Cellina, M., Cè, M., Alì, M., et al. (2023). Digital twins: The new frontier for personalized medicine? *Applied Sciences, 13*(13), 7940. https://doi.org/10.3390/app13137940

[CRA21]   Crawford, K., & Paglen, T. (2021). Excavating AI: The politics of images in machine learning training sets. *AI & Society, 36*(2), 337–345. https://www.springerprofessional.de/en/excavating-ai-the-politics-of-images-in-machine-learning-trainin/19240950. Zugegriffen am25.07.2025

[CRA24]   Craddock, M. (2024). *Game changer: How generative AI is revolutionising the future of gaming – Leveling up: The future of gaming powered by generative AI. Medium.* https://medium.com/ai-created-strategy-reports/game-changer-how-generative-ai-is-revolutionising-the-future-of-gaming-ba7bd28a0c9b. Zugegriffen am 25.07.2025.

[DIJ13]   van Dijck, J. (2013). *The culture of connectivity: A critical history of social media.* Oxford University Press.

[FIN83]   Fine, G. A. (1983). *Shared fantasy: Role-playing games as social worlds.* University of Chicago Press. isbn: 9780226249438.

[FLO11]   Floridi, L. (2011). *The philosophy of information.* Oxford University Press. isbn: 978-0199232390.

[FRE17]   Freeman, D., Reeve, S., Robinson, A., Ehlers, A., et al. (2017). Virtual reality in the assessment, understanding, and treatment of mental health disorders. *Psychological Medicine, 47,* 1–8. https://doi.org/10.1017/S003329171700040X

[GLA12]   Glaessgen, E., & Stargel, D. (2012). *The digital twin paradigm for future NASA and U.S. Air force vehicles.* 53rd structures, structural dynamics, and materials conference. https://doi.org/10.2514/6.2012-1818.

[GOF59]   Goffman, E. (1959). *The presentation of self in everyday life.* Doubleday, Anchor books, A 174: Sociology. isbn: 978-0-385-09402-3.

[GRI05]   Grieves, M. W. (2005). Product lifecycle management: The new paradigm for enterprises. *International Journal of Product Development, 2*(1/2), 71–84. https://EconPapers.repec.org/RePEc:ids:ijpdev:v:2:y:2005:i:1/2:p:71-84. Zugegriffen am 10.03.2026.

[GRI17]   Grieves, M., & Vickers, J. (2017). Digital twin: Mitigating unpredictable, undesirable emergent behavior in complex systems. In J. Kahlen, S. Flumerfelt, & A. Alves (Hrsg.), *Transdisciplinary perspectives on complex systems* (S. 85–113). Springer. https://doi.org/10.1007/978-3-319-38756-7_4

[HAR09]   Harrell, D. F., & Zhu, J. (2009). Agency play: Dimensions of agency for interactive narrative design. In: *Proceedings of the AAAI Spring Symposium on Intelligent Narrative Technologies II.* https://cdn.aaai.org/Symposia/Spring/2009/SS-09-06/SS09-06-008.pdf. Zugegriffen am 25.07.2025.

[IHD90]   Ihde, D. (1990). *Technology and the lifeworld: From garden to earth.* Indiana University Press. isbn: 9780253205605.

[ISB06]   Isbister, K. (2006). *Better game characters by design: A psychological approach.* Morgan Kaufmann. isbn: 978-1138427778.

[KNO01]   Knorr Cetina, K. (2001). Objectual practice. In T. R. Schatzki et al. (Hrsg.), *The practice turn in contemporary theory* (S. 175–188). Routledge. isbn: 9780415228145.

[LAN11]   Lankoski, P. (2011). Player character engagement in computer games. *Games and Culture, 6*(4), 291–311. https://doi.org/10.1177/1555412010391088

[LAT07]   Latour, B. (2007). *Reassembling the social: An introduction to actor-network-theory.* Oxford University Press. isbn: 978-0199256051.

[LIV10]   Livingstone, S., & Brake, D. R. (2010). On the rapid rise of social networking sites: New findings and policy implications. *Children & Society, 24*(1), 75–83. https://doi.org/10.1111/j.1099-0860.2009.00243.x

[MAR13]   Marwick, A. E. (2013). *Status update: Celebrity, publicity, and branding in the social media age.* Yale University Press. isbn: 9780300209389.

[MAT05a]   Mateas, M., & Stern, A. (2005). Structuring content in the Façade interactive drama architecture. In: *AAAI symposium on AI and interactive digital entertainment.* https://doi.org/10.1609/aiide.v1i1.18722.

[MAT05b] Mateas, M., & Stern, A. (2005). Build it to understand it: Ludology meets narratology in game design space. In: *Proceedings of DiGRA 2005 conference: Changing views: Worlds in play*. https://doi.org/10.26503/dl.v2005i1.172.

[MCC11] McCoy, J.; Treanor, M.; Samuel, B.; Mateas, M. (2011). Prom week: Social physics as gameplay. In: *Proceedings of the international conference on the foundations of digital games*. https://doi.org/10.1145/2159365.2159425.

[MCL64] McLuhan, M. (1964). Understanding Media: The Extensions of Man. McGraw-Hill. ISBN: 978-0262631594.

[MOR91] Morningstar, C., & Farmer, F. R. (1991). The lessons of lucasfilm's habitat. In M. Benedikt (Hrsg.), *Cyberspace: First steps*. MIT Press.

[NOW18] Nowak, K. L., & Fox, J. (2018). Avatars and computer-mediated communication: A review of the definitions, uses, and effects of digital representations. *Review of Communication Research, 6*, 30–53.

[PAI17] Paiva, A., Leite, I., Boukricha, H., & Wachsmuth, I. (2017). Empathy in virtual agents and robots: A survey. *ACM transactions on interactive intelligent systems, 7*(3), 11. https://doi.org/10.1145/2912150

[RET14] Rettberg, J. W. (2014). *Seeing ourselves through technology: How we use selfies, blogs and wearable devices to see and shape ourselves*. Palgrave Macmillan. isbn: 978-1137476647.

[RIC99] Rickel, J., & Johnson, W. L. (1999). Virtual humans for team training in virtual reality. In: *Proceedings of the ninth world conference on AI in education*.

[RIZ04] Rizzo, A., Schultheis, M., Kerns, K., & Mateer, C. (2004). Analysis of assets for virtual reality applications in neuropsychology. *Neuropsychological Rehabilitation, 14*, 207–239. https://doi.org/10.1080/09602010343000183

[ROC18] Rockstar Games. (2018). *Red Dead Redemption 2*. Rockstar North. https://www.rockstargames.com/reddeadredemption2. Zugegriffen am 25.07.2025.

[SIL16] Silver, D., Huang, A., Maddison, C. J., et al. (2016). Mastering the game of Go with deep neural networks and tree search. *Nature, 529*, 484–489. https://doi.org/10.1038/nature16961

[SLA10] Slater, M., Spanlang, B., Sanchez-Vives, M. V., & Blanke, O. (2010). First person experience of body transfer in virtual reality. *PLoS ONE, 5*(5), e10564. https://doi.org/10.1371/journal.pone.0010564

[STA16] Star, S. L., & Griesemer, J. R. (2016). Institutional ecology, „translations," and boundary objects: Amateurs and professionals in Berkeley's museum of vertebrate zoology, 1907–39. *Social Studies of Science, 19*(3), 387–420. https://doi.org/10.7551/mitpress/10113.003.0011

[STE92] Stephenson, N. (1992). *Snow Crash*. Bantam Books.

[SUL02] Suler, J. R. (2002). Identity management in cyberspace. *Journal of Applied Psychoanalytic Studies, 4*(4), 455–460. https://doi.org/10.1023/A:1020392231924

[TAO19] Tao, F., Zhang, M., Liu, Y., & Nee, A. (2019). Digital twin in industry: State-of-the-art. *IEEE Transactions on Industrial Informatics, 15*(4), 2405–2415. https://doi.org/10.1109/TII.2018.2873186

[TRA03] Traum, D., Rickel, J., Gratch, J., & Marsella, S. (2003). Negotiation over tasks in hybrid human-agent teams for simulation-based training. In: *Proceedings of the 2nd international joint conference on autonomous agents and multiagent systems* (S. 441–448). https://doi.org/10.1145/860575.860646.

[TUR84] Turkle, S. (1984). *The second self: Computers and the human spirit*. Simon & Schuster, Inc. Ne. isbn: 978-0671468484.

[TUR95]   Turkle, S. (1995). *Life on the screen: Identity in the age of the internet.* Simon & Schuster. isbn: 9780684803531.

[TUR11]   Turkle, S. (2011). *Alone together: Why we expect more from technology and less from each other.* Basic Books. isbn: 978-0465010219.

[WEI66]   Weizenbaum, J. (1966). ELIZA – A computer program for the study of natural language communication between man and machine. *Communications of the ACM, 9*(1), 36–45. https://doi.org/10.1145/365153.365168

[WEI76]   Weizenbaum, J. (1976). Computer power and human reason: From judgment to calculation. *Technology and Culture, 17*(4), 813. https://doi.org/10.2307/3103715

[YAN18]   Yannakakis, G. N., & Togelius, J. (2018). *Artificial intelligence and games.* Springer. isbn: 978-3-319-87576-7. https://doi.org/10.1007/978-3-319-63519-4

[YEE07]   Yee, N., & Bailenson, J. (2007). The Proteus effect: The effect of transformed self-representation on behavior. *Human Communication Research, 33*(3), 271–290. https://doi.org/10.1111/j.1468-2958.2007.00299.x

[ZHO06]   Zhou, C., Yu, X., Sun, J., & Yan, X. (2006). Affective computation based NPC behaviors modeling. In: *Proceedings of the 2006 IEEE/WIC/ACM international conference on intelligent agent technology – Workshops, Hong Kong, China, 18–22 December 2006.* https://doi.org/10.1109/WI-IATW.2006.29.

[ZIM51]   Zimmer, H., & Campbell, J. (1951). *Philosophies of India.* Princeton University Press. isbn: 978-0691098111.

Avatar-based-Interaction: Eine neue Form digitaler Kommunikation 3

In der Informatik bezeichnet der Begriff Interaktion den wechselseitigen Informationsaustausch zwischen einem oder mehreren Akteuren und einem digitalen System. Dieser Prozess ist durch intentionale Handlungen eines Akteurs sowie durch die reaktiven und proaktiven Antworten weiterer Akteure geprägt. Im Zentrum der Interaktion steht die Gestaltung und Analyse der Schnittstelle zwischen Mensch und Maschine, wobei semantische, syntaktische und physikalische Aspekte berücksichtigt werden. Interaktion ist dabei nicht als einseitiger Kommunikationsakt zu verstehen, sondern als dynamischer, kontextabhängiger Prozess, der sich über Zeit entfaltet und durch Rückkopplungen charakterisiert ist.

Im Bereich der Mensch-Computer-Interaktion, im Regelfalle häufiger mit dem englischen Term Human-Computer Interaction (HCI), bezeichnet, wird Interaktion als ein zentraler Untersuchungsgegenstand verstanden. Sie umfasst nicht nur die unmittelbare Bedienung von Benutzungsoberflächen, sondern auch komplexere Formen des Austauschs, wie etwa durch multimodale Systeme, adaptive Benutzerführung oder kooperative agentenbasierte Umgebungen. Dabei spielen sowohl kognitive Modelle des Nutzerverhaltens als auch technische Realisierungsformen der Interaktivität eine entscheidende Rolle.

Interaktion wird zunehmend auch als sozio-technisches Phänomen betrachtet, bei dem technische Artefakte, soziale Kontexte und kommunikative Praktiken miteinander verwoben sind. In der theoretischen Fundierung stützt sich die informatische Interaktionsforschung unter anderem auf Modelle der Handlungstheorie, Systemtheorie sowie der kybernetischen Rückkopplung. Interaktion wird hier nicht nur als Mittel zur Zielerreichung verstanden, sondern auch als konstitutives Element der Systemnutzung und -entwicklung. Sie ist somit integraler Bestandteil softwaretechnischer Entwurfsprozesse und bestimmt maßgeblich die Qualität und Akzeptanz technischer Systeme [NOR13].

© Der/die Autor(en), exklusiv lizenziert an Springer Fachmedien Wiesbaden GmbH, ein Teil von Springer Nature 2026

P. Hoffmann, *Avatare im Metaversum*, https://doi.org/10.1007/978-3-658-51037-4_3

Die Ursprünge interaktiver Kommunikation reichen bis in die 1960er-Jahre zurück, als das ARPANET als erstes großflächiges Computernetzwerk entwickelt wurde. Dieses Netzwerk, das von der Advanced Research Projects Agency (ARPA) des US-Verteidigungsministeriums initiiert wurde, hatte das Ziel, eine robuste und dezentrale Kommunikationsinfrastruktur zu schaffen, die auch im Falle von Teilnetzwerkausfällen funktionsfähig blieb [LIC68]. In diesem frühen Internet war Interaktion durch technische Einschränkungen, experimentelle Netzwerktechnologien und die primäre Nutzung durch Wissenschaftler, Militär und spezialisierte technische Gemeinschaften geprägt.

Die erste dokumentierte Netzwerkkommunikation erfolgte am 29. Oktober 1969 zwischen einem Computer an der University of California, Los Angeles (UCLA) und einem am Stanford Research Institute (SRI). Diese Interaktion bestand aus dem Versuch, das Wort „login" zu übertragen, wobei das System nach den ersten Buchstaben „lo" abstürzte [HAF96]. Trotz dieser technischen Hürden entwickelte sich das ARPANET schnell zu einer Plattform für den wissenschaftlichen Austausch, insbesondere durch die Einführung von E-Mail in den frühen 1970er-Jahren. Das von Ray Tomlinson 1971 entwickelte E-Mail-Protokoll revolutionierte die Netzwerknutzung, indem es eine asynchrone, textbasierte Kommunikation zwischen entfernten Nutzern ermöglichte [DIE23].

Die Interaktion im frühen Internet war deshalb stark durch textbasierte Kommunikation geprägt, da die Bandbreite und die technischen Kapazitäten grafischer Schnittstellen noch begrenzt waren. Dies führte dazu, dass Nutzer in hohem Maße auf Kommandozeileninteraktionen und textbasierte Foren angewiesen waren. Gleichwohl entstanden in dieser Phase fundamentale Kommunikationsmuster, die sich mit der späteren Entwicklung des World Wide Web weiterentwickelten und in moderneren Plattformen wie sozialen Netzwerken und Messaging-Diensten wiederfinden (Abb. 3.1).

Parallel zur E-Mail etablierten sich weitere Formen interaktiver Nutzung. Bereits in den frühen 1970er-Jahren entstanden Netzwerkprotokolle für Dateiübertragungen wie das File Transfer Protocol (FTP), das es Wissenschaftlern erlaubte, Daten zwischen Computern zu versenden [POS85] .In dieser Phase spielte auch das Network Control Protocol (NCP), das 1970 als Vorgänger von TCP/ IP eingeführt wurde, eine entscheidende Rolle bei der Steuerung interaktiver Datenströme innerhalb des ARPANET [CER74]. Die Möglichkeit, über das Netzwerk auf entfernte Systeme zuzugreifen, wurde durch Telnet, ein

Abb. 3.1 Beispiele für „klassische" Interaktionsformen

textbasiertes Terminal-Emulationsprogramm, erweitert. Telnet erlaubte es Nutzern, sich interaktiv mit entfernten Computern zu verbinden und Programme auf diesen auszuführen, was eine frühe Form der verteilten Rechenleistung darstellte [POS83].

In den 1980er-Jahren wurde das Internet dann in geringerem Maße zunehmend auch schon für kollaborative und für soziale Interaktion genutzt. Eine der wichtigsten Entwicklungen dabei war die Einführung von Usenet, einem verteilten Diskussionssystem, das 1979 von Tom Truscott und Jim Ellis entwickelt wurde. Usenet nutzte das UUCP-Protokoll (Unix-to-Unix Copy Protocol) und ermöglichte es Nutzern, in thematischen Newsgroups Nachrichten auszutauschen [QUA90]. Diese Gruppen deckten ein breites Spektrum an Themen ab, von wissenschaftlichen Diskussionen bis hin zu gesellschaftlichen Debatten, und bildeten eine der ersten großen Online-Communities, die sich über geografische Grenzen hinweg organisierten.

Zeitgleich entwickelte sich das Internet Relay Chat (IRC), das 1988 von Jarkko Oikarinen an der Universität Oulu in Finnland erfunden wurde. IRC ermöglichte eine Echtzeitkommunikation zwischen Nutzern und war insbesondere in technischen und akademischen Kreisen weit verbreitet. Die Möglichkeit, eigene Kanäle zu erstellen und Chats in Echtzeit zu führen, machte IRC zu einem der ersten erfolgreichen interaktiven Kommunikationstools des frühen Internets [REI91].

3.1 Vom Terminalfenster auf dem Weg zu immersiver Interaktion

Die Mensch-Maschine-Interaktion (Human-Computer Interaction, HCI) im frühen Internet war, wie oben schon dargestellt, stark durch die technologische Entwicklung der Computer- und Netzwerkinfrastrukturen geprägt. Ihre Ursprünge reichen in die 1960er-Jahre zurück, als die ersten interaktiven Computerterminals entwickelt wurden, die eine direkte Eingabe durch den Nutzer ermöglichten. Während zuvor Lochkarten und Stapelverarbeitung den Umgang mit Computern bestimmten, brachte die Einführung von Bildschirmterminals und interaktiven Schnittstellen einen fundamentalen Wandel in der Art und Weise, wie Menschen mit Computern kommunizierten.

Ein zentraler Meilenstein in der Entwicklung der HCI war das von J.C.R. Licklider propagierte Konzept der „Mensch-Computer-Symbiose". Er argumentierte, dass Computer nicht nur als passive Rechenmaschinen dienen sollten, sondern als interaktive Werkzeuge, die den menschlichen Denkprozess unterstützen und erweitern [LIC60]. Diese Idee führte zur Entwicklung von Timesharing-Systemen, die es mehreren Nutzern ermöglichten, gleichzeitig mit einem zentralen Rechner zu interagieren. Insbesondere das von Fernando Corbató am MIT entwickelte Compatible Time-Sharing System (CTSS) spielte hierbei eine entscheidende Rolle, da es erstmals eine gleichzeitige, interaktive Nutzung eines Computers durch mehrere Personen ermöglichte [COR63].

Mit der Entstehung des ARPANET in den späten 1960er-Jahren wurden erste Netzwerkprotokolle entwickelt, die eine Ferninteraktion zwischen Mensch und Maschine ermöglichten. Insbesondere das 1971 spezifizierte Telnet-Protokoll erlaubte es Nutzern, über eine Netzwerkverbindung auf entfernte Computer zuzugreifen und diese so zu steuern, als säßen sie direkt vor der Maschine [POS83]. Diese Entwicklung markierte den Übergang von isolierten Interaktionssystemen hin zu vernetzten digitalen Umgebungen, in denen Nutzer über große Distanzen hinweg mit Rechnern und ihren Schnittstellen interagieren konnten.

Ein weiterer bedeutender Fortschritt war die Einführung von Kommandozeilen-Interfaces (CLI), die über textbasierte Eingaben gesteuert wurden. Betriebssysteme wie Unix, das Anfang der 1970er-Jahre entwickelt wurde, setzten auf eine textuelle Interaktion, bei der der Nutzer durch Kommandos direkte Kontrolle über das System hatte [RIT74]. Die Benutzungsfreundlichkeit dieser Systeme blieb jedoch eher stark eingeschränkt, da eine umfassende Kenntnis der Befehlssyntax erforderlich war, um effektiv mit dem Computer zu arbeiten. Diese Hürde führte zur Entwicklung von frühen textbasierten Menüsystemen, die es unerfahrenen Nutzern erleichterten, mit dem System zu interagieren.

Parallel zur Entwicklung des Unix-Systems entstanden in den späten 1970er- und frühen 1980er-Jahren die ersten Bulletin Board Systeme (BBS), die eine neue Form der Interaktion zwischen Mensch und Maschine ermöglichten. Diese Plattformen erlaubten es Nutzern, über ein Modem auf entfernte Server zuzugreifen, Nachrichten auszutauschen und Dateien herunterzuladen [RHE93]. Die textbasierte Navigation innerhalb eines solchen BBS-Systems erfolgte meist durch numerische Menüoptionen oder einfache Textbefehle, was die Interaktion für eine breitere Nutzerschaft zugänglicher machte.

Eine weitere bedeutende Entwicklung im Bereich der HCI im frühen Internet war das Usenet, das 1979 eingeführt wurde und eine vernetzte Plattform für öffentliche Diskussionen und Informationsaustausch bot [QUA90]. Auch die Interaktion mit dem Usenet erfolgte über textbasierte Newsreader-Programme, die es Nutzern ermöglichten, Nachrichten zu lesen, zu schreiben und auf Beiträge zu antworten. Diese Art der textbasierten Interaktion legte die Grundlage für spätere soziale Netzwerke und Online-Foren (Abb. 3.2).

In den 1980er-Jahren führte die Weiterentwicklung von Netzwerktechnologien zur Einführung des Internet Relay Chats IRC, das eine Echtzeitkommunikation zwischen Nutzern in einer rein textbasierten Umgebung ermöglichte [REI91]. Die HCI innerhalb von IRC war rudimentär und bestand im Wesentlichen aus textlichen Eingaben, die durch einfache Befehle wie „/join" oder „/msg" ergänzt wurden. Die Möglichkeit, eigene Chatkanäle zu erstellen und sich in Echtzeit mit anderen Nutzern auszutauschen, machte IRC zu einem der ersten interaktiven Kommunikationswerkzeuge, das weltweit Verbreitung fand.

Während grafische Benutzungsoberflächen in der Computertechnologie zwar durchaus bereits erforscht wurden, insbesondere durch Douglas Engelbarts als bahnbrechend und weichenstellend zu bezeichnende Arbeiten am NLS-System in den 1960er-Jahren, blieb die Interaktion im frühen Internet bis zur Einführung des World Wide Web weitgehend auf textuelle Eingaben beschränkt [ENG68]. Die Entwicklungen in dieser Phase legten jedoch den Grundstein für spätere interaktive Anwendungen, indem sie grundlegende Konzepte wie vernetzte Systeme, Echtzeitkommunikation und kollaborative Plattformen etablierten.

Abb. 3.2 Weitere Beispiele für UIs

Mit der Einführung des World Wide Web und später auch des Web 2.0 entwickelte sich die Mensch-Maschine-Interaktion grundlegend weiter. Während frühere Formen der Interaktion im Internet weitgehend durch textbasierte Interfaces und Kommandozeileneingaben geprägt waren, führten grafische Benutzungsoberflächen und mehr noch die hypertextbasierte Navigation sowie interaktive Inhalte zu einem neuen Paradigma der Nutzung. Diese Entwicklungen veränderten nicht nur die Art und Weise, wie Menschen mit digitalen Systemen interagieren, sondern auch die grundlegenden Prinzipien der Interface-Gestaltung und Nutzererfahrung.

Mit der Veröffentlichung des ersten Webbrowsers „WorldWideWeb", der später in „Nexus" umbenannt wurde, durch Tim Berners-Lee wurde ab dem Jahr 1991 ein neuer Standard für die Interaktion mit Informationen im Internet etabliert. Die Einführung von Hypertext ermöglichte es Nutzern, durch Verlinkungen zwischen Dokumenten zu navigieren, was eine intuitive und nicht-lineare Informationsstruktur schuf [BER99]. Die anschließende Entwicklung von „Mosaic", dem ersten weit verbreiteten grafischen Webbrowser, erleichterte den Zugang zum Internet erheblich, da er neben Text auch Bilder anzeigen konnte und eine „klickbasierte" Navigation ermöglichte [AND94]. Diese Neuerungen führten zu einer Abkehr von textbasierten Befehlsinterfaces hin zu visuellen und interaktiven Oberflächen, die eine breitere Nutzerschaft ansprachen. Selbstverständlich darf an dieser Stelle nicht unerwähnt bleiben, das zu dieser Zeit auch die Zahl massentauglicher grafischer Computersysteme, die dem WIMP-Paradigma folgten, zunahm.

Ein weiterer wesentlicher Fortschritt war die Einführung von Formularen und interaktiven Elementen in HTML. Die Möglichkeit, Eingaben über Textfelder, Schaltflächen und Auswahlmenüs zu tätigen, führte zu einer neuen Ebene der Nutzerinteraktion. In Verbindung mit serverseitigen Skriptsprachen wie CGI und später PHP konnten Webseiten nun dynamische Inhalte verarbeiten und an individuelle Nutzerbedürfnisse anpassen [W3C95]. Dadurch entstanden erste datenbankgestützte Webanwendungen, die über die reine Bereitstellung statischer Inhalte hinausgingen und interaktive Erlebnisse ermöglichten.

Mit der Weiterentwicklung des Internets in den späteren 1990er-Jahren rückte die Benutzungsfreundlichkeit stärker in den Fokus der Interface-Gestaltung. Prinzipien der Usability, wie sie von Jakob Nielsen definiert wurden, betonten die Notwendigkeit intuitiver Navigation, klarer Informationsarchitektur und minimaler kognitiver Belastung für den Nutzer [NIE99]. Diese Erkenntnisse beeinflussten maßgeblich das Design von Webseiten und Webanwendungen, indem sie benutzerzentrierte Gestaltungsmethoden förderten.

Ab den frühen 2000er-Jahren führte der Übergang zum Web 2.0 zu einer weiteren Transformation der Mensch-Maschine-Interaktion. Während das frühe Web durch statische Inhalte dominiert wurde, ermöglichte das Web 2.0 eine stärker partizipative Nutzung, bei der Nutzer nicht nur Inhalte konsumierten, sondern auch aktiv erstellen und teilen können. Technologische Fortschritte wie AJAX (Asynchronous JavaScript and XML) erlaubten es, Webseiten dynamisch zu aktualisieren, ohne die gesamte Seite neu zu laden, was die Interaktion erheblich verbesserte [GAR05]. Dadurch wurden auch Anwendungen wie Google Maps möglich oder soziale Netzwerke interaktiver und reaktionsschneller.

Parallel dazu entstanden neue Formen der sozialen Interaktion durch Blogs, Wikis und soziale Plattformen wie Facebook und YouTube. Die Benutzungsoberflächen dieser Plattformen wurden darauf ausgelegt, kollaborative und soziale Interaktionen zu erleichtern. Nutzer konnten Inhalte direkt im Browser bearbeiten, kommentieren und in Echtzeit mit anderen interagieren, was neue Anforderungen an die Gestaltung von Benutzeroberflächen und Informationsarchitekturen stellte [ORE07] (Abb. 3.3).

Abb. 3.3 Zeitstrahl Interaktionsformen

Ein weiteres entscheidendes Element der HCI in dieser Phase war die zunehmende Anpassung der Interaktion an verschiedene Endgeräte. Während das Web zunächst rein für Desktop-Computer optimiert war, führten Fortschritte in der mobilen Technologie dazu, dass Webseiten zunehmend für unterschiedliche Bildschirmgrößen und Eingabemethoden entwickelt wurden. Die Einführung von Touchscreens, insbesondere mit dem Aufkommen des ersten iPhones im Jahr 2007, setzte neue Maßstäbe für die Interaktion und beeinflusste zukünftige Designrichtlinien erheblich [NIE12].

Die zunehmende Verbreitung sogenannter „immersiver Anwendungen" fördert die Entwicklung eines neuen Interaktionsparadigmas. Als „immersive Interaktion" wird daher eine Form der Mensch-Computer-Interaktion bezeichnet, bei der die Nutzer durch computergenerierte Umgebungen in ein multisensorisches Erleben eingebunden werden, das ihnen ein hohes Maß an Präsenz, Handlungsfähigkeit und situativer Einbettung vermittelt. Im Unterschied zu den bisherigen traditionellen Interaktionsformen wird bei immersiven Systemen die Grenze zwischen physischer Realität und digitaler Repräsentation partiell aufgehoben oder durch technologische Mittel durchlässig gestaltet, sodass Interaktionen nicht nur symbolisch, sondern auch räumlich, körperlich und affektiv erfahren werden. Technologische Formen wie VR, AR oder MR ermöglichen dabei eine tiefgreifende Integration der Nutzer in virtuelle Handlungskontexte, die durch Echtzeit-Feedback, räumliche Kohärenz und sensorische Kohabitation geprägt sind.

Im Rahmen immersiver Interaktion verschiebt sich die klassische Rolle des Benutzers vom externen Operator zum situativ eingebetteten Akteur. Die Interaktion wird nicht mehr ausschließlich über abstrakte Bedienoberflächen vermittelt, sondern über körperliche Bewegung, Blickrichtung, Gestik, Sprache oder Haptik. Damit werden neue Anforderungen an die Gestaltung von Interaktionsparadigmen, an die kognitive Ergonomie sowie an die systemseitige Modellierung von Kontext und Intentionalität gestellt. Immersive Interaktion zielt nicht nur auf funktionale Effizienz, sondern auch auf das Erleben von Kohärenz, Realismus und sozialer Präsenz innerhalb künstlicher Umgebungen ab [BOW04, DOE19] (Abb. 3.4).

Aus informatischer Sicht stellt die immersive Interaktion einen interdisziplinären Forschungsgegenstand dar, der Schnittstellen zur Computergrafik, Sensorik, künstlichen Intelligenz und Human-Computer Interaction aufweist. Sie erfordert die Integration von Softwarearchitekturen zur Echtzeitverarbeitung, semantischer Umgebungserkennung und adaptiver Nutzermodellierung. Die Qualität immersiver Interaktion bemisst sich dabei nicht allein an der technologischen Leistungsfähigkeit, sondern insbesondere an der subjektiven Wahrnehmung von Eingebundenheit, die Iimmersion, und Handlungswirksamkeit, die „agency", durch die Nutzer.

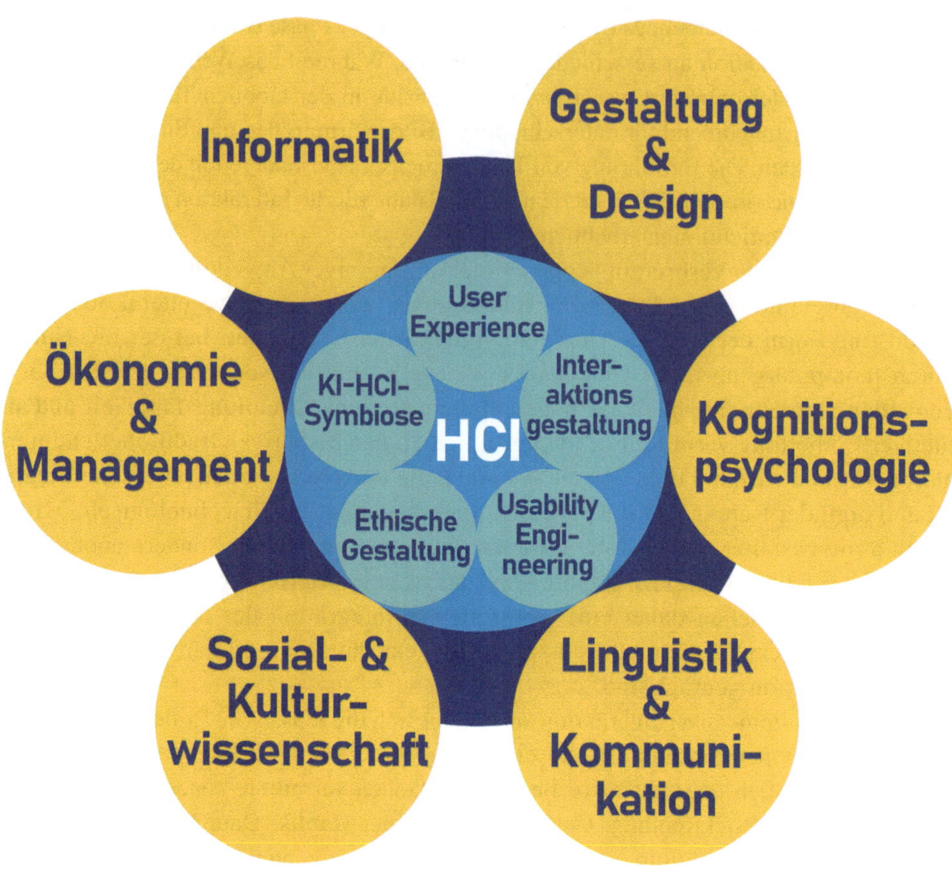

Abb. 3.4 Schnittmenge Themenbereiche im HCI

3.2   Avatare im HCI

In immersiven Anwendungen und insbesondere im Metaversum sind Avatare sind nicht nur ein zentrales Gestaltungsmerkmal, sondern eine funktionale und konzeptuelle Notwendigkeit. Sie stellen die Schnittstelle zwischen dem physischen Nutzer und der virtuellen Umgebung dar und ermöglichen eine Lokalisierung, Personalisierung und Verkörperung des Individuums im digitalen Raum. Ohne die Präsenz eines Avatars wäre die Interaktion in immersiven Umgebungen wesentlich abstrakter und letztlich auch „entkörpert", wodurch zentrale Qualitäten wie soziale Präsenz, Handlungswirksamkeit und Identitätsausdruck nicht realisierbar wären [HOF25]. Der Avatar fungiert somit als Medium der „embodied interaction", indem er sowohl körperliche Handlungen als auch soziale Rollen in der virtuellen Welt repräsentiert und operationalisiert [BIO97]. Sichtbar wird dies im Real-Life-Connector, der ein konzeptuelles Interface beschreibt, das die physischen und virtuelle Welt miteinander verschränkt [HOF25]. In diesem Zusammenhang können Avatare als Brücke

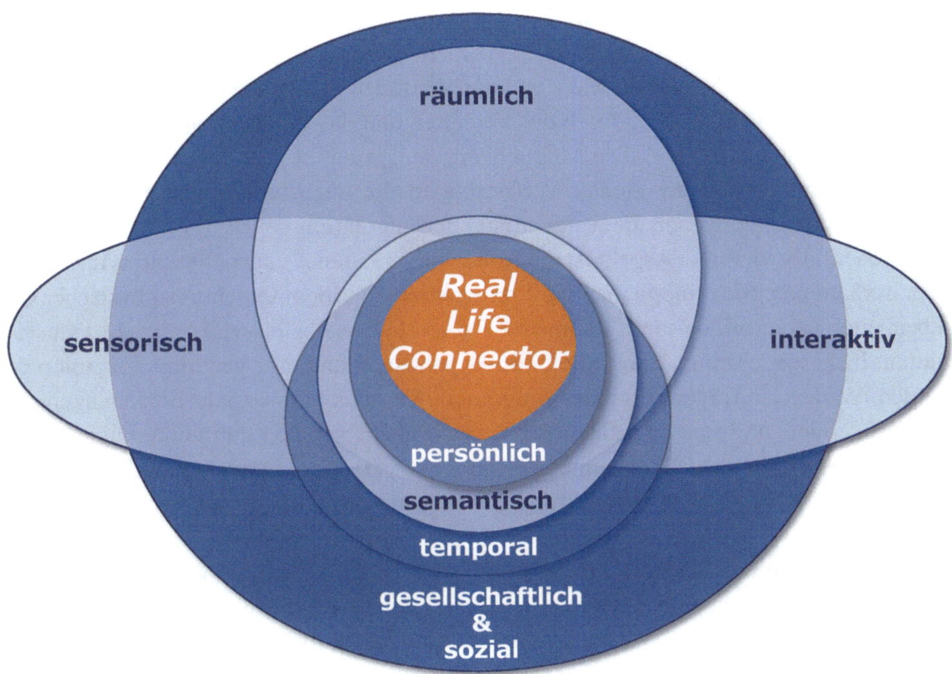

Abb. 3.5 Real-Life-Connector

zwischen realweltlicher Selbstwahrnehmung und digitaler Präsenz im Metaversum fungieren. Der Real-Life-Connector ermöglicht es, räumliche, sensorische, interaktive oder persönliche Aspekte der realen Person in den Avatar zu integrieren und somit eine erweiterte, konsistente Selbstrepräsentation über beide Welten hinweg zu schaffen. Damit wird der Avatar nicht nur zur technischen Schnittstelle, sondern zu einem Träger personalisierter, kontextsensitiver Interaktion, die auf reale Lebenswelten Bezug nimmt und sie in virtuelle Umgebungen überführt (Abb. 3.5).

In virtuellen Umgebungen, die auf Immersion und Präsenz abzielen, ist die Möglichkeit der körperlichen Verortung von zentraler Bedeutung. Wird Präsenz als das psychologische Gefühl, „im" virtuellen Raum zu sein, verstanden, so ist dies wesentlich von der Fähigkeit abhängig, mit anderen Entitäten im Raum zu interagieren und eine kohärente Selbstwahrnehmung im digitalen Kontext zu entwickeln. Avatare ermöglichen diese Form der situativen Verankerung, indem sie eine kontinuierliche Repräsentation des Nutzers liefern, die visuell, auditiv und zunehmend auch haptisch erfahrbar ist. Der Grad an Immersion, also das Ausmaß, in dem der Nutzer seine physische Realität zugunsten der virtuellen austauscht, hängt wesentlich von der Qualität und Kohärenz der Avatar-Repräsentation ab [SLA09].

Darüber hinaus sind Avatare im Metaversum als soziale Agenten unverzichtbar. In kooperativen und kommunikativen Szenarien fungieren sie als Träger von Ausdruck, Emotion und Intention. Die wechselseitige Sichtbarkeit und Interpretierbarkeit von Avataren ist Voraussetzung für Interaktionen, die über rein funktionale Kommunikation hinausgehen und soziale Bindungen ermöglichen. Forschungen im Bereich der „social presence theory" zeigen, dass die soziale Nähe und das Vertrauen in virtuellen Umgebungen stark, wenn nicht sogar maßgeblich, durch das Verhalten und das Erscheinungsbild der Avatare beeinflusst werden [BAI04a]. Die Möglichkeit, den Avatar an die eigene Identität, kulturelle Zugehörigkeit oder emotionale Verfassung anzupassen, fördert nicht nur das Gefühl von Kontrolle, sondern auch die Authentizität der Interaktion.

Ein ebenfalls wichtiger Aspekt ist die Rolle von Avataren als narrative und symbolische Repräsentationen. Sie ermöglichen die Konstruktion von Identität jenseits physischer Gegebenheiten und eröffnen somit Räume für Exploration, Selbstinszenierung und Transformation. Insbesondere im Metaversum, das als persistent und user-generiert konzipiert ist, werden Avatare zu Trägern digitaler Biografien. Sie speichern soziale Beziehungen, Erfahrungsverläufe und Nutzungsdaten, wodurch sie als personale Kontinuität fungieren, die die Fragmentierung virtueller Räume überbrückt [TAY02]. Der Avatar ist in diesem Sinne nicht nur ein Werkzeug der Interaktion, sondern ein strukturierendes Prinzip virtueller Subjektivität.

Die technische Infrastruktur immersiver Systeme erfordert eine eindeutige Identifizierung und Lokalisierung von Akteuren, um Interaktionen in Echtzeit zu koordinieren. Der Avatar bildet die Grundlage für diese Koordination, da er nicht nur als visuelles Objekt, sondern auch als Träger semantischer und technischer Adressierbarkeit fungiert. In Multi-User-Umgebungen wie dem Metaversum wird durch Avatare ein sozialer Raum erzeugt, der Regeln, Normen und Rollen erlaubt und damit erst die Komplexität sozialer Systeme in der Virtualität abbildbar macht [SCHr01].

Avatare stellen im Metaversum somit keine bloße optionale Ergänzung dar, sondern sie sind die konstitutive Bedingung für immersive, interaktive und sozial bedeutsame digitale Erfahrungen sind. Sie sind technologische Artefakte, kulturelle Symbole und psychologische Projektionsflächen zugleich und verkörpern damit den Nexus zwischen Mensch, Maschine und virtueller Welt.

Die Mensch-Maschine-Interaktion im Metaversum ist nicht nur ein technologischer Paradigmenwechsel, sondern auch eine tiefgreifende Veränderung der epistemologischen und ontologischen Grundlagen der digitalen Interaktion. Während klassische Interaktionsparadigmen primär auf abstrakte Symbolverarbeitung und bildschirmzentrierte Interfaces fokussiert waren, verschiebt das Metaversum die Interaktion in räumlich erfahrbare, dreidimensionale und persistent angelegte virtuelle Umgebungen. Diese Umgebungen zeichnen sich durch ein hohes Maß an Situationbezug und Kontextsensitivität aus, wodurch die Interaktion nicht mehr als isolierter Input-Output-Vorgang, sondern als kontinuierlicher Prozess sozialer, räumlicher und kognitiver Einbettung verstanden werden muss [DOU01].

Ein zentrales Moment der MMI im Metaversum ist die Rolle des Avatars als intermediäre Repräsentation zwischen physischem Selbst und digitalem Raum. Der Avatar fungiert nicht nur als Steuerobjekt, sondern als soziotechnisches Subjekt, das Kommunikation, Kooperation und Identitätsbildung innerhalb virtueller Realitäten ermöglicht. Die

Qualität der Interaktion hängt maßgeblich von der Kohärenz zwischen der inneren Intention des Nutzers und der äußeren Ausdrucksfähigkeit des Avatars ab. Dies erfordert adaptive Steuermechanismen, die nicht nur motorische Eingaben, sondern auch emotionale Zustände und soziale Kontexte berücksichtigen [BLA11]. Hier eröffnen sich insbesondere durch Deep Learning gestützte Systeme zur Gesichts- und Emotionssynthese neue Dimensionen der expressiven Authentizität virtueller Identitäten.

Die zunehmende Integration multimodaler Interaktionsformen hebt die Notwendigkeit hervor, Interaktion als sensorisch-kognitives Zusammenspiel zu denken. Die gleichzeitige Verarbeitung visueller, auditiver, haptischer und kinästhetischer Signale stellt hohe Anforderungen an die Synchronität, Latenz und semantische Konsistenz der Systemarchitekturen. Multimodalität ist nicht bloß eine Erweiterung der Steueroptionen, sondern eine fundamentale Voraussetzung für die Erzeugung von „sense of presence" und „embodied cognition", wie sie in immersiven Szenarien erforderlich sind [MCM03, NOR13]. Damit wird die Gestaltung von Benutzungsschnittstellen im Metaversum zu einem noch stärkeren interdisziplinären Entwurfsproblem, das Informatik, Psychologie, Designwissenschaften und Kognitionsforschung gleichermaßen einbezieht, als es dies auch in klassischen Anwendungsentwürfen schon sein sollte.

Als sensorisch besondere Form des gerade betrachteten Aspektes „Multimodalität" können Motion-Capture-Systeme angesehen werden. Sie stellen einen entscheidenden Schritt in Richtung „embodied interaction" dar, bei der eben nicht nur symbolische, sondern vielmehr körperlich-situierte Aspekte der Kommunikation in die Mensch-Maschine-Interaktion integriert werden. Durch die Erfassung von Körperhaltung, Mimik, Gestik und sogar Blickrichtung wird es möglich, Avatare als lebendige Repräsentanten menschlicher Präsenz in virtuellen Räumen zu etablieren. Diese Art der Interaktion schafft nicht nur ein höheres Maß an Immersion, sondern fördert auch soziale Kohärenz und zwischenmenschliche Anschlussfähigkeit in digitalen Kontexten, wie sie beispielsweise in kollaborativen Arbeitsumgebungen, Bildungsszenarien oder Therapieanwendungen im Metaversum relevant sind [SLA16].

Häufig wird MMI fälschlicherweise auf die Richtung Mensch → Maschine, also als Eingaben, die ein Benutzer in ein System kommuniziert, reduziert. Zu einer vollständigen Interaktion gehört jedoch zwingend auch die Richtung Maschine ← Mensch, also die Ausgaben oder, etwas fachlicher ausgedrückt, das Feedback. Für die Interaktion mit Avataren gewinnen sensorische Feedbacksysteme zunehmend an Bedeutung, um Steuerung und auch die Wahrnehmung zu optimieren. Haptische Geräte und taktile Feedbacksysteme ermöglichen eine bidirektionale Verbindung zwischen Nutzer und virtueller Welt, indem sie physische Reize erzeugen, die mit dem Verhalten des Avatars korrespondieren. Dadurch entsteht eine multisensorische Rückkopplungsschleife, die die virtuelle Erfahrung nicht nur visuell, sondern auch kinästhetisch und affektiv verankert. Der Avatar fungiert somit nicht nur als Repräsentation des Nutzers, sondern als erweiterter Körper in der digitalen Sphäre, in dem Handlung, Wahrnehmung und Intentionalität koordiniert zusammenwirken [KIL12].

Eine zukünftige Ausweitung der MMI markieren Brain-Computer-Interfaces (BCI), bei der die kognitive Aktivität selbst zur primären Interaktionsquelle wird. Die Direktverbindung zwischen neuronaler Aktivität und Systemreaktion eröffnet nicht nur neue Möglichkeiten für barrierefreie Interaktion, sondern transformiert grundlegend das Verhältnis von Bewusstsein, Intention und maschineller Ausführung. Die Herausforderungen liegen dabei nicht nur in der technischen Signalverarbeitung, sondern auch in ethischen, sicherheitsrelevanten und epistemologischen Fragen [BUR17]:

- Wie transparent ist die maschinelle Interpretation neuronaler Muster?
- Welche Formen der Kontrolle bleiben beim Nutzer?

Die Nutzung von Brain-Computer-Interfaces stellt paradigmatisch einen Schritt hin zu direkter neuronaler Steuerung virtueller Repräsentationen dar. Durch die Interpretation elektrischer Gehirnsignale, etwa mittels Elektroenzephalografie (EEG), lassen sich grundlegende Intentionen oder emotionale Zustände in Echtzeit erfassen und in Handlungsimpulse für Avatare überführen. Während die aktuelle Forschung sich vorwiegend auf einfache Steuermechanismen wie Bewegungsauslösung oder Auswahlprozesse konzentriert, deutet die Entwicklung komplexer neuronaler Dekodierungsverfahren auf zukünftige Anwendungen hin, bei denen selbst intentionale oder affektive Zustände präzise erkannt und in ausdifferenzierte Verhaltensmuster übertragen werden können [NIC12]. Insbesondere für Menschen mit motorischen Einschränkungen eröffnen BCIs eine bislang unerreichte Möglichkeit der Teilhabe an immersiven digitalen Welten.

Klingt die Idee von BCI aktuell noch recht visionär, so ist die Einbindung künstlicher Intelligenz in die Entwicklung und Gestaltung der MMI fast schon selbstverständlich. Sie prägt schon heute nicht bloß die Steuerung, sondern vor allem die Autonomie von Avataren. KI-basierte Avatare reagieren nicht nur auf Nutzereingaben, sondern agieren auch kontextsensitiv, zeigen adaptives Verhalten und personalisieren mit Hilfe lernbasierter Systeme ihre Interaktionen . Dies ermöglicht eine Form der Ko-Präsenz, bei der menschliche und maschinelle Akteure auf gleicher Ebene agieren und kommunizieren. Besonders deutlich wird dies in der Entwicklung sogenannter autonomer sozialer Avatare, die in der Lage sind, komplexe Gesprächsverläufe zu verstehen, emotionale Zustände zu interpretieren und angemessen darauf zu reagieren [MEL14]. In der Mensch-Maschine-Interaktion entsteht damit eine neue Qualität sozialer Interaktion, in der die Grenzen zwischen menschlicher Intelligenz und maschineller Kommunikation zunehmend verschwimmen.

Die Integration künstlicher Intelligenz in die Steuerung und Verhaltensgestaltung von Avataren markiert einen fundamentalen Fortschritt im Bereich der Mensch-Maschine-Interaktion. KI-gesteuerte Avatare sind damit nicht mehr lediglich reaktive Entitäten, sondern sie sind zunehmend in der Lage, durch lernbasierte Algorithmen eigene Zielsetzungen zu verfolgen, situationsadaptive Handlungen auszuführen und sozial angemessen zu kommunizieren. Insbesondere durch den Einsatz von Natural Language Processing (NLP), Reinforcement Learning und emotionaler KI entwickeln sich Avatare zu sozialen Akteuren, die über ein eigenes kontextsensitives Verständnis verfügen und auf komplexe Inter-

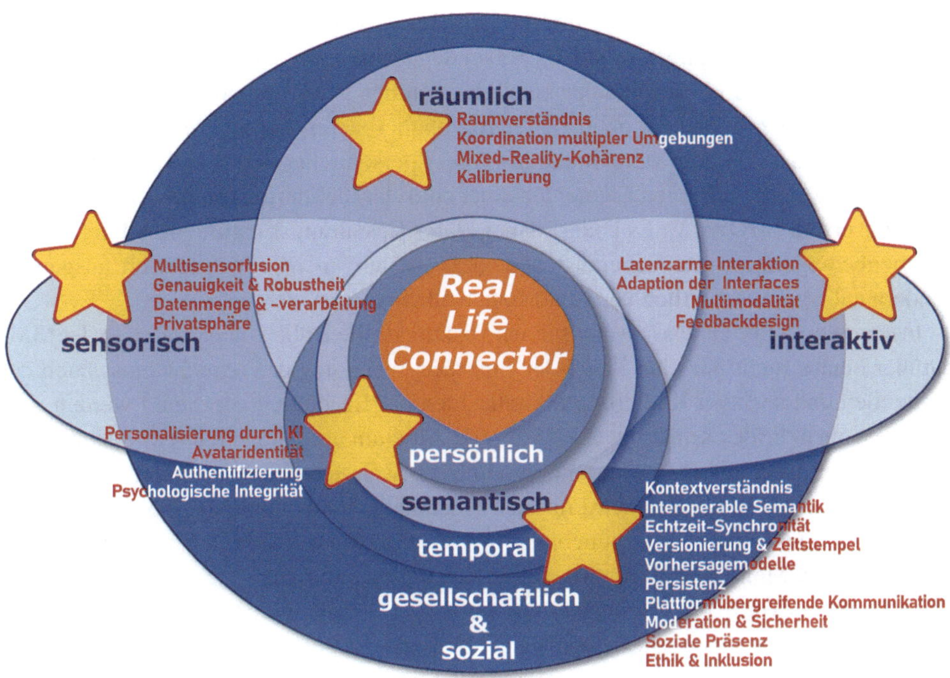

Abb. 3.6 Technische Aspekte im Real-Life-Connector: KI, Multimodalität, etc

aktionsmuster reagieren können. In virtuellen Lern-, Arbeits- oder Freizeitumgebungen übernehmen sie damit zunehmend Aufgaben, die traditionell menschlicher Präsenz vorbehalten waren, etwa als virtuelle Moderatoren, Assistenten oder soziale Begleiter [CAS00, DAU07] (Abb. 3.6).

Ein zentrale Herausforderung der MMI im Metaversum stellt also das Ausbalancieren von technologischer Komplexität und menschlicher Zugänglichkeit dar. Die MMI muss so gestaltet werden, dass es mit den begrenzten kognitiven und sensorischen Ressourcen der Nutzer in Einklang steht. Gleichzeitig erfordern immersive Umgebungen ein Maß an Interaktivität und Realismus, das weit über herkömmliche Designparadigmen hinausgeht. Der Versuch, einen Avatar über ein Command Line Interface zu steuern, zeigt das Problemfeld deutlich. Die Berücksichtigung kognitiver Last, Adaptivität und Benutzerdiversität wird zur entscheidenden Determinante erfolgreicher MMI-Gestaltung in virtuellen Welten [BOW04, PRE15].

Die Entwicklung der MMI im Metaversum zeigt, dass Interaktion nicht länger nur als technisches Mittel zur Steuerung von Systemen verstanden werden kann, sondern als integraler Bestandteil virtueller Existenzformen angesehen werden muss. Die Konvergenz von künstlicher Intelligenz, immersiver Technologie und multimodaler Kommunikation erfordert eine neugedachte Kombination der theoretischen und praktischen Grundlagen von Interaktion in der Informatik.

Die Realisierung realistischer und responsiver Avatare bringt allerdings auch tiefgreifende Herausforderungen mit sich. Neben den technischen Anforderungen an Latenz, Datenverarbeitung und Bewegungsgenauigkeit stellen sich Fragen nach Datenschutz, Identitätsauthentizität und der potenziellen Manipulierbarkeit virtueller Repräsentationen. Die Tatsache, dass Avatare zunehmend als Träger persönlicher und sozialer Identität fungieren, macht sie zu zentralen Elementen einer ethisch reflektierten Interaktionsgestaltung im Metaversum [MOW18]. Es bedarf daher klarer Gestaltungsrichtlinien und normativer Rahmenbedingungen, um sicherzustellen, dass Avatare nicht nur technisch ausgereift, sondern auch gesellschaftlich verantwortungsvoll eingesetzt werden.

In einem erweiterten wissenschaftlichen Diskurs ist die Rolle von Avataren in der MMI darüber hinaus nicht nur eine Frage der Interface-Technologie. Vielmehr muss auch der kulturellen und sozialen Kodierung digitaler Identität Beachtung geschenkt werden. Der Avatar ist ein hybrides Konstrukt aus Werkzeug, Medium und Subjekt, das es erlaubt, neue Formen der Kommunikation, Interaktion und Selbstwahrnehmung im virtuellen Raum zu erschließen. Seine Bedeutung wird mit der zunehmenden Verschmelzung physischer und digitaler Lebenswelten weiter zunehmen und zentrale Implikationen für die zukünftige Gestaltung von Mensch-Maschine-Beziehungen mit sich bringen.

Diese Entwicklung hat somit nicht nur technische, sondern auch sozial-kulturelle Implikationen. So verändert zum Beispiel die Präsenz KI-gesteuerter Avatare die Erwartungshaltung der Nutzer an die Interaktionsqualität im digitalen Raum. Während früher die Interaktion mit computergenerierten Figuren klar als nicht-authentisch markiert war, verschwimmen zunehmend die Grenzen zwischen menschlicher und künstlicher Kommunikation. Dies eröffnet Potenziale für hochgradig personalisierte Interaktionen, wirft jedoch zugleich Fragen nach Transparenz, Kontrolle und Vertrauenswürdigkeit algorithmischer Systeme auf [SHI21]. Die Gestaltung solcher Avatare muss daher sowohl von technisch hoher Qualität sein, zugleich aber auch ethische Reflexionen über Agency, Verantwortung und Autonomie berücksichtigen.

Die psychologischen Effekte, die durch das Erscheinungsbild und die Konfiguration von Avataren hervorgerufen werden, unterstreichen die Relevanz des Avatar-Designs für das Nutzerverhalten. Der sogenannte Proteus-Effekt, benannt nach dem gestaltverändernden Meeresgott aus der griechischen Mythologie, beschreibt die Beobachtung, dass Menschen sich tendenziell an den sozialen Erwartungen orientieren, die mit dem visuellen Erscheinungsbild ihres Avatars einhergehen. So kann etwa ein Avatar mit einem professionellen Aussehen zu kooperativerem Verhalten in virtuellen Meetings führen, während ein besonders athletisch gestalteter Avatar zu gesteigerter körperlicher Aktivität in virtuellen Trainingsumgebungen animiert [YEE07]. Dieses Phänomen belegt, dass die Gestaltung virtueller Selbstrepräsentationen nicht lediglich ein ästhetischer Akt ist, sondern tiefgreifende Rückwirkungen auf Identität, Motivation und soziale Interaktion haben kann.

Vor diesem Hintergrund wird deutlich, dass die effektive Steuerung und Gestaltung von Avataren in virtuellen Umgebungen ein interdisziplinäres Forschungsfeld darstellt, das Informatik, Psychologie, Neurowissenschaft und Ethik gleichermaßen einbindet. Die Herausforderung liegt darin, Systeme zu entwickeln, die technische Präzision mit menschlicher Erfahrungsorientierung verbinden. Dies erfordert eine kooperative Entwicklung intelligenter Algorithmen, intuitiver Schnittstellen und soziotechnischer Rahmenbedingungen, die die Autonomie und Würde der Nutzer wahren. Nur so kann die Mensch-Maschine-Interaktion in virtuellen Umgebungen ihr volles Potenzial als Werkzeug, Medium und Erfahrungsraum entfalten.

3.3 Emotionale und nonverbale Kommunikation durch Avatare

Menschlicher Interaktion ist vielschichtig. Zentrale Bestandteile sind dabei auch emotionale und nonverbale Kommunikation, welche eng miteinander verflochten sind. Sie umfassen jene Ausdrucksformen, die jenseits der sprachlich-verbalen Kommunikation liegen und durch Körperhaltung, Mimik, Gestik, Blickverhalten, prosodische Merkmale der Stimme sowie durch räumliches Verhalten vermittelt werden. Insofern sie emotionale Zustände ausdrücken, modulieren oder hervorrufen, erfüllen sie eine essenzielle Funktion für das soziale Verstehen, die Beziehungsgestaltung und die situative Kontextualisierung kommunikativer Handlungen.

Emotionale Kommunikation bezieht sich auf die explizite und implizite Übermittlung von Gefühlszuständen, wobei nonverbale Signale wie Gesichtsausdruck oder Stimmlage eine primäre Rolle spielen. Diese Form der Kommunikation ist meist spontan, wenig kontrollierbar und tief in der menschlichen Kognition und Sozialisation verankert. Sie ermöglicht es Interaktionspartnern, Intentionen und Reaktionen unmittelbar zu interpretieren und auf subtile Weise aufeinander abzustimmen. Derartige Mechanismen sind entscheidend für Empathie, Vertrauen und soziale Kohärenz und bilden damit die Grundlage komplexer sozialer Systeme [EKM92, FRI94].

In der Mensch-Maschine-Interaktion, insbesondere im Kontext immersiver virtueller Umgebungen, gewinnt die Berücksichtigung emotionaler und nonverbaler Kommunikation zunehmend an Bedeutung. Um natürliche und glaubwürdige Interaktionen zwischen Nutzern und digitalen Agenten oder Avataren zu ermöglichen, müssen diese in der Lage sein, entsprechende Signale zu erzeugen, zu erkennen und angemessen zu verarbeiten. Dies stellt hohe Anforderungen an Sensorik, maschinelles Lernen und affektive Computing-Systeme. Die digitale Repräsentation emotionaler Kommunikation ist dabei nicht nur eine technische Herausforderung, sondern auch eine epistemologische, da sie die Reduktion komplexer menschlicher Ausdrucksformen auf algorithmisch interpretierbare Datenformate erfordert [PIC97] (Abb. 3.7).

Zudem wirkt sich das Fehlen oder die Unzulänglichkeit nonverbaler und emotionaler Signale in digitalen Kommunikationsformen häufig negativ auf das Interaktionserleben aus. In textbasierten Medien kann dies zu Missverständnissen, verminderter emotionaler Resonanz oder einem Gefühl sozialer Distanz führen. Avatare in immersiven Umgebungen hingegen bieten die Möglichkeit, emotionale und nonverbale Kommunikation in Echtzeit zu simulieren und damit ein höheres Maß an sozialer Präsenz zu erreichen. Der Einsatz

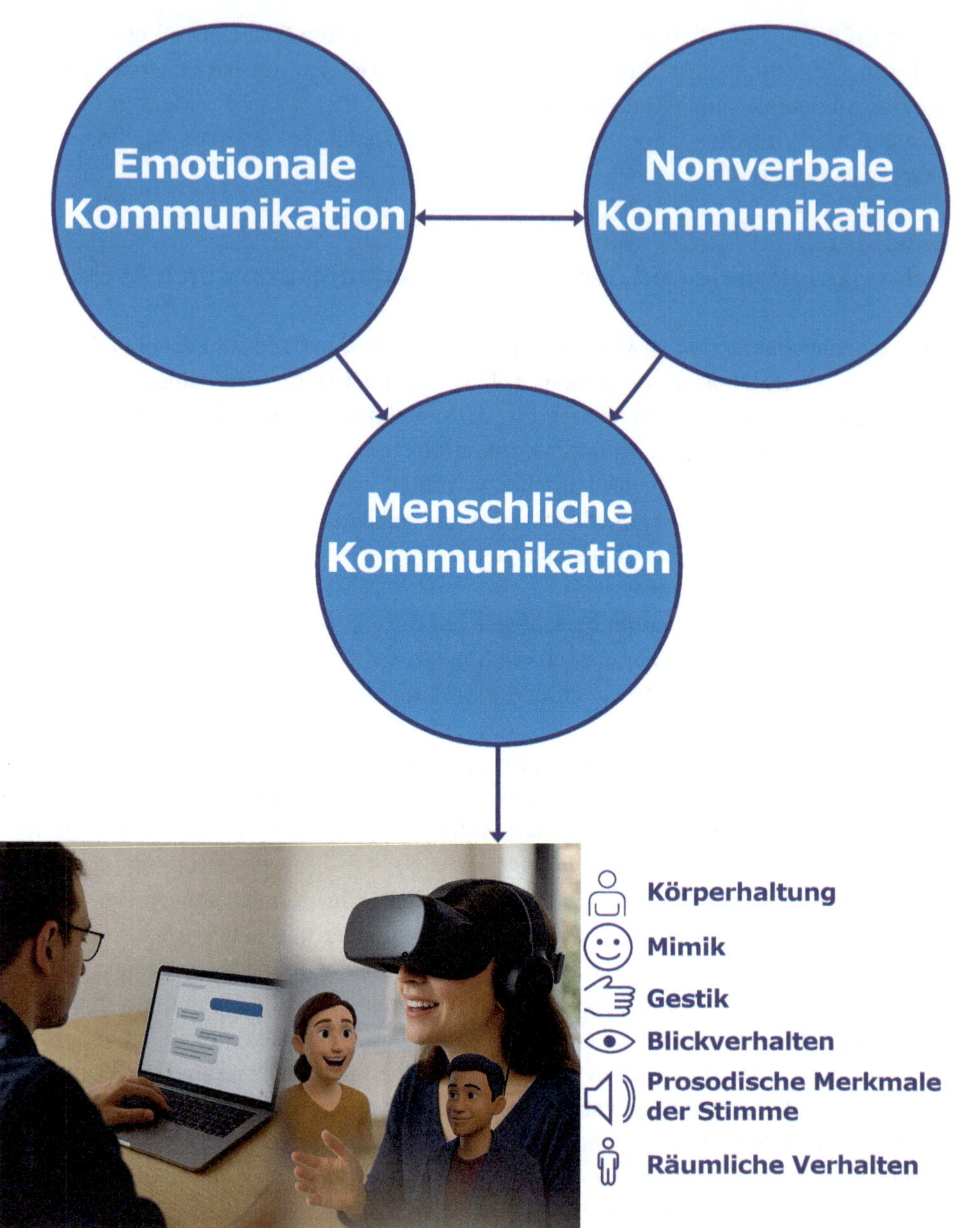

Abb. 3.7 Beispiele für Herausforderungen rein sprachlicher/ textueller Interaktion

von „facial animation", „motion tracking" und „voice modulation" erlaubt es, affektive Zustände differenziert darzustellen und soziale Interaktion authentischer zu gestalten [BAI04a, BAI04b].

Beide Aspekte, emotionale und nonverbale Kommunikation, sind immer noch ein zentraler Forschungsgegenstand für die Entwicklung glaubwürdiger und menschzentrierter Interaktionssysteme. Ihre erfolgreiche Implementierung entscheidet darüber, ob digitale Interaktionen als sozial anschlussfähig, empathisch und intuitiv wahrgenommen werden. Die Herausforderung liegt darin, die natürlichen Ausdrucksformen des Menschen in technologische Repräsentationen zu überführen, ohne ihre soziale und emotionale Tiefe zu verlieren.

Aus den gerade betrachteten Aspekten ergibt sich, dass die emotionale und nonverbale Kommunikation durch Avatare im Metaversum ein grundlegender Baustein für die Etablierung glaubwürdiger sozialer Interaktionen in virtuellen Realitäten ist. Diese Kommunikationsformen sind insofern entscheidend, als sie die emotionale Qualität, soziale Tiefe und zwischenmenschliche Anschlussfähigkeit von Interaktionen determinieren. Während die rein sprachlich-symbolische Kommunikation häufig an expressive Grenzen stößt, insbesondere im virtuellen Raum, ermöglichen Mimik, Gestik und weitere nonverbale Ausdrucksformen eine vielschichtige, kontextualisierte und affektive Verständigung. Avatare fungieren hier als Träger dieser Signale, indem sie körpergebundene Ausdrucksmöglichkeiten digital rekonstruieren und damit soziale Präsenz erzeugen [SCHr01, SLA97].

In immersiven Umgebungen, in denen physische Ko-Präsenz durch technologische Repräsentationen ersetzt wird, ist die Authentizität der nonverbalen Kommunikation essenziell. Studien zeigen, dass realistische Bewegungsmodelle, zum Beispiel auf Basis von Motion Capturing oder Facial Animation, signifikant zur Intensität des „sense of presence" und zur Qualität sozialer Bindungen beitragen [GAR01, GAR05]. Eine bloße symbolische Darstellung reicht nicht aus, um emotionale Komplexität adäquat zu transportieren; vielmehr ist eine synchrone, kontextabhängige und expressive Kommunikation erforderlich. Die Fähigkeit eines Avatars, etwa Traurigkeit durch hängende Schultern oder Freude durch lebendige Mimik darzustellen, ist nicht nur funktional, sondern auch emotional identitätsstiftend.

Eine doppelte Funktion nimmt in diesem Zusammenhang die Personalisierung ein. Sie dient nicht nur der ästhetischen Anpassung, sondern auch der psychologischen Identifikation mit der eigenen virtuellen Repräsentation. Avatare, die der selbstgewählten oder idealisierten Identität des Nutzers entsprechen, erhöhen nicht nur das subjektive Wohlbefinden in de virtuellen Welt, sondern sie wirken auch als Verstärker emotionaler Resonanz im sozialen Austausch. Der weiter oben schon erwähnte Proteus-Effekt zeigt, dass das Verhalten von Nutzern maßgeblich durch die physische Erscheinung ihrer Avatare beeinflusst wird [YEE07]. Dieses Phänomen wurde sowohl in experimentellen als auch in feldbasierten Studien mehrfach nachgewiesen. Dies verdeutlicht, dass das äußere Erscheinungsbild eines Avatars nicht nur kommunikative, sondern auch kognitive und affektive Wirkungen entfaltet.

Die Akzeptanz von Avataren im Metaversum ist eng an diese kommunikativen und identitätsbezogenen Funktionen gekoppelt. Technologisch ausgereifte, individuell gestaltbare und emotional ausdrucksfähige Avatare erhöhen nachweislich die Bereitschaft der Nutzer, sich auf virtuelle Interaktionen einzulassen und diese als authentisch zu erleben. Je höher die wahrgenommene Übereinstimmung zwischen physischem Selbst und digitaler Repräsentation, desto stärker ist das Gefühl der Verkörperung und der situativen Einbettung in die virtuelle Umgebung [KIL12]. Hierbei spielen psychologische Faktoren wie Selbstwirksamkeit, Affiliation und soziale Anerkennung eine zentrale Rolle. Nutzer, die sich durch ihre Avatare erfolgreich ausdrücken können, empfinden die Interaktion nicht nur als funktional, sondern auch als sozial befriedigend.

Technologische Entwicklungen, insbesondere im Bereich der künstlichen Intelligenz und der affektiven Computing-Systeme, erweitern die Möglichkeiten der emotionalen Interaktion zusätzlich. Echtzeitanalyse von Sprachmodulation, Gesichtsausdruck und physiologischen Daten ermöglicht eine dynamische Adaption des Avatars an emotionale Zustände, wodurch eine situativ angemessene Reaktion auf soziale Kontexte realisierbar wird [PIC97]. Dies trägt nicht nur zur Authentizität der Kommunikation bei, sondern reduziert auch kognitive Dissonanzen und stärkt das Vertrauen in virtuelle Systeme.

Selbstverständlich muss die zunehmende Emotionalisierung virtueller Kommunikation auch kritisch reflektiert werden. Fragen nach der ethischen Transparenz, der Wahrhaftigkeit digitaler Emotionen und dem möglichen Missbrauch von empathieerzeugenden Technologien sind von zentraler Bedeutung. Die emotionale Tiefe, die durch Avatare vermittelt werden kann, bringt eine Verantwortung für deren Gestaltung und Einsatz mit sich, insbesondere im Hinblick auf Manipulation, Datenschutz und psychologische Integrität der Nutzer [MOW18].

Die wissenschaftliche Auseinandersetzung mit emotionaler und nonverbaler Kommunikation durch Avatare offenbart, dass diese nicht als bloßes Add-on technischer Systeme verstanden werden dürfen. Vielmehr müssen sie integraler Bestandteil einer sozialen Infrastruktur im Metaversum werden, die auf affektiver Anschlussfähigkeit, verkörperter Präsenz und psychologischer Kohärenz basiert. Der Erfolg virtueller Welten wird entscheidend davon abhängen, inwieweit es gelingt, diese Dimensionen differenziert, verantwortungsvoll und nutzerzentriert zu gestalten.

3.4   Der dritte Ausblick: Avatare im Einsatz

Avatare fungieren im Metaversum auch aktuell schon als zentrale Werkzeuge, die es Nutzern ermöglichen, in virtuellen Umgebungen zu agieren und zu interagieren. Ihre Anwendung erstreckt sich über verschiedene Bereiche wie Bildung, Arbeit und soziale Interaktion, wobei sie jeweils spezifische Funktionen erfüllen und unterschiedliche Vorteile bieten.

- **Bildung**: Die Einbindung von Avataren in bildungsbezogene Szenarien eröffnet weitreichende Möglichkeiten zur Neugestaltung didaktischer Konzepte im Sinne erfahrungsbasierten und kontextsensitiven Lernens. Durch die Präsenz digitaler Repräsentationen wird es Lernenden ermöglicht, eine aktive Rolle innerhalb immersiver, interaktiver Lernumgebungen einzunehmen, die über rein text- oder bildbasierte Informationsvermittlung hinausgehen. Avatare fungieren dabei nicht nur als Steuerinstanz, sondern als lernpsychologisch wirksame Schnittstelle zwischen Individuum und digitaler Wissenswelt. Sie erlauben es, kognitive und affektive Lernprozesse in einer Weise zu koppeln, die sowohl die Motivation als auch die Selbstwirksamkeit der Lernenden stärkt [DAL10].

Gerade im Kontext virtueller Lernumgebungen wie dem Metaversum tragen Avatare zur Herstellung des „sense of presence" bei, der als entscheidend für nachhaltige Lernwirkungen gilt. Durch die Möglichkeit, sich selbst im digitalen Raum zu verkörpern und mit anderen Lernenden oder virtuellen Agenten zu interagieren, werden nicht nur deklaratives Wissen, sondern auch prozedurale und metakognitive Kompetenzen adressiert. Die Verbindung von Interaktion, Simulation und sozialer Präsenz schafft eine Lernumgebung, die an realweltliche Kontexte anschlussfähig ist und so Transferprozesse erleichtert [MER14].

Ein bedeutender Vorteil avatarbasierter Lernsettings liegt in der Möglichkeit zur risikofreien Erprobung. In Bereichen wie Medizin, Ingenieurwesen oder Umweltmanagement können kritische Entscheidungssituationen oder komplexe Abläufe simuliert werden, ohne reale Konsequenzen zu riskieren. Dies fördert das experimentelle und explorative Lernen, das in traditionellen Bildungsformaten oft nur eingeschränkt möglich ist. Lernende können durch ihr avatarbasiertes Handeln Fehler machen, daraus lernen und alternative Handlungsstrategien entwickeln, wodurch ein tieferes konzeptuelles Verständnis generiert wird [JEN12].

Darüber hinaus begünstigt die Verwendung von Avataren eine erhöhte soziale Inklusion in digitalen Bildungsräumen. Lernende mit physischen Einschränkungen oder sozialen Hemmnissen können durch Avatare barrierefrei und gleichberechtigt an interaktiven Lernprozessen teilnehmen. Avatare ermöglichen es, normative Körpergrenzen zu überwinden und fördern die Chancengleichheit durch eine gleichberechtigte visuelle und funktionale Repräsentation im virtuellen Raum. Gleichzeitig eröffnen sie Spielräume für identitätsbezogene Exploration und persönliche Ausdrucksformen, die zur Steigerung des subjektiven Wohlbefindens und der Lernmotivation beitragen können [TUR23].

Der pädagogisch sinnvolle Einsatz avatarbasierter Lernumgebungen erfordert jedoch zwingend ein fundiertes didaktisches Design. Die Gestaltung der Interaktionen, die Rolle von Feedbacksystemen sowie die narrative Struktur der Lernumgebung müssen so ausgelegt sein, dass sie zielgerichtetes Lernen ermöglichen und kognitive Überlastung vermeiden. Avatare sind nicht per se lernförderlich, sondern nur dann wirksam, wenn sie in ein durchdachtes, instruktionspsychologisch fundiertes Szenario eingebettet sind. Hierzu bedarf es interdisziplinärer Zusammenarbeit zwischen Pädagogik, Informatik und Psychologie, um die Potenziale digitaler Repräsentation systematisch zu erschließen und lernwirksam umzusetzen [RAD20].

- **Arbeitswelt**: Die verstärkte Akzeptanz von Homeoffice sowie die zunehmende Virtualisierung von Arbeitsprozessen im Zuge der digitalen Transformation verändert die Rolle von Avataren als zentrale Akteure auch in der Gestaltung neuer Formen beruflicher Zusammenarbeit. Insbesondere im Kontext hybrider und dezentraler Arbeitsmodelle bieten Avatare nicht nur funktionale Vorteile im Hinblick auf räumliche und zeitliche Flexibilität, sondern auch neue Möglichkeiten zur Schaffung von sozialer Kohärenz und organisationaler Identität in virtuellen Arbeitsumgebungen. Durch die Verkörperung individueller Mitarbeiter im digitalen Raum wird eine personalisierte Präsenz ermöglicht, die über herkömmliche Videokonferenzsysteme hinausgeht. Avatare fungieren dabei als Repräsentanten und Vermittler, durch die sowohl formale als auch informelle Kommunikationsstrukturen etabliert und aufrechterhalten werden können [SCHr01].

  Virtuelle Arbeitsräume, in denen Avatare interagieren, schaffen eine multisensorische und interaktive Umgebung, die ein erhöhtes Maß an Immersion und sozialer Präsenz erzeugt. Diese soziale Präsenz ist entscheidend für das Gelingen kooperativer Arbeitsprozesse, da sie Vertrauen, Engagement und gegenseitiges Verständnis fördert. Studien aus der organisationspsychologischen Forschung zeigen, dass virtuelle Interaktionen dann als effektiv wahrgenommen werden, wenn sie durch räumliche Nähe, geteilte Aufmerksamkeit und emotional nachvollziehbare Ausdrucksformen ergänzt werden – Merkmale, die durch avatarbasierte Systeme in immersiven Umgebungen gezielt adressiert werden können [OH18, BIO03].

  Ein weiterer Aspekt ist die Integration von Avataren in digitale Weiterbildungsformate und Trainingsprozesse. Simulationen in virtuellen Umgebungen ermöglichen es, komplexe Handlungssituationen risikofrei zu erproben, Entscheidungsprozesse zu trainieren und gruppendynamische Abläufe zu reflektieren. Dies ist besonders relevant in sicherheitskritischen oder interdisziplinären Berufsfeldern, etwa in der Luftfahrt, der Medizin oder der industriellen Produktion. Avatare können in solchen Kontexten nicht nur von realen Mitarbeitenden gesteuert werden, sondern auch als KI-gestützte Agenten auftreten, die spezifische Szenarien abbilden und individuelles Feedback geben. Dies fördert das situated learning und erlaubt eine praxisnahe Kompetenzentwicklung in geschützten Lernräumen [KAB23].

  Die Gestaltung virtueller Arbeitsräume mit Avataren hat allerdings nicht nur operative, sondern auch strategische Implikationen für Unternehmen. Sie ermöglicht die Entwicklung neuer Organisationsformen, in denen physische Präsenz durch digitale Repräsentanz ersetzt oder ergänzt wird. Damit einher geht die Herausforderung, neue Regeln der Interaktion, Zusammenarbeit und Führung zu definieren. Fragen der digitalen Etikette, der sozialen Teilhabe und der Identitätsdarstellung gewinnen an Bedeutung und erfordern eine sorgfältige Ausarbeitung organisationeller Leitlinien. Zudem stellt sich die Notwendigkeit, arbeitsrechtliche, datenschutzrechtliche und psychologische Aspekte bei der Implementierung avatarbasierter Systeme zu berücksichtigen, um Akzeptanz, Fairness und Wohlbefinden sicherzustellen [BAI22].

Die im Bitkom-Leitfaden angesprochene Konzeption des Bildungsökosystems Nordwest Metaverse zeigt exemplarisch, wie eine strukturierte Verbindung von Arbeits-, Lern- und Sozialinteraktionen in virtuellen Umgebungen realisiert werden kann. Dabei wird deutlich, dass Avatare nicht isoliert betrachtet werden dürfen, sondern als Teil eines umfassenden sozio-technischen Systems zu verstehen sind, das auf Interoperabilität, Benutzerfreundlichkeit und kulturelle Anschlussfähigkeit angewiesen ist. Nur durch eine integrative Betrachtung technischer, sozialer und organisationaler Bedingungen kann das Potenzial virtueller Arbeitsräume im Sinne nachhaltiger, partizipativer und zukunftsorientierter Arbeitsmodelle ausgeschöpft werden [BIT22, BIT25].

- **Soziale Interaktion:** In allen Anwendungsbereichen fungieren Avatare im Metaversum nicht nur als technologische Repräsentationen von Individuen, sondern sie erfüllen zugleich eine zentrale soziale Funktion, indem sie als Vermittlungsinstanz für zwischenmenschliche Interaktion, Identitätskonstruktion und soziale Kohäsion dienen. In virtuellen Räumen, in denen physische Präsenz durch digitale Präsenz ersetzt wird, übernehmen Avatare die Aufgabe, emotionale, intentionale und soziale Signale zu übertragen und sichtbar zu machen. Die Gestaltung des eigenen Avatars wird dabei zu einem Akt symbolischer Selbstverortung innerhalb einer digitalen Gemeinschaft, der nicht nur auf ästhetische Präferenzen, sondern auch auf soziale Normen, kulturelle Kontexte und psychologische Bedürfnisse zurückzuführen ist [TUR11].

Die Individualisierbarkeit von Avataren erlaubt es Nutzenden, Aspekte ihrer realen Identität zu spiegeln oder alternative Identitäten zu explorieren. Diese performative Komponente hat weitreichende Auswirkungen auf soziale Dynamiken im Metaversum. Forschungen zur computervermittelten Kommunikation zeigen, dass Nutzer sich häufig stärker mit jenen Avataren identifizieren, die sie selbst aktiv gestalten konnten, was wiederum das Engagement, die kommunikative Offenheit und die soziale Bindungsbereitschaft in virtuellen Kontexten erhöht [BES07]. Die visuelle Kohärenz, Ausdrucksfähigkeit und Responsivität des Avatars sind entscheidend für die soziale Anschlussfähigkeit im virtuellen Raum, da sie die Grundlage für Vertrauen, Empathie und gemeinschaftliches Handeln bilden.

Technologien wie Eye-Tracking, Motion-Capturing oder Gesichtserkennung tragen stark zur Erhöhung der Authentizität der Interaktion bei. Insbesondere die Übertragung subtiler nonverbaler Signale, etwa durch Blickkontakt, Mikroexpressionen oder Körperorientierung, fördert die soziale Präsenz und damit das subjektive Empfinden, einer anderen Person real zu begegnen. Diese Qualität ist ein wesentlicher Prädiktor für gelingende Kommunikation, da sie es ermöglicht, implizite Bedeutungen, Affekte und soziale Rollen wahrzunehmen und zu interpretieren [MEL14]. Durch solche Technologien kann die Distanz zwischen physischem Körper und digitaler Repräsentation reduziert werden, was nicht nur die soziale Akzeptanz von Avataren, sondern auch das Gefühl der verkörperten Interaktion steigert.

Ein zentrales Problem bei der Gestaltung virtueller Figuren ist das Phänomen des sogenannten Uncanny Valley, das dann auftritt, wenn eine virtuelle Repräsentation beinahe, aber eben doch nicht vollständig menschlich wirkt und dadurch beim Betrachter

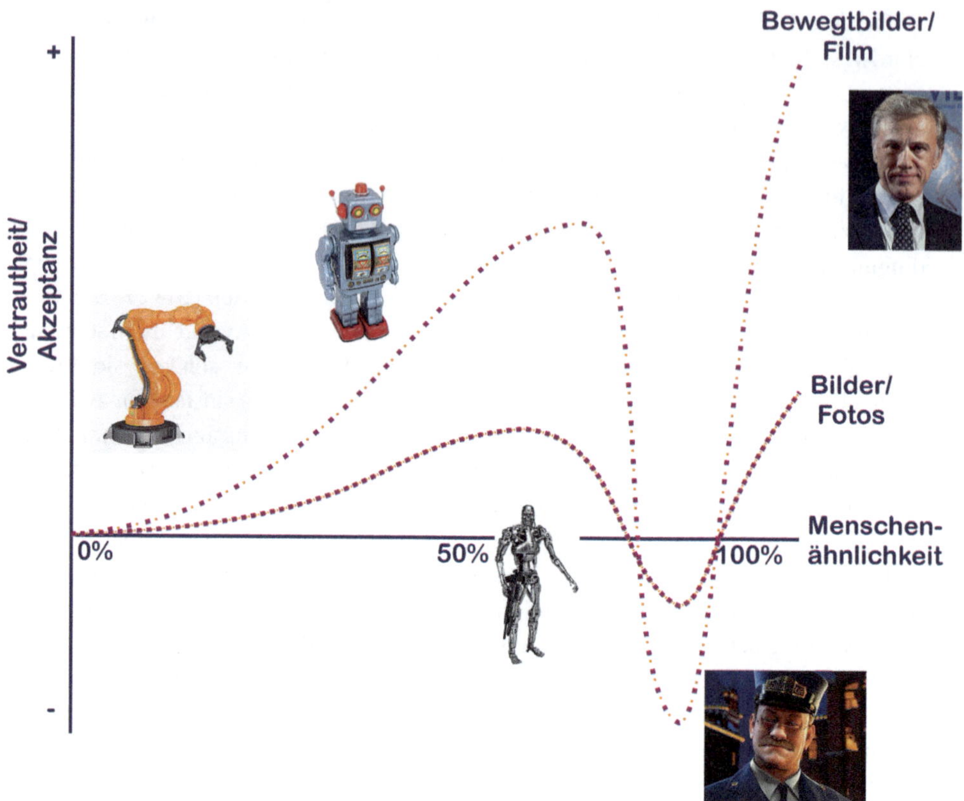

Abb. 3.8 Uncanny Valley

ein Gefühl der Fremdheit oder Irritation hervorruft [MOR70]. Gerade in sozialen Interaktionen kann dies die Vertrauensbildung und emotionale Anschlussfähigkeit negativ
beeinflussen. Technologische Fortschritte, insbesondere im Bereich der realitätsnahen
Animation und der adaptiven Verhaltensmodellierung, zielen darauf ab, diese Ambivalenz zu überwinden. Eye-Tracking spielt dabei oftmals eine Schlüsselrolle, da das
Blickverhalten ein besonders sensitiv wahrgenommenes Element der Kommunikation
darstellt. Die realitätsnahe Rekonstruktion von Blickkontakt durch Avatare kann das
Uncanny Valley signifikant abschwächen, indem sie Interaktionen natürlicher und intuitiver gestaltet. [GAR01] (Abb. 3.8).

Soziale Wirksam werden Avatare jedoch nicht allein durch technologischer Raffi-
nesse, sondern auch durch sozialpsychologische Einbettung. Die Qualität virtueller
Beziehungen hängt maßgeblich von der Fähigkeit ab, glaubwürdige soziale Rollen zu
etablieren und emotionale Resonanz herzustellen. Avatare fungieren dabei als symbolische Projektionsflächen, die es Nutzenden ermöglichen, ihre Zugehörigkeit zu Gruppen zu demonstrieren, soziale Hierarchien auszuhandeln und affektive Bindungen aufzubauen. Insofern sind sie nicht nur Instrumente der Kommunikation, sondern auch

Agenten sozialer Realität im digitalen Raum. Die Gestaltung, Wahrnehmung und soziale Wirksamkeit von Avataren ist somit ein interdisziplinäres Forschungsfeld, das Erkenntnisse aus Informatik, Kommunikationswissenschaft, Psychologie und Soziologie integriert.

Avatare nehmen im Metaversum eine zentrale Rolle als vermittelnde Instanz zwischen Nutzer und virtueller Umgebung ein und ermöglichen durch ihre interaktiven und personalisierbaren Eigenschaften eine tiefgreifende Erweiterung traditioneller Kommunikations- und Lernformen. Sie fungieren nicht nur als technische Schnittstellen, sondern als sozial und kulturell codierte Repräsentationen, die neue Möglichkeiten der Partizipation, Identitätskonstruktion und Kooperation eröffnen. Insbesondere im Bildungsbereich zeigt sich, dass Avatare weit über eine spielerische Anwendung hinausgehen, indem sie erfahrungsbasiertes, kontextsensitives und kollaboratives Lernen in immersiven digitalen Räumen fördern [DAL10, RAD20]. Die damit einhergehende Verschmelzung physischer und virtueller Erfahrungsräume weist auf das transformative Potenzial hin, das Avatare für die Gestaltung zukünftiger Bildungs-, Arbeits- und Kommunikationsprozesse besitzen. Ihre weitere Entwicklung erfordert daher nicht nur technologische Innovation, sondern auch eine tiefgreifende didaktische und ethische Reflexion.

Literatur

[AND94]   Andreessen, M., & Bina, E. (1994). NCSA Mosaic: A global hypermedia system. *Internet Research, 4*(1), 7–17. https://doi.org/10.1108/10662249410798803. Emerald Group Publishing Limited. issn: 1066-2243.

[BAI04a]   Bailenson, J. N., & Blascovich, J. (2004). Avatars. In *Encyclopedia of human-computer interaction*. Berkshire Publishing.

[BAI04b]   Bailenson, J. N., Beall, A., Loomis, J., et al. (2004). Transformed social interaction: Decoupling representation from behavior and form in collaborative virtual environments. *Presence., 13*, 428–441. https://doi.org/10.1162/1054746041944803

[BAI22]   Bailenson, J. N. (2022). *Experience on demand: What virtual reality is, how it works, and what it can do*. Norton & Company. isbn: 978-0393253696.

[BER99]   Berners-Lee, T. J., & Fischetti, M. (1999). *Weaving the web: The original design and ultimate destiny of the World Wide Web*. Harper San Francisco. isbn:978-0-06-251586.

[BES07]   Bessière, K., Seay, A. F., & Kiesler, S. (2007). The ideal elf: Identity exploration in World of Warcraft. *CyberPsychology & Behavior, 10*, 530–535. https://doi.org/10.1089/cpb.2007.9994

[BIO03]   Biocca, F., Harms, C., & Burgoon, J. K. (2003). Toward a more robust theory and measure of social presence: Review and suggested criteria. *Presence: Teleoperators and Virtual Environments, 12*(5), 456–480. https://doi.org/10.1162/105474603322761270

[BIO97]   Biocca, F. (1997). The Cyborg's Dilemma: Progressive embodiment in virtual environments. *Journal of Computer-Mediated Communication, 3*(2), JCMC324. https://doi.org/10.1111/j.1083-6101.1997.tb00070.x

[BIT22]   Bitkom. (2022). *A guidebook to the metaverse.* https://www.bitkom.org/sites/main/file s/2023-01/230105LFMetaverseEN.pdf. Zugegriffen am 25.07.2025.

[BIT25]   Bitkom. (2025). *Der aktuelle Stand des Metaverse.* https://www.bitkom.org/Bitkom/ Publikationen/Der-aktuelle-Stand-des-Metaverse. Zugegriffen am 25.07.2025.

[BLA11]   Blascovich, J., & Bailenson, J. N. (2011). *Infinite reality: The hidden blueprint of our virtual lives.* HarperCollins. isbn: 9780062041692.

[BOW04]   Bowman, D. A., Kruijff, E., LaViola, J. J., & Poupyrev, I. (2004). *3D user interfaces: Theory and practice.* Addison Wesley Longman Publishing Co., Inc. isbn: 978-0201758672.

[BUR17]   Burwell, S., Sample, M., & Racine, E. (2017). Ethical aspects of brain computer interfaces: A scoping review. *BMC Medical Ethics, 18*(1), 60. https://doi.org/10.1186/ s12910-017-0220-y

[CAS00]   Cassell, J. (2000). *Embodied conversational agents.* MIT Press. isbn: 9780262032780.

[CER74]   Cerf, V., & Kahn, R. (1974). A protocol for packet network intercommunication. *IEEE Transactions on Communications, 22*(5), 637–648.

[COR63]   Corbató, F. J., Merwin-Daggett, M., & Daley, R. C. (1963). An experimental time-sharing system. AFIPS conference proceedings. In: *Proceedings of the April 21–23, 1964, spring joint computer conference* (S. 397–411). https://doi.org/10.1145/ 1464122.1464163.

[DAL10]   Dalgarno, B., & Lee, M. J. W. (2010). What are the learning affordances of 3-D virtual environments? *British Journal of Educational Technology, 41*(1), 10–32. https://doi. org/10.1111/j.1467-8535.2009.01038.x

[DAU07]   Dautenhahn, K. (2007). Socially intelligent robots: Dimensions of human–robot interaction. *Philosophical Transactions of the Royal Society B: Biological Sciences, 362*(1480), 679–704. https://doi.org/10.1098/rstb.2006.2004

[DIE23]   Dietrich, B. J. (2023). *Tomlinson Sends the First E-Mail.* https://www.ebsco.com/ research-starters/history/tomlinson-sends-first-e-mail. Zugegriffen am 25.07.2025.

[DOE19]   Dörner, R., Broll, W., Grimm, P., & Jung, B. (Hrsg.). (2019). *Virtual and augmented reality (VR/AR): Foundations and methods of extended reality.* Springer. isbn: 978-3030790615.

[DOU01]   Dourish, P. (2001). *Where the action is: The foundations of embodied interaction.* MIT Press. https://doi.org/10.7551/mitpress/7221.001.0001. isbn: 9780262256056.

[EKM92]   Ekman, P. (1992). An argument for basic emotions. *Cognition and Emotion, 6*(3-4), 169–200. https://doi.org/10.1080/02699939208411068

[ENG68]   Engelbart, D. (1968). A research center for augmenting human intellect. In D. C. Engelbart & W. K. English (Hrsg.), *Fall joint computer conference* (Bd. 33(Part 1)). Stanford Research Institute.

[FRI94]   Fridlund, A. J. (1994). *Human facial expression: An evolutionary view.* Academic Press. isbn: 978-0122676307.

[GAR01]   Garau, M., Slater, M., Bee, S., & Sasse, M. A. (2001) The impact of eye gaze on communication using humanoid avatars. In: *Proceedings of the SIGCHI conference on human factors in computing systems CHI ,01.* (S. 309–316). ACM.

[GAR05]   Garrett, J. J. (2005). *Ajax: A new approach to web applications.* http://www.adaptive-path.com/publications/essays/archives/000385. Zugegriffen am 24.07.2025.

[HAF96]   Hafner, K., & Lyon, M. (1996). *Where wizards stay up late: The origins of the internet.* Simon & Schuster. isbn: 9780684832678.

[HOF25]   Hoffmann, P. (2025). *Metaversum: Die Verschmelzung von Realität und Virtualität im Next Generation Internet* (2. Aufl.). Springer Vieweg. isbn: 978-3-658-48179-7.

[JEN12]   Jensen, L., & Konradsen, F. (2018). A review of the use of virtual reality head-mounted displays in education and training. *Education and Information Technologies, 23,* 1515–1529. https://doi.org/10.1007/s10639-017-9676-0

[KIL12]   Kilteni, K., Groten, R., & Slater, M. (2012). The sense of embodiment in virtual reality. *Presence: Teleoperators and Virtual Environments, 21*(4), 373–387. https://doi.org/10.1162/PRES_a_00124

[KAB23]   Kablitz, D., Conrad, M., & Schumann, S. (2023). Immersive VR-based instruction in vocational schools: Effects on domain-specific knowledge and wellbeing of retail trainees. *Empirical Research in Vocational Education and Training, 15*(9). https://doi.org/10.1186/s40461-023-00148-8

[LIC60]   Licklider, J. C. R. (1960). Man-Computer Symbiosis. *IRE Transactions on Human Factors in Electronics, 1*(1), 4–11.

[LIC68]   Licklider, J. C. R., & Taylor, R. W. (1968). The Computer as a Communication Device. *Science and Technology, 76,* 21–38.

[MCM03]   McMahan, A. (2003). Immersion, engagement, and presence: A method for analyzing 3-D video games. In M. J. P. Wolf & B. Perron (Hrsg.), *The video game theory reader* (S. 67–86). Routledge, Taylor & Francis Group.

[MEL14]   de Melo, C., Gratch, J., & Carnevale, P. (2014). The importance of cognition and affect for artificially intelligent decision makers. *Proceedings of the AAAI conference on artificial intelligence, 28*(1). https://doi.org/10.1609/aaai.v28i1.8748

[MER14]   Merchant, Z., Goetz, E. T., Cifuentes, L., et al. (2014). Effectiveness of virtual reality-based instruction on students' learning outcomes in K-12 and higher education: A meta-analysis. *Computers & Education, 70,* 29–40. https://doi.org/10.1016/j.compedu.2013.07.033. issn: 0360-1315.

[MOR70]   Mori, M. (1970). The uncanny valley. *Energy, 7*(4), 33–35. (in Japanese).

[NIC12]   Nicolas-Alonso, L. F., & Gomez-Gil, J. (2012). Brain computer interfaces, a review. *Sensors (Basel, Switzerland), 12*(2), 1211–1279. https://doi.org/10.3390/s120201211

[NIE99]   Nielsen, J. (1999). *Designing web usability: The practice of simplicity.* New Riders Publishing. isbn:978-1-56205-810-4.

[NIE12]   Nielsen, J., & Badiu, R. (2012). *Mobile usability.* Nielsen Norman Group. New Riderrs Press. isbn-13: 978-0-321-88448-0.

[NOR13]   Norman, D. A. (2013). *The design of everyday things.* MIT Press. isbn: 9780262525671.

[MOW18]   Nowak, K., & Fox, J. (2018). Avatars and computer-mediated communication: A review of the definitions, uses, and effects of digital representations. *Review of Communication Research., 6,* 30–53. https://doi.org/10.12840/issn.2255-4165.2018.06.01.015

[OH18]   Oh, C. S., Bailenson, J. N., & Welch, G. F. (2018). A systematic review of social presence: Definition, antecedents, and implications. *Virtual Environments, 5.* https://doi.org/10.3389/frobt.2018.00114

[ORE07]   O'Reilly, T. (2007). What is Web 2.0: Design patterns and business models for the next generation of software. *Communications & Strategies, 1,* 17. First Quarter 2007. https://ssrn.com/abstract=1008839. Zugegriffen am 25.07.2025.

[PIC97]   Picard, R. W. (1997). *Affective computing.* MIT Press. isbn: 9780262661157.

[POS83]   Postel, J. (1983). *Telnet protocol specification.* RFC 854. https://www.rfc-editor.org/rfc/rfc854.html. Zugegriffen am 25.07.2025.

[POS85]   Postel, J., & Reynolds, J. (1985). File *Transfer protocol (FTP).* RFC 959. https://www.rfc-editor.org/rfc/rfc959.html. Zugegriffen am 25.07.2025.

[PRE15]   Preece, J., Rogers, Y., & Sharp, H. (2015). *Interaction design: Beyond human-computer interaction* (4. Aufl.) isbn: 9241-220:2019.

[QUA90]   Quarterman, J. S. (1990). *The matrix: Computer networks and conferencing systems worldwide*. Digital Press. isbn: 978-1555580339.

[RAD20]   Radianti, J., Majchrzak, T. A., Fromm, J., & Wohlgenannt, I. (2020). A systematic review of immersive virtual reality applications for higher education: Design elements, lessons learned, and research agenda. *Computers & Education, 147*, 103778. https://doi.org/10.1016/j.compedu.2019.103778

[REI91]   Reid, E. (1991). *Electropolis: communication and community on internet relay chat*. University of Melbourne.

[RHE93]   Rheingold, H. (1993). *The virtual community: Homesteading on the electronic frontier*. Addison-Wesley. isbn: 0-201-60870-7.

[RIT74]   Ritchie, D. M., & Thompson, K. (1974). The UNIX time-sharing system. *Communications of the ACM, 17*(7), 365–375. https://dsf.berkeley.edu/cs262/unix.pdf. Zugegriffen am 25.07.2025.

[SCHr01] Schroeder, R. (2001). *The social life of avatars: Presence and Interaction in Shared Virtual Environments*. Springer Science & Business Media. isbn: 9781852334611.

[SHI21]   Shin, D. (2021). The effects of explainability and causability on perception, trust, and acceptance: Implications for explainable AI. *International Journal of Human-Computer Studies, 146*. issn 1071-5819. https://doi.org/10.1016/j.ijhcs.2020.102551

[SLA09]   Slater, M. (2009). Place illusion and plausibility can lead to realistic behaviour in immersive virtual environments. *Philosophical Transactions of the Royal Society of London. Series B, Biological Sciences, 364*(1535), 3549–3557. https://doi.org/10.1098/rstb.2009.0138

[SLA16]   Slater, M., & Sanchez-Vives, M. V. (2016). Enhancing our lives with immersive virtual reality. *Frontiers in Robotics and AI, 3*, 74. https://doi.org/10.3389/frobt.2016.00074

[SLA97]   Slater, M., & Wilbur, S. (1997). A framework for immersive virtual environments (FIVE): Speculations on the role of presence in virtual environments. *Presence: Teleoperators & Virtual Environments, 6*, 603–616.

[TAY02]   Taylor, T. L. (2002). Living digitally: Embodiment in virtual worlds. In R. Schroeder (Hrsg.), *The social life of avatars*. Springer. isbn: 978-1-85233-461-1.

[TUR11]   Turkle, S. (2011). *Alone together: Why we expect more from technology and less from each other*. Basic Books. isbn: 978-0465010219.

[TUR23]   Turkay, S., & Kinzer, C. K. (2023). The effects of avatar-based customization on learning, performance, and self-efficacy. *International Journal of Gaming and Computer-Mediated Simulations*. https://doi.org/10.4018/IJGCMS.2014010101

[W3C95]   W3C. (1995). *HTML 2.0 Specification*. World Wide Web Consortium. https://www.w3.org/MarkUp/html-spec/html-spec.html. Zugegriffen am 25.07.2025.

[YEE07]   Yee, N., & Bailenson, J. (2007). The Proteus effect: The effect of transformed self-representation on behavior. *Human Communication Research, 33*(3), 271–290. https://doi.org/10.1111/j.1468-2958.2007.00299.x

Avatare der Zukunft: A³ {#chapter-4}

4

Der aktuelle Stand, wie Avatare genutzt werden, scheint es notwendig zu machen, ein neues Konzept zur Entwicklung und Nutzung von Avataren zu entwickeln. Die aktuell noch recht einfache Repräsentation und die zumeist isolierte bleibende Anwendung stellen eine Beschränkung der Möglichkeiten dar, insbesondere, da die technischen Möglichkeiten etwa in den Bereichen KI, Echtzeit-Interaktion, Motion Capturing und immersiven 3D-Umgebungen, weit darüber hinausgehen. Diese Diskrepanz zeigt, dass bestehende Konzepte das Potenzial für realitätsnahe, interaktive und lernwirksame Avatar-Nutzung bislang nicht ausschöpfen. Ein neues Konzept „autonom agierender Avatars" (A³) kann diese Lücke schließen und die vorhandenen technischen Ressourcen gezielt für innovative Einsatzszenarien nutzen.

Für die Realisierung eines solchen Konzepts ist ein Zusammenspiel mehrerer Technologien erforderlich, die jeweils unterschiedliche Dimensionen der Autonomie, Interaktivität und Verkörperung abdecken. Ein solcher A³ unterscheidet sich von konventionellen Avataren dadurch, dass er nicht lediglich als passives Repräsentationsvehikel oder steuerbares Interface dient, sondern als handlungsfähige, adaptive und kontextbewusste Entität agiert. Dies setzt die Integration von Technologien voraus, die kognitive, sensorische, motorische und kommunikative Fähigkeiten künstlich rekonstruieren und in Echtzeit mit digitalen Umwelten synchronisieren können.

- Die zentrale technologische Basis bildet KI, insbesondere in den Bereichen NLP, Reinforcement Learning und Wissensrepräsentation. Um autonom kommunizieren und Entscheidungen treffen zu können, muss ein A³-Avatar in der Lage sein, semantisch komplexe Dialoge zu führen, sprachliche Kontexte zu verstehen und kontextabhängige Handlungsoptionen zu generieren. Moderne Large Language Models (LLMs), wie sie mittlerweile nicht mehr nur in der Forschung zu generativen KI-Systemen, sondern

P. Hoffmann, *Avatare im Metaversum*, https://doi.org/10.1007/978-3-658-51037-4_4

auch mehr und mehr in alltäglichen Anwendungen. zum Einsatz kommen, bilden hierfür die Grundlage, indem sie es ermöglichen, linguistisch kohärente und situationsangemessene Reaktionen zu produzieren [BRO20]. Ergänzend dazu ermöglichen Ontologien und semantische Netzwerke die kontextsensitive Verknüpfung von Wissen und Erfahrungen, wodurch der Avatar lernfähig und adaptiv wird.

- Für die Wahrnehmung und Interpretation seiner Umwelt benötigt der A^3 multimodale Sensortechnologien, die Informationen aus virtuellen oder erweiterten Umgebungen Sprache sowie auch aus Gestik, Mimik erfassen und verarbeiten. Nur eine Kombination von Computer Vision, Emotionserkennung und Audioanalyse ermöglicht eine situativ angemessene Reaktion des Avatars auf menschliche Interaktionspartner. Die Verarbeitung dieser Daten erfolgt idealerweise in Echtzeit durch Edge-Computing-Strukturen, die eine latenzarme Rückkopplung zwischen Eingabe und Reaktion sicherstellen. Besonders in immersiven Umgebungen wie dem Metaversum, in denen soziale Interaktionen stark durch nonverbale Signale geprägt sind, ist die Integration solcher Sensorkomponenten entscheidend für eine glaubwürdige und sozial akzeptierte Performanz des Avatars [KOU24].

- Die motorische Ausdrucksfähigkeit eines A^3 basiert auf hochauflösender 3D-Grafik und Motion-Synthesis-Technologien, die eine realitätsnahe Repräsentation in virtuellen Räumen ermöglichen. Deep-Learning-gestützte Animationssysteme erlauben eine automatische Generierung von Bewegungen, Gesichtsausdrücken und Mikrogesten, die nicht nur der visuellen Kohärenz dienen, sondern auch die soziale Interaktion unterstützen [LAT17]. Die Integration in Game-Engines und XR-Plattformen trägt dazu bei, dass der Avatar nahtlos mit virtuellen Umgebungen interagieren kann.

- Um den autonomen Charakter eines A^3-Avatars zu gewährleisten, ist ein Entscheidungs- und Handlungsmodell erforderlich, das auf dynamischer Situationsbewertung basiert. Hierzu dienen kognitive Architekturen wie ACT-R oder SOAR, die es erlauben, Wahrnehmung, Gedächtnis und Handlungsplanung in einer kohärenten Systemarchitektur zu modellieren [AND04]. In Kombination mit reinforcementbasierten Lernverfahren kann der Avatar aus Erfahrungen lernen, Handlungsmuster optimieren und seine Interaktionsstrategien anpassen.

- Nicht vergessen werden darf eine sichere und interoperable technische Infrastruktur, die erforderlich ist, um es dem Avatar zu ermöglichen, plattformübergreifend zu agieren, Daten zu verwalten und personalisierte Profile zu entwickeln. Die Nutzung von Blockchain-Technologien für Identitätsmanagement und digitaler Eigentumsverwaltung eröffnet Möglichkeiten zur dezentralen Steuerung und Persistenz von Avatar-Instanzen über verschiedene Plattformen hinweg [TAP16]. Diese Persistenz ist besonders relevant für Avatare, die langfristige Aufgaben übernehmen, wie etwa persönliche Assistenzsysteme, Bildungstutoren oder virtuelle Repräsentanzen in digitalen Organisationen.

4.1   WhoAmI vs. WhoIsWho

Mit zunehmendem Einsatz von Avataren in immersiven Umgebungen gewinnt die Frage nach Identität und Repräsentation an Bedeutung. Während die herkömmlichen Avatar-Konzepte vor allem der visuellen Repräsentation eines Benutzers dienen („WhoAmI"), rückt ein erweitertes Verständnis in den Fokus, in dem die kontextuelle, funktionale und soziale Einbettung von Avataren als eigenständige Akteure an Bedeutung gewinnt („WhoIsWho"). Dieses Spannungsfeld zwischen Selbstdarstellung und sozialer Verortung bildet den Ausgangspunkt für das hier vorgestellte, neue Konzept der Avatar-Nutzung. Es geht nicht mehr nur darum, wer sich in einem Avatar ausdrückt, sondern auch welche Rolle der Avatar im System und innerhalb der Anwendungswelt übernimmt, wie er wahrgenommen wird und welche Bedeutung ihm innerhalb kollaborativer Prozesse zukommt. Der Weg von „WhoAmI" zu „WhoIsWho" kann als Paradigmenwechsel angesehen werden, der neue Perspektiven für die Gestaltung intelligenter, situativ adaptiver und identitäts-reflektierter Avatar-Systeme eröffnet.

4.1.1   (Re-) Präsentation im digitalen Raum

Die technische Darstellung von Avataren in immersiven Welten ist ein komplexer interdisziplinärer Prozess, der Elemente aus Computergrafik, VR, Animationstechnik sowie Netzwerk- und Systemarchitektur kombiniert. Das Ziel der Darstellung besteht darin, eine kohärente, glaubwürdige und in Echtzeit reagierende Repräsentation des Nutzers zu schaffen, die sowohl individuelle Identitätsmerkmale als auch funktionale Interaktionsfähigkeiten aufweist. Die visuelle und auditive Präsentation eines Avatars sowie dessen Verhalten in einer virtuellen Umgebung ist dabei eng mit den technischen Möglichkeiten der jeweiligen Plattform, der eingesetzten Endgeräte sowie den zugrunde liegenden Algorithmen zur Bewegungs- und Interaktionssteuerung verknüpft.

Diese Verknüpfung technischer und gestalterischer Komponenten stellt besondere Anforderungen an die Systemintegration und Latenzoptimierung. Nur durch die präzise Synchronisation von Eingabedaten etwa aus Motion-Tracking-Systemen, Sprachübertragung und haptischen Interfaces, können Avatare erzeugt werden, die eine hohe Präsenzwirkung und Authentizität vermitteln. Die Echtzeitfähigkeit solcher Systeme hängt wesentlich von der Performance der zugrunde liegenden Netzwerkinfrastruktur ab, insbesondere in Bezug auf Bandbreite, Verzögerungszeiten und Fehlerresilienz. Insbesondere bei verteilten VR-Umgebungen erfordern Multi-User-Interaktionen eine effiziente Datenverarbeitung und Synchronisierung, um konsistente Interaktionsmodelle sicherzustellen [SLA16, STE16].

Darüber hinaus spielt die Qualität der Animationen eine entscheidende Rolle für die Glaubwürdigkeit von Avataren. Fortschritte im Bereich inverse Kinematik, KI-basierte Bewegungsprädiktion und verhaltensorientierte Scripting-Methoden ermöglichen zunehmend realitätsnahe Verhaltensweisen, die sich adaptiv an Kontexte und Nutzerverhalten anpassen.

Ergänzend dazu erweitern Verfahren wie Facial Motion Capture und Voice Cloning die Ausdrucksmöglichkeiten von Avataren, wodurch nicht nur nonverbale Kommunikationskanäle, sondern auch emotionale Zustände repräsentiert werden können [LUG15, WAN22].

Wesentlich zentraler sind jedoch Fragen rund um die Identitätskonstruktion. (→) Morphing-Algorithmen, frei definierbare Parameter oder KI-gestützte Persona-Modelle eröffnen die Möglichkeit zur Individualisierung von Avataren. Diese Individualisierung ist nicht nur ästhetischer Natur, sondern eng mit sozialpsychologischen Aspekten der Repräsentation und Präsenz verknüpft. Forschungen zeigen, dass Avatare, die den Nutzenden in zentralen Merkmalen ähnlich sind oder deren beabsichtigte soziale Rolle reflektieren, die Immersion sowie das Engagement in virtuellen Umgebungen signifikant erhöhen können [FOX09, YEE07].

Die visuelle Repräsentation eines Avatars basiert in der Regel auf polygonalen 3D-Modellen, die in Echtzeit durch Rendering-Engines wie Unity oder Unreal Engine generiert werden. Diese Modelle bestehen aus einem geometrischen Skelett, das über ein sogenanntes (→) Rigging-Verfahren mit einer hierarchischen Knochenstruktur ausgestattet ist, wodurch die Animation und die Bewegungssteuerung einzelner Körperteile ermöglicht wird. Texturierung, Shader-Modelle und prozedurale Materialien ergänzen die grafische Darstellung und sorgen für ein realistisches Erscheinungsbild. Fortschritte in der Echtzeit-Grafik, wie etwa durch Raytracing oder Physically Based Rendering (PBR), ermöglichen dabei eine zunehmend naturgetreue Licht-, Schatten- und Materialsimulation, die zur Immersion beiträgt [TOZ23].

Diese technische Basis bildet jedoch nur die Grundlage für das immersive Erleben virtueller Körperlichkeit. Entscheidender als die bloße visuelle Qualität ist das Zusammenspiel zwischen visueller Repräsentation und sensorischer Kohärenz. Die visuelle Erscheinung eines Avatars muss in ihrer Bewegung und Reaktion mit den physikalischen Gesetzen der Umgebung und der Erwartungshaltung der Nutzenden konsistent sein, um die sogenannte (→) „plausibility illusion" zu erzeugen, also das Gefühl, dass die virtuelle Welt und die dort agierenden Körper „real genug" sind, um als glaubwürdig wahrgenommen zu werden [SLA09, SLA10]. Diese Illusion ist zentral für die Wirksamkeit von Avataren in kollaborativen, pädagogischen oder therapeutischen Kontexten und steht in engem Zusammenhang mit dem Uncanny Valley, das weiter oben schon angesprochen wurde [MOR70]. (siehe auch: Abb. 3.8 Uncanny Valley)

Der visuelle Realismus wird dabei zunehmend durch semantische und expressive Details erweitert, etwa durch fein differenzierte Gesichtsanimationen, subtile Mimik oder kontextsensitives Verhalten. Dies geschieht unter Verwendung von Techniken wie komplexen (→) Morph-Targets, (→) blend-shape-basierter Deformation und auch durch KI-gestützter Expressionserkennung. Solche und weitere Techniken ermöglichen es, auch emotionale Zustände oder soziale Signale in die visuelle Repräsentation zu integrieren, was insbesondere in sozialen VR-Szenarien eine entscheidende Rolle spielt [PAN18]. Die Fähigkeit eines Avatars, nonverbale Kommunikation wie Blickverhalten, Mikrogestik oder Körperhaltung realistisch nachzubilden, trägt zur sozialen Präsenz bei und wirkt sich nachweislich auf die Qualität der Interaktion aus [GAR01].

Neben der visuellen Wiedergabe stellen zudem auch systemseitige Restriktionen einen bedeutsamen Einflussfaktor dar. Echtzeitfähigkeit erfordert eine effiziente Ressourcennutzung, was zu einem ständigen Spannungsfeld zwischen grafischer Detailtiefe und technischer Performance führt. Insbesondere in verteilten Anwendungen mit mehreren simultan agierenden Avataren müssen Skalierbarkeit, Netzwerklatenz und Datenkompression berücksichtigt werden, ohne die visuelle Qualität oder Kohärenz signifikant zu beeinträchtigen [TAT23]. Um diesem Ziel gerecht zu werden, finden zunehmend hybride Rendering-Strategien Anwendung, bei denen beispielsweise statische Elemente lokal gespeichert und nur dynamische Komponenten in Echtzeit übertragen werden.

Für die Darstellung von Gesichtsausdrücken und emotionalen Zuständen werden zunehmend Gesichts-Tracking-Technologien eingesetzt, die Mikroexpressionen und Mimikdaten erfassen und auf das Gesichtsmodell des Avatars übertragen. Diese Daten können entweder über spezielle Kamerasysteme wie z. B. Infrarotsensoren oder über mobile Endgeräte mit integrierter Frontkamera und entsprechender Softwarelösung gewonnen werden. Die Implementation solcher Funktionen trägt entscheidend zur sozialen Präsenz und zur nonverbalen Kommunikation in immersiven Umgebungen bei, da Blickverhalten, Lippenbewegungen und affektive Ausdrucksformen als essenzielle Bestandteile sozialer Interaktion gelten [PAN18]. Dies ist technisch hochaufwendig, wie ein Blick auf bzw. in Headsets wie z.B, Apples VisionPro zeigt, die mit 12 Kameras zur visuellen Erfassung von Umwelt und Benutzer ausgestattet ist.

Die präzise Erfassung und Echtzeit-Übertragung mimischer Daten hat in den letzten Jahren durch Fortschritte im Bereich der Computer Vision, maschinellen Lernverfahren und neuronaler Netze erhebliche Qualitätssprünge erfahren. Insbesondere Convolutional Neural Networks (CNN) ermöglichen die automatisierte Klassifikation feiner Gesichtsausdrücke mit hoher Genauigkeit, was wiederum die emotionale Authentizität virtueller Repräsentationen verbessert [LI17]. Gleichzeitig eröffnen diese Technologien die Möglichkeit, kontextsensitive emotionale Zustände zu erkennen und in Echtzeit adaptiv auf das Verhalten des Avatars zu übertragen. Dadurch entstehen immersive Interaktionserfahrungen, die über die rein funktionale Kommunikation hinausgehen und affektive Bindung, Empathie sowie soziale Kohärenz fördern.

Wesentlich in diesem Kontext sind Plausibilität und Interpretierbarkeit virtueller Affekte. Studien zeigen, dass die Synchronizität zwischen auditiven und visuellen Signalen, etwa zwischen Lippenbewegung und gesprochener Sprache, maßgeblich zur Glaubwürdigkeit der Interaktion beiträgt [BAI04]. Darüber hinaus haben sozialpsychologische Untersuchungen belegt, dass realitätsnahe emotionale Ausdrucksformen in Avataren die Kooperationsbereitschaft, das Vertrauen sowie die emotionale Beteiligung der Nutzenden signifikant erhöhen [KIL12]. Hierbei wirkt sich nicht nur die technische Präzision der Übertragung der Mimik, sondern auch die kulturelle Codierung von Gesichtsausdrücken auf die soziale Interpretation aus. Interkulturelle Unterschiede in der Wahrnehmung und Bedeutung von Mimik müssen in der Gestaltung von Avataren ebenso berücksichtigt werden wie individuelle Unterschiede in der emotionalen Responsivität.

Technisch betrachtet stehen Entwickler bei der Integration solcher Funktionen vor der Herausforderung, die Balance zwischen Rechenaufwand, Energieverbrauch und Latenz zu wahren. Dies ist insbesondere bei mobilen oder webbasierten Anwendungen relevant. Echtzeit-Mimiktracking erfordert eine kontinuierliche Datenaufnahme und -verarbeitung, die sowohl lokal als auch über verteilte Systeme performant umgesetzt werden muss. Edge-Computing-Ansätze, bei denen Datenverarbeitung nahe am Endgerät stattfindet, bieten hier vielversprechende Lösungsansätze zur Reduktion von Verzögerungen und zur Wahrung der Datensouveränität der Nutzenden [YAN21].

Darüber hinaus werfen solche Systeme sicherlich auch nahezu automatisch ethische und datenschutzrechtliche Fragen im Hinblick auf die Verarbeitung biometrischer Merkmale wie z. B. Gesichtsgeometrien und emotionaler Profile auf. Die Erhebung, Interpretation und Speicherung emotionaler Zustände tangiert grundlegende Fragen der informationellen Selbstbestimmung und erfordert klare Regelungen zur Transparenz, Zweckbindung und Kontrolle der Nutzenden über ihre Daten [CRA21].

Seine Glaubwürdigkeit zieht der Avatar aber nicht nur aus seiner grafischen Darstellung. Vielmehr ist auch eine ausgeprägte auditive Komponente von Relevanz. Sie ergänzt seine Repräsentation in immersiven Welten durch 3D-Audio und Voice-Streaming. Sprachdaten des Nutzers werden über Mikrofone erfasst, gegebenenfalls durch Sprachmodulationssysteme verarbeitet und im Raumklang platziert, sodass sie aus der Richtung der jeweiligen Avatarposition wahrgenommen werden können. Diese audiovisuelle Kohärenz verstärkt das Gefühl der Präsenz und der sozialen Kohäsion, da sie die sensorische Illusion einer gemeinsamen physischen Umgebung erzeugt [SLA16].

Die räumliche Verortung von Sprache im virtuellen Raum basiert auf psychoakustischen Modellen, die auditorische Tiefenwahrnehmung, Richtungshören und Reflexionseffekte simulieren. Durch die Nutzung von (→) binauralem Audio oder Head-Related Transfer Functions (HRTF) kann die individuelle Wahrnehmungsperspektive des Nutzenden so angepasst werden, dass auditive Signale in überzeugender Weise aus spezifischen Raumrichtungen erscheinen. In dynamischen Multi-User-Umgebungen ist diese Technik zentral, um Gesprächssituationen zu organisieren, soziale Nähe und Distanz erlebbar zu machen und natürliche Gesprächsdynamiken, wie z. B. Sprecherwechsel oder das gezielte Ansprechen Einzelner, überhaupt erst zu ermöglichen [BEG94].

Darüber hinaus eröffnet die Kombination von 3D-Audio und Voice-Streaming auch Möglichkeiten der expressiven Modifikation von Stimmen durch den Einsatz von Voice-Filtern oder Voice-Cloning-Systemen, etwa um die Stimme an das visuelle Erscheinungsbild eines Avatars anzupassen oder individuelle stilisierte Sprechweisen zu generieren. In narrativen oder gamifizierten Szenarien, aber auch in pädagogischen Kontexten, kann diese Technologie gezielt eingesetzt werden, um eine inhaltliche Konsistenz zwischen Stimme, Figur und Interaktionskontext herzustellen. Gleichzeitig stellt sich hierbei die Herausforderung, die Authentizität und die Wiedererkennbarkeit der Stimme zu wahren, da dies ein wesentliches Element der sozialen Identifikation und Verortung in virtuellen Räumen ist [WAN25].

Technisch ist eine niedrige Latenz zwischen Sprachaufnahme und auditiver Ausgabe entscheidend, um eine störungsfreie Interaktion zu gewährleisten. Latenzen oberhalb von etwa 200 Millisekunden beeinträchtigen sowohl die Dialogführung als auch die soziale Wahrnehmung der Beteiligten erheblich [DAV99]. Die Echtzeitverarbeitung von Audioinformationen muss daher durch optimierte Signalwege, adaptive Bitratensteuerung und intelligente Paketpriorisierung innerhalb des Netzwerks gewährleistet werden. Gleichzeitig werden in Cloud- oder Edge-basierten Architekturen zunehmend Lösungen entwickelt, um die Signalverarbeitung in unmittelbarer Nähe zum Nutzenden durchzuführen und somit zeitkritische Kommunikationsprozesse zu unterstützen.

Die auditive Dimension ist auch aus sozialpsychologischer Perspektive relevant, da sie die Grundlage für die Konstruktion von co-presence, also dem subjektiven Gefühl, gemeinsam mit anderen in einer geteilten virtuellen Umgebung anwesend zu sein, ist. Studien zeigen, dass auditive Rückmeldung, insbesondere in Kombination mit visueller Repräsentation, die emotionale Beteiligung erhöht, Vertrauen fördert und eine intensivere kognitive Verarbeitung der Interaktion ermöglicht [BIO03]. Die Stimme fungiert dabei nicht nur als Informationsträger, sondern auch als emotionales Ausdrucksmittel, dessen Modulation unmittelbare Auswirkungen auf die Qualität sozialer Beziehungen im virtuellen Raum haben kann.

Wesentlich für die Akzeptanz von Avataren ist neben der Repräsentation zudem auch die Gestaltung der Möglichkeiten, ihn zu steuern. Die Steuerung des Avatars erfolgt häufig über Motion-Capture-Systeme oder Tracking-Technologien, die die Bewegungen des Nutzers in die virtuelle Umgebung übertragen. In Head-Mounted Displays wie aktuell der Meta Quest oder der HTC Vive werden Positions- und Orientierungsdaten in Echtzeit erfasst und in die Bewegungen des Avatars übersetzt. Zusätzlich ermöglichen Hand-Tracking oder Controller-basierte Eingabemethoden die Erfassung manueller Gesten, während externe Motion-Capture-Systeme mit optischen oder inertialen Sensoren eine vollkörperliche Steuerung des Avatars erlauben. Diese Bewegungsdaten werden über inverse Kinematik in die Animation des Avatars integriert, wobei Algorithmen dafür sorgen, dass Bewegungen glatt, glaubwürdig und anthropomorph dargestellt werden [SPA14].

Die Qualität der Bewegungserfassung und -übersetzung wirkt sich unmittelbar auf die wahrgenommene Kohärenz zwischen Nutzer und Avatar aus und ist damit ein zentraler Faktor für das subjektive Gefühl, den virtuellen Körper als eigenen zu erleben. Dieses Gefühl entsteht insbesondere dann, wenn visuelle, propriozeptive und motorische Rückmeldungen konsistent sind, also die Bewegungen des Avatars präzise und ohne merkliche Verzögerung mit den tatsächlichen Bewegungen des Nutzers übereinstimmen [KIL12]. Schon geringfügige Diskrepanzen zwischen intendierter Bewegung und visueller Rückmeldung können das Körpererleben stören und die immersive Wirkung der virtuellen Umgebung erheblich beeinträchtigen.

Die Herausforderung liegt dabei nicht nur in der technischen Erfassung der Bewegungen, sondern auch in deren semantischer Interpretation. Ein technisch korrekt erfasster Bewegungsvektor allein ist nicht hinreichend, um eine glaubwürdige Körpersprache zu generieren. Erst durch die semantische Kontextualisierung der Bewegung, etwa durch die Unterscheidung zwischen instrumentellen und expressiven Gesten, kann der Avatar als sozialer Akteur wahrgenommen werden. Forschungen im Bereich sozialer Signalverarbeitung zeigen, dass insbesondere die Synchronität und Expressivität körperlicher Handlungen die soziale Präsenz und Interaktionsqualität in virtuellen Räumen signifikant erhöhen [GEL14].

Gleichzeitig beeinflusst die Art der Steuerung auch das Gefühl der Kontrolle über den Avatar. Während ein direktes 1:1-Mapping der Körperbewegung vom Nutzer auf den Avatar zu einer hohen Selbstidentifikation führen kann, werden zunehmend hybride Steuerungssysteme entwickelt, die automatisierte Bewegungssequenzen, Kontextinformationen und KI-gestützte Verhaltensmuster mit einbeziehen. Dadurch kann der Avatar auch in Situationen handlungsfähig bleiben, in denen keine vollständige Sensordatenerfassung möglich ist, etwa bei eingeschränktem Raumangebot oder fehlender Ganzkörpererfassung. Solche adaptiven Systeme ermöglichen eine kontinuierliche Repräsentation und tragen zur Aufrechterhaltung der sozialen Kohärenz bei [PET08].

Ein weiterer Aspekt betrifft die Zugänglichkeit und Usability der Steuerungssysteme. Die kognitive und physische Belastung durch komplexe Steuerungsvorgänge kann insbesondere bei ungeübten Nutzenden die Immersion mindern und die Akzeptanz virtueller Repräsentationen verringern. Daher wird in aktuellen Entwicklungen verstärkt auf intuitiv bedienbare Interfaces, adaptive Eingabesysteme und multimodale Rückmeldestrukturen gesetzt, um eine niederschwellige Interaktion mit dem Avatar zu ermöglichen. Ziel ist es, die Schwelle zwischen realer Bewegung und virtueller Handlung so weit wie möglich zu minimieren und den Nutzenden ein möglichst natürliches Steuerungserlebnis zu bieten [SLA09].

4.1.2   Gespaltene Persönlichkeiten, Teil 1: Interaktion – über Weltengrenzen hinweg

Die Interaktion im Kontext von Avataren ist bisher vor allem lediglich aus einer Perspektive heraus betrachtet worden, nämlich vom Benutzer in der realen Welt hin zum Avatar in der digitalen Welt. Für das Konzept A³ ist dies nicht ausreichend und muss auf drei Perspektiven erweitert werden:

- Interaktion aus der realen Welt in den digitalen Raum,
- Interaktion aus der digitalen Welt in den realen Raum sowie
- Interaktion innerhalb des digitalen Raums.

Bei den beiden erstgenannten Perspektiven bekommt, mehr noch als bei der dritten, die Synchronisierung Relevanz.

Die synchronisierte Echtzeit-Interaktion zwischen dem Benutzer und seinem Avatar stellt eine zentrale Voraussetzung für eine glaubwürdige, immersive und sozial wirksame Erfahrung in virtuellen Welten dar. Diese Synchronisation betrifft sowohl die sensorischmotorische Kopplung, also die präzise Übertragung von Bewegungen, Gesten und Mimik, als aber auch die semantisch-kognitive Kongruenz, bei der Intentionen und Handlungsziele des Nutzers adäquat in avatarbasierte Interaktionen übersetzt werden. Ihre Relevanz ergibt sich nicht nur aus technischen Anforderungen der Systemgestaltung, sondern insbesondere aus psychologischen und kommunikativen Funktionen, die Avatare in immersiven Umgebungen übernehmen.

- **Aus medienpsychologischer Perspektive** ist die zeitlich präzise Verbindung zwischen Nutzerverhalten und Avatarreaktion entscheidend für die Entstehung des sogenannten Embodiment-Effekts. Dieser beschreibt die subjektive Erfahrung, den Avatar als Erweiterung oder Repräsentation des eigenen Körpers zu erleben. Studien zeigen, dass selbst minimale Verzögerungen in der Bewegungssynchronisation oder Diskrepanzen zwischen körperlichem Input und virtueller Reaktion das Gefühl der Körperzugehörigkeit (body ownership) und damit auch das Präsenzempfinden erheblich beeinträchtigen können [SLA10]. Eine lückenlose Echtzeit-Synchronisation stärkt die Identifikation mit dem Avatar und ermöglicht eine immersive Einbettung in die digitale Umwelt, was für Anwendungsbereiche wie soziale Interaktion, virtuelle Therapie oder kollaborative Arbeit entscheidend ist.

- Auch **in der sozialen Kommunikation** nimmt die Synchronität eine fundamentale Rolle ein. Soziale Präsenz, also das Gefühl, mit anderen realen Personen in einem geteilten Raum zu interagieren, basiert auf der wechselseitigen, reaktionsschnellen Kopplung von Signalen. Dazu gehören nonverbale Ausdrucksformen wie Blickverhalten, Mimik, Gestik und körperliche Ausrichtung, die in Echtzeit übertragen werden müssen, um als authentisch und vertrauenswürdig wahrgenommen zu werden [GAR01]. Verzögerungen oder inkohärente Darstellungen des Avatars können die Kommunikationsqualität reduzieren, Missverständnisse erzeugen oder das soziale Vertrauen beeinträchtigen. In kollaborativen immersiven Umgebungen, etwa bei virtuellen Konferenzen oder kooperativem Lernen, ist eine präzise Echtzeitsynchronisation somit auch funktional bedeutsam, um gemeinsame Aufgaben effizient und kohärent zu bewältigen [BIO03].

- **Technisch** gesehen stellt die Umsetzung synchroner Echtzeit-Interaktion hohe Anforderungen an Tracking-Systeme, Datenübertragung, Rendering-Engines und an Systemarchitekturen im Allgemeinen. Eine Latenz von mehr als 50 Millisekunden zwischen realer Bewegung und virtueller Repräsentation kann bereits als störend empfunden werden und die Interaktion erheblich beeinträchtigen [JER15]. Die Komplexität erhöht sich in verteilten Netzwerken mit mehreren Teilnehmern, in denen zusätzlich zur Nutzer-Avatar-Synchronisation eine präzise Koordination der Bewegungsdaten zwischen verschiedenen Systemen notwendig ist. Hier kommen prädiktive Algorithmen und Edge-Computing-Strategien zum Einsatz, um Latenzzeiten zu minimieren und die Konsistenz der Darstellung aufrechtzuerhalten.

Darüber hinaus gewinnt die Frage nach Echtzeitsynchronisation an Bedeutung im Kontext teilautonomer oder KI-unterstützter Avatare wie des Konzepts A³. In Szenarien, in denen Nutzer nicht alle Aspekte ihres Avatars direkt steuern, etwa aufgrund begrenzter Sensorik oder kognitiver Überlastung, ist eine adaptive, kontextsensitiv synchronisierte Steuerung erforderlich. Die Herausforderung besteht darin, die Autonomie des Systems mit der Kohärenz der Nutzerintentionen in Einklang zu bringen, ohne das Gefühl der Kontrolle oder Authentizität zu beeinträchtigen [CHE19].

Die Interaktion eines autonom agierenden Avatars aus der immersiven Welt heraus mit seinem Benutzer in der realen Welt dreht die bisherigen Ansätze der Interaktionsgestaltung um und ist ein noch recht neues Forschungsfeld an der Schnittstelle von Virtualität, Künstlicher Intelligenz und Mensch-Maschine-Kommunikation. Während Avatare bislang primär als digitale Repräsentationen des Nutzers innerhalb virtueller Umgebungen konzipiert wurden, transformiert das A³-Konzept dieses Paradigma, indem er nicht nur innerhalb der immersiven Welt agiert, sondern selbst zu einem interaktiven Agenten wird, der in die physisch-reale Lebensumgebung seiner Nutzer eingreift. Damit entsteht eine bidirektionale Beziehung, in der nicht nur der Nutzer Einfluss auf den Avatar ausübt, sondern der Avatar auch kontextsensitiv auf das reale Handlungs- und Erlebensfeld des Nutzers einwirken kann (Abb. 4.1).

Diese erweiterte Interaktion setzt zunächst eine Schnittstellenarchitektur voraus, die eine kontinuierliche Synchronisation zwischen realen Zuständen des Nutzers und virtuellen Handlungsmustern des Avatars gewährleistet. Durch den Zugriff auf reale Datenquellen wie etwa Sensoren in Smart Devices, Biometrie, Kalendersysteme oder IoT-Anwendungen kann der A³-Avatar situative Informationen über den physischen Zustand, die räumliche Umgebung oder die sozialen Kontexte des Nutzers erfassen und interpretieren. Diese Daten bilden die Grundlage für eine adaptive, kontextabhängige Verhaltensweise des Avatars, der auf Veränderungen in der realen Welt reagieren oder proaktiv kommunizieren kann [ABU24]. Damit ist der A³ nicht länger auf das Interaktionsfeld der virtuellen Welt beschränkt, sondern fungiert als intelligenter Vermittler zwischen digitalen und physischen Lebensräumen.

Die Interaktion mit dem Benutzer kann sowohl auditiv als auch visuell oder textuell erfolgen, etwa über mobile Endgeräte, Augmented-Reality-Brillen, Sprachassistenten oder projizierte Hologramme. Der Avatar tritt dabei als digitaler Akteur in Erscheinung, der etwa auf reale Ereignisse hinweist, Informationen bereitstellt, Handlungsoptionen empfiehlt oder auf emotionale Zustände reagiert. Durch die Integration von Emotionserkennung und affektiven Computing-Komponenten ist es denkbar, dass der Avatar auf nonverbale Signale wie Stimmlage, Gesichtsausdruck oder Körpersprache des Nutzers reagiert und dadurch empathieähnliche Kommunikationsprozesse initiiert [PIC00]. Die Interaktion wird dabei nicht mehr ausschließlich vom Nutzer gesteuert, sondern entwickelt sich zu einem dialogischen Prozess, in dem der Avatar eigenständig Handlungsimpulse gibt oder kommunikative Interventionen vornimmt (Abb. 4.2).

Ein zentrales Anwendungsfeld liegt im Bereich der kognitiven und emotionalen Assistenz. So kann ein A³ beispielsweise als personalisierter Coach fungieren, der dem Nutzer

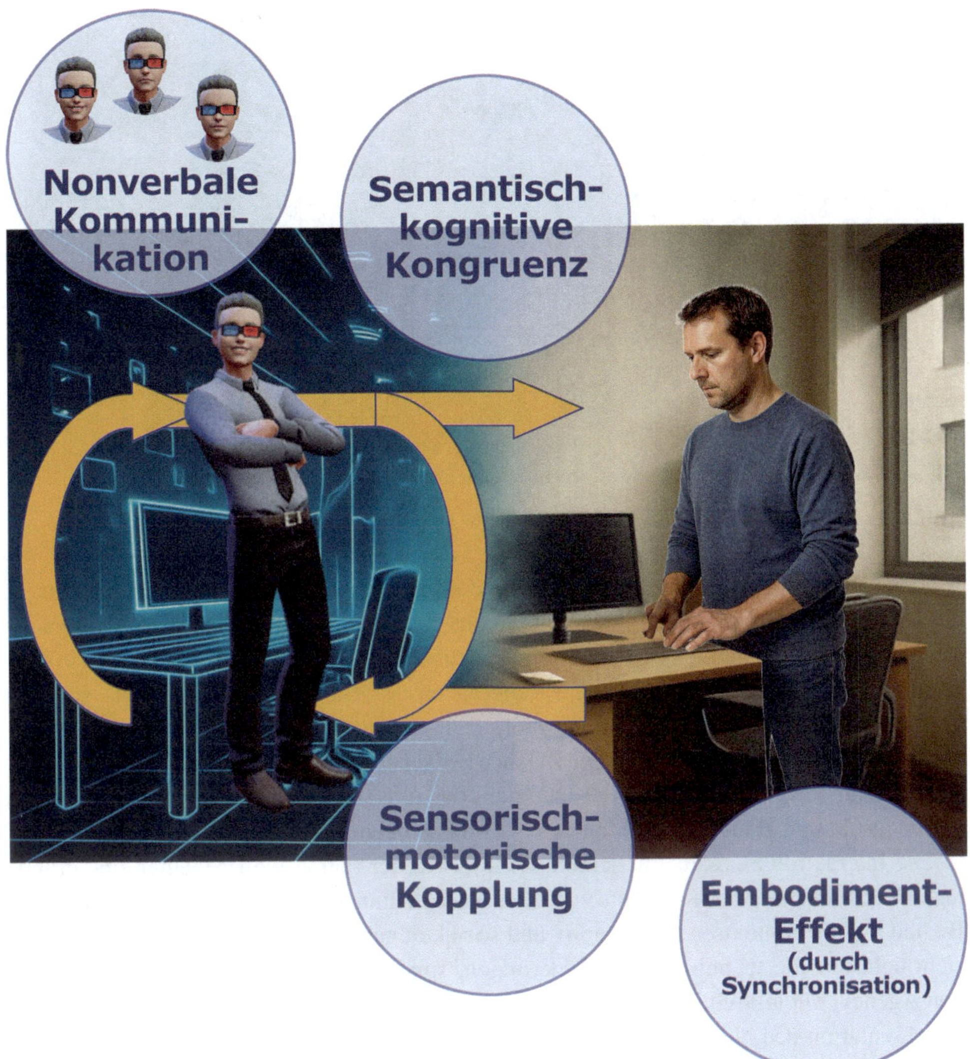

Abb. 4.1   Konzept der A^3-Interaktion

in Echtzeit Rückmeldung zu Verhaltensmustern gibt, Erinnerungen strukturiert oder bei Entscheidungsprozessen unterstützt. In einer weiterentwickelten Form wäre es auch denkbar, dass der Avatar in sozialen Interaktionen vermittelt, etwa indem er in hybriden Kommunikationsumgebungen digitale Repräsentationen des Nutzers aufrechterhält, ihn in virtuellen Meetings vertritt oder auf Nachrichten reagiert. Diese Form der stellvertretenden Autonomie wirft jedoch grundlegende Fragen der Kontrolle, Transparenz und ethischen Verantwortung auf [FLO19].

Abb. 4.2 Beispiel der Interaktion mit dem eigenen Avatar

Technisch betrachtet erfordert diese Form der Interaktion eine modulare Architektur, in der verschiedene Subsysteme für Wahrnehmung, Kontextmodellierung, Entscheidungsfindung und multimodale Interaktion koordiniert zusammenwirken. Die KI des Avatars muss nicht nur über aktuelle Zustände und Präferenzen des Nutzers informiert sein, sondern auch ein Modell seiner längerfristigen Ziele und sozialen Rollen entwickeln können. Die Herausforderung besteht dabei in der Balance zwischen systemischer Autonomie und personalisierter Responsivität, also der Fähigkeit des Avatars, eigenständig zu agieren, ohne die Integrität und Handlungsfreiheit des Nutzers zu beeinträchtigen [CLA04].

Die Interaktion eines A^3 mit seinem Benutzer in der realen Welt bedeutet eine grundlegende Erweiterung des Konzepts virtueller Agenten hin zu ubiquitären, allgegenwärtigen Begleitern, die kontextsensitiv, adaptiv und sozial eingebettet handeln. Damit verschieben sich nicht nur die technischen Anforderungen, sondern auch die theoretischen Modelle von Agency, Subjektivität und digitaler Autonomie. Der Avatar wird nicht länger nur als Repräsentation des Nutzers in der virtuellen Sphäre gedacht, sondern als eigenständige, mit der realen Welt verknüpfte Entität, die digitale und physische Interaktionsräume prozessual miteinander verbindet.

Ein A^3 als intelligenter Vermittler zwischen digitalen Informationsräumen und der realen Lebenswelt des Nutzers steht vor der komplexen Aufgabe, nicht nur relevante Informationen zu identifizieren, sondern diese auch in situativ angemessener Form und medialer Gestaltung an den Nutzer zu kommunizieren. Diese Herausforderung betrifft sowohl die technische Dimension der Informationsselektion als auch die sozial-kognitive Gestaltung der Interaktion. Die Fähigkeit des Avatars, kontextuell informierte Entscheidungen über Inhalt, Zeitpunkt, Modalität und Intention der Informationsübermittlung zu treffen, ist konstitutiv für seine funktionale Autonomie und zugleich für die Akzeptanz und Wirksamkeit seiner Handlung in realweltlichen Kontexten.

Im Zentrum dieser Entscheidungsfähigkeit steht ein adaptives, semantisch angereichertes Kontextmodell, das es dem Avatar ermöglicht, Umgebungsbedingungen, Nutzerzustände und systeminterne Informationen in Relation zu setzen. Der Avatar muss in der Lage sein, eine dynamische Kontextualisierung vorzunehmen, die sowohl physikalische Parameter wie Ort, Zeit oder Aktivitätsstatus des Nutzers als auch kognitive und emotionale Zustände berücksichtigt. Die Forschung im Bereich des kontextsensitiven Computings zeigt, dass Systeme, die über ein solches Modell verfügen, in der Lage sind, personalisierte und situationsgerechte Interaktionen zu gestalten, ohne den Nutzer kognitiv zu überlasten oder in seiner Autonomie zu beschneiden [DEY01].

Entscheidungen darüber, welche Informationen übermittelt werden sollen, beruhen auf einer Relevanzheuristik, die sowohl systemseitig z. B. durch maschinelles Lernen aus Interaktionsdaten als auch nutzerseitig z. B. durch explizite Präferenzen oder langfristige Nutzermodelle konfiguriert sein kann. Ein A^3 muss dabei zwischen dringlichen, kontextkritischen Informationen, die unmittelbare Handlung erfordern, weniger wichtigen und unwichtigen Inhalten unterscheiden können. Hierbei können die Anwendung von Aufmerksamkeitsmodellen hilfreich sein, wie sie aus der kognitiven Psychologie in die Gestaltung adaptiver Systeme übernommen wurden [HOR99]. Solche Modelle ermöglichen es dem A^3, Informationsangebote zu modulieren, indem er den Grad der kognitiven Belastung des Nutzers einschätzt und Kommunikationsverhalten entsprechend anpasst.

Die Auswahl der geeigneten Präsentationsform berührt Fragen der Modalitätswahl, der Emotionalisierung und der sozialen Angemessenheit. Multimodale Schnittstellen eröffnen dem Avatar die Möglichkeit, Inhalte über Sprache, Text, visuelle Symbole oder haptisches Feedback zu übermitteln. Die Entscheidung für eine bestimmte Modalität hängt dabei nicht nur von technischen Ressourcen, sondern auch von situativen Faktoren sowie den beiderseitigen Präferenzen ab. In einer Arbeitssituation, die hohe Konzentration verlangt, könnte der A^3 etwa textbasierte Zusammenfassungen über eine sekundäre Anzeige einblenden, während in einem emotional unterstützenden Kontext eine sprachlich-affektive Ansprache möglicherweise angemessener wäre. Hier greift das Konzept der „affective adaptivity", das es Systemen ermöglicht, kommunikative Akte nicht nur sachlich, sondern auch emotional kohärent zu gestalten [KAP15].

Die Fähigkeit zur sozialen Antizipation ist für die Kommunikation des A^3 mit der realen Welt entscheidend. Der Avatar muss nicht nur erkennen, wie Informationen aufgenommen werden könnten, sondern auch, welche sozialen Implikationen ihre Kommunikation hat. Dies umfasst etwa das Wissen darüber, ob sensible Informationen privat oder öffentlich übermittelt werden sollten oder ob bestimmte Mitteilungen soziale Dynamiken beeinflussen könnten. Um solche Entscheidungen treffen zu können, benötigt der Avatar ein Modell der sozialen Situation, das auch normativ-ethische Aspekte berücksichtigt. Forschungsansätze wie das „Value Sensitive Design" betonen, dass autonome Systeme auf die Werte und sozialen Erwartungen ihrer Nutzergruppen abgestimmt sein müssen, um langfristig akzeptiert zu werden [FRI08].

Ein A^3 muss somit nicht nur über ein semantisches Verständnis von Informationen verfügen, sondern auch die kommunikativen Bedingungen ihres Transfers beherrschen. Er muss situative, soziale und emotionale Dimensionen in seine Entscheidung einbeziehen und in der Lage sein, seine Strategien laufend anzupassen. Diese Fähigkeiten machen ihn nicht nur zu einem technischen Werkzeug, sondern zu einem intermediären Akteur zwischen den Sphären des Digitalen und des Physischen, dessen Wirksamkeit maßgeblich davon abhängt, wie responsiv, respektvoll und intelligent er mit menschlicher Aufmerksamkeit und Bedürfnislage umgeht.

4.1.3 Interaktion im digitalen Raum

Ein autonom agierender Avatar operiert im Metaversum als intelligenter, adaptiver Agent. Als solcher muss er in der Lage sein, kontextrelevante Inhalte selbstständig zu lokalisieren, zu bewerten und in Abhängigkeit des situativen Bedarfs seines Nutzers zu verarbeiten. Die Fähigkeit zur autonomen Identifikation relevanter Informationen stellt eine zentrale Funktion dar, um die Komplexität immersiver, dynamischer und persistenter Umgebungen im Metaversum zu bewältigen. Dabei wird nicht nur algorithmische Effizienz, sondern auch semantische Kontextsensitivität und intentionale Kohärenz gefordert, um den Übergang vom bloßen Informationsabruf zu bedeutungsvollem Handeln zu vollziehen.

Grundlage der Informationssuche durch den A^3 ist eine intelligente Umgebungserkennung, die auf sensorischen, semantischen und sozialen Metadaten basiert. Der Avatar benötigt eine kontinuierlich aktualisierte Repräsentation seiner virtuellen Umgebung, die über klassische räumliche Orientierung hinaus auch die sozialen Interaktionsstrukturen, Objektkontexte und dynamischen Ereignisse erfasst. Dies erfordert die Integration semantischer Datenextraktion, wie sie etwa durch das Semantic Web oder Knowledge Graphs realisiert wird. Nur durch die Verbindung syntaktischer Datenstrukturen mit bedeutungstragenden Annotationen kann der Avatar eine situativ sinnvolle Differenzierung zwischen potenziell relevanten und irrelevanten Informationen vornehmen [BER01].

Die Identifikation relevanter Inhalte setzt voraus, dass der Avatar über ein Modell der Nutzerpräferenzen, Zielsetzungen und situativen Aufgaben verfügt. Dieses Nutzermodell muss kontinuierlich lernen und aktualisiert werden, etwa durch Beobachtung der Interaktionen, direkte Eingaben oder die Analyse biografischer und kontextueller Daten. Auf dieser Grundlage kann der Avatar ableiten, welche Informationen in der gegebenen sozialen und kognitiven Situation nützlich oder störend, aktuell oder redundant, öffentlich oder privat relevant sind. Maschinelle Lernverfahren, insbesondere in der Kombination aus supervised und reinforcement learning, ermöglichen die Modellierung dieser Präferenzen, wobei Methoden der personalisierten Empfehlungssysteme mit adaptiven Aufmerksamkeitsmechanismen verbunden werden [RIC22].

Im räumlich und sozial dichten Metaversum wird Relevanz nicht ausschließlich durch semantische Merkmale eines Inhalts bestimmt, sondern auch durch seine Einbettung in soziale, narrative oder performative Kontexte. Der A^3 muss in der Lage sein, soziale Situationen zu analysieren, um zu erkennen, welche Informationen in welchem Moment in einen kommunikativen oder handlungsbezogenen Zusammenhang passen. Dazu zählen unter anderem Gruppendynamiken, Diskursverläufe oder Statusverhältnisse, Diese soziale Kontextualisierung basiert auf der Fähigkeit, Ereignisse im Metaversum nicht isoliert zu betrachten, sondern in narrative und interaktionelle Sequenzen einzubetten. Forschungen im Bereich der Social Signal Processing und der Human-Agent-Interaction zeigen, dass Avatare, die solche Dynamiken antizipieren können, als sozial intelligenter und vertrauenswürdiger wahrgenommen werden [VIN09].

Die Effektivität der Inhaltsidentifikation im Metaversum hängt auch von der Fähigkeit des Avatars ab, zwischen stabilen und ephemeren, also vergänglichen Informationsressourcen zu differenzieren. Relevanz ist häufig zeitkritisch und kontextabhängig. Ein Ereignis, zum Beispiel eine Diskussion, eine spontane Versammlung oder ein systemgeneriertes Event, kann nur dann sinnvoll erfasst und vermittelt werden, wenn der Avatar über eine kontinuierliche Aufmerksamkeitsspanne und Ereignisdetektion verfügt. Diese erfordert die Nutzung von Event-Processing-Technologien sowie die Fähigkeit, potenzielle Bedeutungen auf Grundlage vergangener Ereignismuster in Betracht zu ziehen. Hierbei kommen komplexe Event-Modelle zum Einsatz, wie sie in der Echtzeitdatenverarbeitung und der intelligenten Systemüberwachung entwickelt wurden [LUC02].

Ein A^3 agiert im Metaversum nicht lediglich als passiver Informationsfilter, sondern als aktiver kognitiver Agent, der selektive Aufmerksamkeit, semantische Interpretation und soziale Einbettung miteinander kombiniert, um relevante Inhalte zu identifizieren. Diese Fähigkeit ist nicht nur technisch anspruchsvoll, sondern stellt auch eine epistemologische Transformation dar: Der Avatar übernimmt Funktionen der Relevanzsetzung und Bedeutungsproduktion, die traditionell dem menschlichen Akteur vorbehalten waren. Damit verändert sich die Rolle digitaler Agenten von reaktiven Werkzeugen zu (semi-) autonomen Interaktionspartnern, deren Handlungskompetenz zunehmend mit Formen symbolischer und sozialer Intelligenz verschränkt ist.

Durch die ihnen zugeschriebene Autonomie wird, insbesondere bei zunehmender Zahl von A^3, zwangsläufig die Situation eintreten, dass Avatare mit anderen Avataren interagieren wollen oder müssen. Die Interaktion zwischen autonom agierenden Avataren in immersiven Umgebungen eröffnet ein komplexes Szenario verteilter, intelligenter Agentensysteme, in dem nicht mehr nur die Mensch-Maschine-Interaktion, sondern zunehmend auch die Maschine-zu-Maschine-Kommunikation in den Fokus rückt. Avatare im A^3-Konzept fungieren nicht als bloße Repräsentanten menschlicher Nutzer, sondern als eigenständig operierende digitale Akteure mit spezifischen Entscheidungs-, Lern- und Kommunikationsfähigkeiten. Diese Fähigkeiten dieser Avatare, miteinander zu interagieren und Informationen auszutauschen, ist entscheidend für kooperative Handlungskoordination, Wissensvernetzung und soziale Kohärenz innerhalb des Metaversums.

Technisch basiert die Kommunikation zwischen A^3-Avataren auf Modellen verteilter Künstlicher Intelligenz, insbesondere in Form von Multiagentensystemen. Diese Systeme ermöglichen es autonomen Einheiten, durch explizite Protokolle, gemeinsame semantische Modelle und geteilte Ontologien in einem gemeinsamen Handlungsraum zu operieren. Die Interaktion erfolgt nicht zufällig oder ausschließlich reaktiv, sondern folgt strukturierten Prozessen wie Verhandlungslogiken, Kooperationsstrategien oder Wettbewerbsszenarien, die auf formalisierten Kommunikationssprachen wie den Spezifikationen der FIPA Agent Communication Language (ACL) beruhen [POS07]. Ein A³ ist demnach in der Lage, nicht nur Daten, sondern auch Intentionen, Zielstrukturen und Zustandsannahmen zu kommunizieren, wodurch strategische und adaptive Interaktionen ermöglicht werden.

Der Informationsaustausch zwischen A³ ist dabei nicht nur eine Frage der Datensynchronisation, sondern auch der semantischen Interpretation. Damit ein geteiltes Verständnis entsteht, müssen die Avatare über gemeinsame semantische Referenzsysteme verfügen, die es ihnen erlauben, Bedeutungen zu verhandeln, Wissen zu integrieren und situationsangemessene Schlussfolgerungen zu ziehen. Ontologie-basierte Wissensrepräsentation bildet hierfür die Grundlage. Ergänzt werden muss sie durch maschinelles Lernen, das es erlaubt, semantische Relationen dynamisch anzupassen und aus Interaktionserfahrungen zu verfeinern [GRU09]. Besonders in solch dynamischen Umgebungen wie dem Metaversum, in denen Kontextbedingungen schnell wechseln, ist diese Fähigkeit zur kontextsensitiven Bedeutungszuweisung zentral für die Robustheit der Kommunikation zwischen den Avataren.

Soziale Interaktion zwischen A³ umfasst auch die Fähigkeit zur Perspektivenübernahme, d. h. zur Modellierung des Handlungsspielraums, der Wissensstände und der Zielorientierungen anderer Avatare. Diese Form der (➔) Theory-of-Mind-Modellierung auf maschineller Ebene erlaubt es, Handlungen nicht nur reaktiv, sondern antizipativ und kooperativ auszurichten. In kollaborativen Szenarien etwa können A³-Avatare gemeinsam Aufgaben planen, Rollen verteilen oder sich gegenseitig bei der Erreichung übergeordneter Ziele unterstützen. Diese kooperative Handlungskompetenz bedarf jedoch nicht nur algorithmischer Steuerung, sondern auch eines normativen Rahmens, etwa zur Aushandlung von Prioritäten, Konfliktlösung oder Vertrauensaufbau. Forschungsarbeiten im Bereich der sozialen Robotik und künstlichen Soziabilität zeigen, dass Vertrauen zwischen autonomen Systemen auf Mechanismen wie Transparenz, Erklärbarkeit und Reziprozität beruht [HOF14].

Ein weiterer Aspekt der Interaktion liegt in der Fähigkeit zur Wissensdistribution. A³ können als Teil verteilter kollektiver Intelligenz fungieren, indem sie lokal gesammelte Informationen, Nutzerpräferenzen oder Kontextwahrnehmungen aggregieren und an andere Avatare weitergeben. Solche verteilten Wissensnetzwerke ermöglichen die kollektive Optimierung von Entscheidungen, etwa durch Prinzipien der Schwarmintelligenz oder föderiertes Lernen, bei dem Modelle dezentral trainiert und synchronisiert werden, ohne sensible Daten zentral zu speichern [KAI19]. Diese Form des datenschutzsensiblen Austauschs gewinnt insbesondere dann an Bedeutung, wenn A³ auch in personenbezogenen oder organisationalen Kontexten agieren.

Die Interaktion zwischen Avataren des A³-Konzepts führt somit zu einer qualitativen Veränderung virtueller Umgebungen. Sie verwandeln sich von rein nutzerzentrierten Interaktionsräumen in sozio-technische Systeme, in denen autonome Agenten über eigene Handlungsautonomie, Kommunikationsfähigkeit und Kooperationslogiken verfügen. Dadurch entstehen neue Formen digitaler Sozialität, in denen die Grenze zwischen menschlich initiiertem Handeln und maschinell generierter Interaktion zunehmend verschwimmt. Die Herausforderung besteht darin, diese Systeme so zu gestalten, dass sie nicht nur funktional effizient, sondern auch sozial kompatibel, ethisch reflektiert und langfristig vertrauenswürdig sind.

4.2   Von Personalisierung zur Identität

Im Kontext der Nutzung von Avataren in virtuellen und immersiven Umgebungen sind die Konzepte „Personalisierung" und „Identität" eng miteinander verbunden, jedoch konzeptionell und funktional voneinander zu unterscheiden. Beide Begriffe beziehen sich auf die Gestaltung und Repräsentation des Subjekts im digitalen Raum, adressieren jedoch unterschiedliche Ebenen der Beziehung zwischen dem Nutzer, seinem Avatar und der Systemumgebung. Während Personalisierung primär als technikgetriebener Prozess verstanden wird, der auf die Anpassung von Interaktion, Funktionalität und Darstellung an individuelle Präferenzen abzielt, verweist der Begriff Identität auf die subjektive, soziale und kulturelle Konstruktion des Selbst im digitalen Raum.

- In einem weiteren Sinne bezeichnet **Personalisierung** die technische und gestalterische Ausrichtung eines Systems auf die Bedürfnisse, Merkmale und Vorlieben eines spezifischen Nutzers. In Bezug auf Avatare umfasst dies etwa die Auswahl von Aussehen, Kleidung, Stimme oder Verhaltensmustern, die durch Nutzerentscheidungen, algorithmische Voreinstellungen oder maschinelles Lernen gesteuert werden. Personalisierung zielt darauf ab, die Interaktion mit dem System zu optimieren, die Usability zu erhöhen und ein Gefühl von Kontrolle und Relevanz herzustellen. Dabei steht weniger die authentische Repräsentation des Subjekts im Fokus, sondern vielmehr die funktionale Passung zwischen Systemverhalten und Nutzererwartung. In der Forschung zu Human-Computer-Interaction wird Personalisierung häufig im Zusammenhang mit adaptiven Systemen untersucht, die durch Datenanalyse individuelle Nutzerprofile erstellen und darauf aufbauend Interaktionsformen modifizieren [KAP15].
- Im Unterschied dazu verweist **Identität** im Kontext von Avataren auf die symbolische und performative Dimension der digitalen Selbstrepräsentation. Identität beschreibt hier das dynamische Zusammenspiel von Selbstdarstellung und -ausdruck, sozialer Zuschreibung und kultureller Codierung, das in der Gestaltung und Nutzung des eigenen Avatars zum Ausdruck kommt. Der Avatar fungiert als Medium der Identitätskonstruktion, in dem Nutzer nicht nur Eigenschaften oder Präferenzen kommunizieren, sondern sich selbst in spezifischen sozialen Kontexten verorten. Digitale Identität ist dabei nicht notwendigerweise stabil oder konsistent, sondern kann fragmentiert, multiperspektivisch oder explorativ sein, wie insbesondere in virtuellen Welten oder Rollenspielumgebungen beobachtet wurde [TUR97]. Im Gegensatz zur instrumentellen Ausrichtung der Personalisierung wird Identität durch narrative, affektive und soziale Prozesse konstituiert, die über rein funktionale Anpassungen hinausgehen.

Die Differenz zwischen Personalisierung und Identität wird besonders in Situationen deutlich, in denen Nutzer Avatare gestalten, die nicht ihrem realen Selbstbild entsprechen, sondern alternative oder idealisierte Selbstentwürfe darstellen. Während diese Gestaltungen technisch als personalisierte Konfigurationen erscheinen mögen, stellen sie auf sozialpsychologischer Ebene Ausdrucksformen einer digitalen Identitätsarbeit dar, die Fragen der Zugehörigkeit, Differenz oder Selbstwirksamkeit verhandeln [BES07]. Die technische Infrastruktur der Personalisierung bietet demnach lediglich den Möglichkeitsraum, innerhalb dessen sich individuelle und soziale Identitäten entfalten können. Diese werden jedoch nicht durch Personalisierung determiniert, sondern durch soziale Interaktion, kulturelle Diskurse und subjektive Erfahrungsprozesse hervorgebracht.

Insofern ist Personalisierung als Voraussetzung, Identität hingegen als emergentes Phänomen in der Nutzung von Avataren zu verstehen. Erst im Zusammenspiel von technischer Anpassung und sozialer Performanz entsteht ein Avatar, der sowohl funktional eingebettet als auch identitär bedeutsam ist. Für die Gestaltung zukünftiger virtueller Umgebungen ergibt sich daraus die Herausforderung, Systeme zu entwickeln, die nicht nur auf Personalisierung im engeren Sinne setzen, sondern auch die komplexen Dynamiken digitaler Identitätsbildung ermöglichen und respektieren.

4.2.1   Künstliche Intelligenz als Grundlage autonomen Verhaltens

Künstliche Intelligenz bildet die zentrale Grundlage für das Konzept des „autonom agierenden Avatars", indem sie die technischen und kognitiven Voraussetzungen für selbstbestimmtes, kontextsensitives und adaptives Verhalten in digitalen und immersiven Umgebungen bereitstellt. Während konventionelle Avatare primär durch direkte Nutzersteuerung, hin und wieder unterstützt durch vorprogrammierte Skripte, operieren, zeichnet sich der Avatar des A³-Konzepts durch eine eigenständige Handlungskompetenz aus, die auf der Integration verschiedener KI-Paradigmen basiert. Diese umfassen symbolische Repräsentation, sub-symbolisches Lernen, probabilistische Modellierung und multimodale Datenverarbeitung, die in ihrer Zusammenschau eine maschinelle Handlungsautonomie ermöglichen, die auf menschlich-intendiertes Verhalten reagieren, dieses antizipieren und darüber hinaus selbst initiieren kann.

Zentral für solch ein autonomes Verhalten ist die Fähigkeit zur situativen Wahrnehmung und Interpretation seiner Umwelt. KI ermöglicht die semantische Verarbeitung sensorischer Datenströme aus virtuellen und realen Kontexten, wie etwa Sprache, Gestik, Raumstrukturen oder Interaktionsdynamiken. Durch Methoden des Natural Language Processing, der Computer Vision und der Emotionserkennung kann der Avatar nicht nur Informationen erfassen, sondern sie auch in Bedeutungseinheiten transformieren, die für die Entscheidungsgenerierung relevant sind [RUS21]. Diese Verarbeitung stellt die Voraussetzung für responsives Verhalten dar, das nicht auf starren Regeln, sondern auf kontextueller Angemessenheit beruht.

Im Bereich der Entscheidungsfindung kommt der Einsatz planbasierter Agentensystemen und Lernverfahren auf Basis von Reinforcement Learning zum Tragen. Ein A^3 nutzt KI-Algorithmen, um Handlungsoptionen zu evaluieren, Ziele zu priorisieren und situativ angemessene Strategien zu entwickeln. Diese Entscheidungsprozesse sind nicht nur auf unmittelbare Reaktionen beschränkt, sondern beinhalten auch prospektive Planung, Simulation möglicher Konsequenzen und die Antizipation sozialer Reaktionen. KI-basierte Entscheidungsmodelle, wie sie etwa in der Forschung zu kognitiven Architekturen oder intention-based agents entwickelt wurden, ermöglichen es dem Avatar, langfristige Zielhierarchien zu verfolgen und dabei flexibel auf Umweltveränderungen zu reagieren.

Ein weiteres Element KI-basierter Autonomie ist die Lernfähigkeit des Avatars. Maschinelles Lernen erlaubt es, aus wiederkehrenden Interaktionen, Nutzerverhalten und Umgebungsdaten adaptive Modelle zu entwickeln, die sowohl individualisierte Präferenzen als auch generalisierbare Interaktionsmuster erfassen. Ein A^3 ist dadurch in der Lage, seine Verhaltensstrategien kontinuierlich zu optimieren, neue Wissensstrukturen aufzubauen und sich an wandelnde soziale oder funktionale Kontexte anzupassen. Dieses adaptive Potenzial ist insbesondere in offenen, dynamischen Umgebungen wie dem Metaversum essenziell, wo starre Regelwerke schnell an ihre Grenzen stoßen [SIL16].

KI trägt darüber hinaus auch zu einer sozialen Intelligenz des A^3 bei, indem sie Mechanismen der Theory-of-Mind-Modellierung auf maschineller Ebene implementiert. Der Avatar kann Modelle über das Wissen, die Absichten und die emotionalen Zustände anderer Akteure, egal ob menschlicher oder maschineller Art, entwickeln und auf dieser Grundlage sozial angemessene Interaktionen gestalten. Diese Fähigkeit ist grundlegend für die Integration von A^3 in interaktive, kollaborative und ethisch anspruchsvolle Situationen, in denen nicht nur funktionale, sondern auch normative Dimensionen des Verhaltens relevant sind [DIG19].

Die Rolle von Künstlicher Intelligenz im Konzept des A^3-Avatars geht über die klassische Automatisierung hinaus. KI fungiert hier als epistemische und operative Infrastruktur, durch die maschinelle Handlungsträger über Wahrnehmung, Kommunikation, Entscheidungsfindung und Lernen verfügen können. Ein A^3 verkörpert damit eine neue Generation digitaler Agenten, deren Autonomie nicht nur technisch realisiert, sondern sozial eingebettet, kontextsensitiv und ethisch reflektiert ist.

4.2.2   Blockchain und NFT zur Sicherung der (Digitalen) Identität

Im Rahmen des A^3-Konzepts stellt die Sicherung digitaler Identität eine zentrale Herausforderung dar. Dies gilt insbesondere in Hinblick auf Autonomie, Authentizität, Eigentum und Interoperabilität innerhalb virtueller und dezentraler Systeme. Blockchain-Technologie und Non-Fungible Tokens (NFT) bieten dabei ein technologisches Fundament zur Umsetzung sicherer, persistenter und überprüfbarer Identitätsstrukturen, die es einem Avatar des A^3-Konzepts ermöglichen, konsistent und vertrauenswürdig in unterschiedlichen digitalen Kontexten zu operieren. Die Kombination dieser Technologien adressiert grundlegende Anforderungen an digitale Identitäten im Metaversum, wie Dezentralisierung, Fälschungssicherheit, Eigentumsnachweis und datensouveräne Kontrolle durch den Nutzer.

Die Blockchain dient in diesem Zusammenhang als manipulationsresistentes, verteiltes Register, das Identitätsdaten, Interaktionshistorien und Besitzverhältnisse transparent und unveränderlich dokumentieren kann. Für A^3 bedeutet dies die Verankerung ihrer digitalen Identität in einer dezentralen Infrastruktur, unabhängig von proprietären Plattformen oder zentralen Anbietern. Diese Eigenschaft ist insbesondere für die Interoperabilität zwischen verschiedenen virtuellen Welten relevant, da ein Avatar seine Identität, seine personalisierten Merkmale und sein sozial-historisches Profil über Plattformgrenzen hinweg konsistent bewahren kann [ZWI18]. Blockchain-basierte Identitätslösungen, etwa in Form sogenannter „selbstsouveräner Identitäten" (Self-Sovereign Identity, SSI), erlauben es zudem, dass der Eigentümer des Avatars, also der menschliche Nutzer, im Detail über die Offenlegung, Weitergabe und Nutzung seiner Identitätsmerkmale entscheiden kann, wodurch ein hohes Maß an Datenschutz und informationeller Selbstbestimmung erreicht wird [ALL16].

NFTs spielen in diesem Kontext eine komplementäre Rolle, indem sie die digitale Repräsentation einzigartiger, nicht austauschbarer Eigenschaften und Besitzverhältnisse ermöglichen. Während fungible Token wie Kryptowährungen austauschbar sind, können NFTs zur eindeutigen Identifikation individueller Avatar-Komponenten genutzt werden, beispielsweise für Aussehen, Accessoires, Interaktionsfähigkeiten oder performative Merkmale. Ein A^3 wird damit nicht nur technisch personalisiert, sondern kann auch rechtlich und ökonomisch als individuelle digitale Entität abgesichert werden. NFTs ermöglichen somit die lückenlose Zuordnung bestimmter virtueller Güter oder Identitätsbestandteile zum Avatar, was sowohl die Eigentumsverhältnisse als auch deren Authentizität in transparenter Weise dokumentiert [DOW22]. Diese Eigenschaften sind insbesondere dann relevant, wenn Avatare als digitale Stellvertreter des Nutzers in rechtlich bedeutsamen, wirtschaftlich relevanten oder langfristig persistierenden Umgebungen agieren.

Ein weiterer Beitrag von Blockchain- und NFT-Technologien liegt darin, vertrauenswürdige Interaktionen zwischen A^3 zu ermöglichen. Durch kryptografisch gesicherte Identitätsnachweise können sich diese Avatare gegenseitig authentifizieren, Rechte delegieren oder Verträge abschließen, ohne auf zentrale Instanzen angewiesen zu sein. In Kombination mit Smart Contracts lassen sich darüber hinaus automatisierte Handlungsvollmachten oder Zugangskontrollen implementieren, etwa für den Austausch sensibler Daten, die Teilnahme an virtuellen Ökonomien oder die Aushandlung kooperativer Aufgaben. Dadurch wird der A^3 zu einem rechtlich handlungsfähigen Agenten innerhalb digitaler Ökosysteme, dessen Identität nicht nur funktional operabel, sondern auch institutionell eingebettet ist [CHR16].

Blockchain und NFTs im Rahmen des A^3-Avatar-Konzepts bilden die Basis für die Realisierung einer sicheren, selbstbestimmten und interoperablen digitalen Identität, die sowohl technische Anforderungen an Datenintegrität und Vertrauenswürdigkeit als auch soziale und normative Anforderungen an Authentizität und Kontrolle erfüllt. Damit werden nicht nur neue Formen individueller Repräsentation im Metaversum geschaffen, sondern auch die Grundlagen für die rechtliche, ökonomische und soziale Handlungsfähigkeit autonomer digitaler Akteure gelegt.

4.2.3   Gespaltene Persönlichkeiten, Teil 2: Interoperabilität

Eine zentrale Voraussetzung für die nachhaltige Nutzung und funktionale Entfaltung des Konzepts des autonom agierender Avatare im Metaversum stellt die Interoperabilität dar. In einer digitalen Umgebung, die durch eine Vielzahl heterogener Plattformen, technischer Standards und sozioökonomischer Ökosysteme geprägt ist, ermöglicht erst Interoperabilität eine nahtlose Bewegung, Kommunikation und Kooperation autonomer Avatare über systemische, institutionelle und mediale Grenzen hinweg. Ein Avatar des A^3-Konzepts soll nicht nur innerhalb eines abgeschlossenen Systems agieren, sondern er ist darauf ausgelegt, in komplexen, dynamischen und vernetzten Räumen zu operieren, in denen Daten, Identitäten und Handlungslogiken plattformübergreifend integriert werden müssen.

Die Relevanz der Interoperabilität ergibt sich aus der Notwendigkeit, Kontinuität in Identität, Funktionalität und Interaktionsfähigkeit sicherzustellen. Ein solch autonom agierender Avatar, der in unterschiedlichen virtuellen Umgebungen, etwa in wechselnden sozialen, ökonomischen, edukativen oder spielerischen Kontexten, agieren soll, muss in der Lage sein, seine personalisierten Merkmale, semantischen Fähigkeiten, sozialen Beziehungen und Handlungskompetenzen konsistent mitzuführen. Ohne Interoperabilität droht eine Fragmentierung der digitalen Identität und ein Verlust an Kontextwissen, was die funktionale Kohärenz des A^3 untergraben und seine Handlungseffizienz erheblich einschränken würde [FLO14]. Interoperabilität ist daher nicht lediglich ein technisches Problem der Schnittstellengestaltung, sondern infrastrukturelle Bedingung für die kontextuelle Kontinuität autonomer digitaler Agenten.

Technisch betrachtet betrifft Interoperabilität mehrere Ebenen:

- die semantische Kompatibilität von Datenformaten,
- die syntaktische Anschlussfähigkeit von Protokollen,
- die funktionale Kompatibilität von Interaktionsmodellen und
- die normative Konformität mit sozialen und rechtlichen Rahmenbedingungen.

Für Avatare dieses Konzeptes bedeutet dies, dass ihre internen Repräsentationen, etwa Zielen, Zustände oder Umweltbedingungen, in unterschiedlichen Systemkontexten interpretierbar und handlungsleitend nutzbar bleiben müssen. Dies erfordert standardisierte Datenmodelle, gemeinsame semantische Referenzsysteme und formalisierte Kommunikationsprotokolle, wie sie etwa im Rahmen semantischer Webtechnologien und Multiagentensysteme entwickelt werden [WEF23]. Nur wenn ein Avatar in der Lage ist, Bedeutung über Systemgrenzen hinweg zu stabilisieren, kann er wirklich autonom agieren und sinnvoll mit anderen digitalen Akteuren oder Nutzern interagieren.

Aus sozialer Perspektive ist Interoperabilität auch für die Herstellung kohärenter sozialer Beziehungen von Bedeutung. Ein A^3-Avatar, der als sozialer Agent in unterschiedlichen Gemeinschaften agiert, muss über die Fähigkeit verfügen, soziale Rollen, normative Erwartungen und kulturelle Codes systemübergreifend zu rekonstruieren. Die Interaktion mit anderen Avataren, Nutzern oder künstlichen Agenten wird nur dann als glaubwürdig und vertrauenswürdig wahrgenommen, wenn der Avatar in der Lage ist, seine Handlungs- und Kommunikationsmuster adaptiv und kontextsensitiv an unterschiedliche soziale Settings anzupassen, ohne grundlegende Identitätsmerkmale aufzugeben. Die Interoperabilität von sozialen Identitätskomponenten ist daher eng mit Fragen der Authentizität, Anerkennung und Zugehörigkeit im digitalen Raum verbunden [SCHr18].

Dies gilt ebenso für ökonomische Prozesse. A^3, die in virtuellen Ökonomien agieren, etwa durch den Erwerb von Gütern, das Aushandeln von Dienstleistungen oder das Abschließen von Verträgen, benötigen eine konsistente Handlungsidentität, die in unterschiedlichen Plattformökonomien anerkannt wird. Dies betrifft nicht nur die technische Übertragbarkeit von Eigentumsrechten und Vertragsbeziehungen, sondern auch die rechtliche und institutionelle Anerkennung des Avatars als autonomer Handlungsakteur. Technologien wie Blockchain und dezentrale Identitätssysteme (DID) bieten hier ein mögliches Fundament, um digitale Identitäten plattformübergreifend zu sichern und deren Interoperabilität zu gewährleisten [TAP16].

Interoperabilität im Kontext des A^3-Avatars verweist somit auf eine grundlegende Herausforderung der digitalen Transformation. Gemeint ist die Entwicklung offener, standardisierter und integrativer Infrastrukturen, die nicht nur den Austausch von Daten, sondern auch die Entfaltung komplexer sozialer, kognitiver und normativer Prozesse über Systemgrenzen hinweg ermöglichen. Ohne diese strukturelle Anschlussfähigkeit bleibt das Potenzial autonomer Avatare im Metaversum auf isolierte Anwendungsinseln beschränkt und kann seine gesellschaftliche, kulturelle und ökonomische Wirkung nicht entfalten.

Die technische Umsetzung von Interoperabilität für die Nutzung autonom agierender Avatare im Metaversum erfordert eine koordinierte Integration von Standards, Protokollen und Infrastrukturen, die eine systemübergreifende Kohärenz in Bezug auf Daten, Funktionen und Interaktionslogiken sicherstellen. Da das Metaversum in der Praxis aktuell jedoch nicht als einheitliches System, sondern als ein heterogener, dynamischer und verteilter Raum zu begreifen ist, stellt sich Interoperabilität nicht als triviale Schnittstellenfrage, sondern als infrastrukturelles Designproblem dar, das sowohl technologische als auch semantische, soziale und normative Dimensionen berührt.

Zentral für die technische Realisierung von Interoperabilität ist daher die Entwicklung standardisierter Datenformate und Kommunikationsprotokolle, die es ermöglichen, Informationen über Identität, Status, Fähigkeiten, Interaktionen und Kontexte von A^3 plattformübergreifend zu übertragen. Die Verwendung offener, semantisch angereicherter Datenmodelle, wie sie etwa durch das (→) Resource Description Framework (RDF) und die (→) Web Ontology Language (OWL) des Semantic Web bereitgestellt werden, erlaubt es, Bedeutungsstrukturen zwischen unterschiedlichen Systemen abzugleichen und Informationen maschinenlesbar zu machen [BER01]. Solche Modelle sind notwendig, damit der Avatar nicht nur syntaktisch kompatibel, sondern auch semantisch anschlussfähig kommunizieren kann, was insbesondere für die Repräsentation von Intentionen, sozialen Rollen und kognitiven Zuständen entscheidend ist.

Darüber hinaus bedarf es technischer Mechanismen zur Persistenz und Portabilität von Identität, Funktionalität und Kontextwissen. Ein A^3 muss seine konfigurativen Eigenschaften wie z. B. sein visuelles Erscheinungsbild, seine Entscheidungsalgorithmen, seine sozialen Beziehungen oder seine lernbasierten Nutzerprofile, über unterschiedliche Systeme hinweg mitführen können, ohne diese bei jedem Plattformwechsel rekonstruieren zu müssen. Diese Persistenz erfordert die Implementierung interoperabler Identitätsmanagementsysteme, wie sie etwa durch SSI und DIDs auf Blockchain-Basis realisiert werden können [PRE21]. Die technische Speicherung und Validierung solcher Identitäten in dezentralen Netzwerken erlaubt eine vertrauenswürdige, plattformunabhängige Authentifizierung, ohne dass zentrale Gatekeeper erforderlich sind.

Für die Handlungsautonomie des A^3-Avatars ist ferner die Kompatibilität seiner Verhaltenslogiken mit den Funktionsarchitekturen der Zielsysteme notwendig. Dies betrifft sowohl die Ausführung von Bewegungs-, Interaktions- und Kommunikationsfunktionen als auch die Integration seiner kognitiven Entscheidungsarchitektur in die semantische und physikalische Struktur der jeweiligen virtuellen Umgebung. Der Avatar muss in der Lage sein, seine Entscheidungsmodelle flexibel an unterschiedliche Simulations„engines", Interaktionsparadigmen und soziale Konventionen anzupassen. Hierzu sind modulare Software-Architekturen und API-Schnittstellen notwendig, die es erlauben, Komponenten wie sensorische Subsysteme, Lernmodule oder Dialogmanager dynamisch zu laden und in systemkompatibler Weise auszuführen [OBE14].

Eine weitere technische Anforderung ergibt sich aus der Notwendigkeit zur schon angesprochenen Echtzeit-Synchronisation. In verteilten, multiagentenbasierten Umgebungen ist es unerlässlich, dass der A^3 seine Zustände und Interaktionen in Echtzeit mit anderen Entitäten abstimmt. Dies erfordert Netzwerkprotokolle mit geringer Latenz und hoher Ausfallsicherheit sowie Mechanismen zur konsistenten Replikation von Statusdaten über unterschiedliche Plattforminstanzen hinweg. Techniken wie Edge Computing und verteilte Ledger-Technologien bieten hier Möglichkeiten zur dezentralen Datenverarbeitung und Synchronisation, ohne auf zentrale Serverstrukturen angewiesen zu sein [MEN22].

Schließlich muss die technische Interoperabilität noch durch ein übergreifendes Regelwerk flankiert werden, das nicht nur technische, sondern auch semantische und ethische Konformität zwischen Systemen sicherstellt. Dies betrifft etwa Fragen des Datenschutzes, der Handlungsvollmachten, der Rechteverwaltung sowie der Verantwortung für autonome Entscheidungen. Die technische Infrastruktur für Interoperabilität muss daher mit Mechanismen zur Rechtevergabe, Zugriffskontrolle und (➜) Auditierbarkeit ausgestattet sein, um Vertrauen in die Integrität und Fairness autonomer Avatare in unterschiedlichen Kontexten zu gewährleisten [DIG19].

Die technische Realisierung von Interoperabilität im Metaversum läuft somit nicht auf eine einheitliche Plattformlösung hinaus, sondern auf ein vielschichtiges, offenes und flexibles Ökosystem abzielt, in dem der A^3 als plattformübergreifend operierende, semantisch verständige und technisch anschlussfähige Entität agieren kann. Nur unter diesen Bedingungen kann das volle Potenzial autonomer Avatare entfaltet werden, sowohl im Hinblick auf ihre funktionale Leistungsfähigkeit als auch auf ihre gesellschaftliche Integration in die emergenten Strukturen des digitalen Raums.

4.3   Zusammenführung: Technische Aspekte vs. Personal Space

Die technische Verbindung zwischen Nutzer und Avatar ist eine bidirektionale. Sie stellt mehr dar als eine bloße Steuerungsbeziehung des Avatars durch den Benutzer. Vielmehr handelt es sich um eine multisensorisch-kognitiven Kopplung, in der physische Bewegungen, Sinneseindrücke und intentionale Prozesse in Echtzeit in das Verhalten und Erscheinungsbild des Avatars überführt werden. Diese Verbindung bildet die Grundlage für das Erleben von Embodiment, also der subjektiven Wahrnehmung, den virtuellen Körper als eigenen zu empfinden. Dieses Gefühl entsteht nicht allein durch visuelle Kongruenz, sondern durch die fortwährende sensorische Rückkopplung zwischen Handlung, Wahrnehmung und digitaler Reaktion [KIL12].

Auf technischer Ebene kann diese Kopplung zum Beispiel mit Head-Mounted Displays (HMDs) beginnen, die das Einstiegstor in die immersiven visuellen und auditiven Umgebungen schaffen. Bewegungsdaten des Kopfes werden über Inertialsensoren und kamerabasierte Tracking-Systeme erfasst und in Echtzeit auf die Perspektive und Blickrichtung des Avatars übertragen. Dadurch wird eine visuelle Egoperspektive erzeugt, die eine unmittelbare Identifikation mit dem digitalen Körper erleichtert und die räumliche Präsenz innerhalb der virtuellen Welt intensiviert [SLA16]. Hand- und Fingerbewegungen, erfasst durch Controller, Tracking-Kameras oder spezielle Handschuhsysteme, können mittels inverser Kinematik auf das Skelett des Avatars übertragen werden, sodass komplexe Gesten und Greifbewegungen realistisch umgesetzt werden können.

Diese motorische Kopplung kann durch haptische Feedbacksysteme ergänzt werden, die physische Interaktionen mit Objekten in der virtuellen Welt in der realen Welt fühlbar machen. Solche multisensorischen Rückkopplungen intensivieren nicht nur das Präsenzgefühl, sondern tragen auch zur kognitiven Integration des digitalen Körpers in das Selbstbild des Nutzers bei. Fortgeschrittene Systeme ermöglichen Ganzkörper-Tracking, wodurch selbst subtile Körperhaltungen, Gewichtsverlagerungen oder räumliche Ausrichtungen auf den Avatar übertragen werden. Dies ist insbesondere in sozialen Interaktionen von Relevanz, da Körpersprache und nonverbale Signale maßgeblich zur Bedeutungsbildung beitragen [PIC19] (Abb. 4.3).

Über die physisch-motorische Steuerung hinaus sind zunehmend kognitive Schnittstellen in die Avatarsteuerung zu integrieren. Eye-Tracking-Technologien ermöglichen nicht nur eine gezielte Blicksteuerung, sondern sie übertragen auch das Blickverhalten auf den Avatar, wodurch soziale Hinweise wie gegenseitiger Blickkontakt oder Aufmerksamkeitsverlagerung realitätsnah simuliert werden können. Sprachsteuerungssysteme und Echtzeit-Sprachübertragung erweitern diese Dimension, indem sie sprachliche Intentionen direkt in die Kommunikation mit anderen Avataren integrieren. In Kombination mit 3D-Audio entsteht so eine authentische Gesprächsumgebung, die nicht nur funktionale Verständigung, sondern auch emotionale Bindung und soziale Kohärenz fördert [PAN18].

Ein weiterer Aspekt der Kopplung zwischen Nutzer und Avatar liegt auf der semantischen Ebene der Handlungsintention. Da Nutzende nicht zu jedem Zeitpunkt alle Aspekte

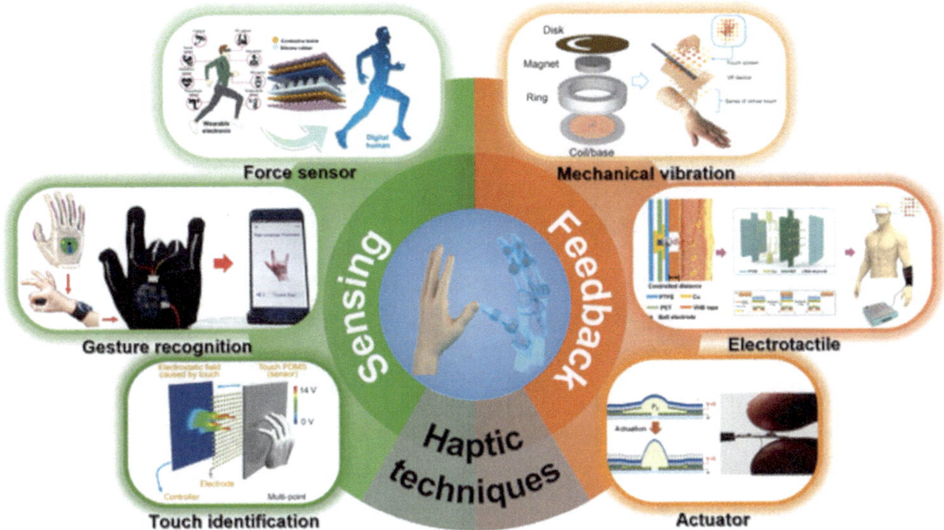

Abb. 4.3 Beispiele für haptische Feedbacksysteme

ihres Avatars direkt steuern können oder wollen, kommen zunehmend KI-basierte Komponenten zum Einsatz, die kontextsensitives Verhalten des Avatars autonom generieren. Diese Systeme analysieren Bewegungs-, Sprach- oder Kontextdaten und leiten daraus geeignete Ausdrucksformen oder Reaktionen ab, die dem intendierten Verhalten des Nutzers entsprechen. Dadurch wird eine kontinuierliche, sozial kohärente Repräsentation gewährleistet – selbst bei temporärer Inaktivität oder unterbrochener Steuerung [MAD16].

Eine weitere technische Anforderung ergibt sich aus der Notwendigkeit zur schon angesprochenen Echtzeit-Synchronisation. In verteilten, multiagentenbasierten Umgebungen ist es unerlässlich, dass der Avatar als adaptiv-agierender Agent seine Zustände und Interaktionen in Echtzeit mit anderen Entitäten abstimmt. Dies erfordert Netzwerkprotokolle mit extrem niedriger Latenz, hoher Verfügbarkeit und konsistenter Datenhaltung, insbesondere bei gleichzeitiger Nutzung heterogener Plattformen und Systeme. Um diese Synchronisationsanforderungen zu erfüllen, kommen zunehmend dezentrale Architekturen zum Einsatz, die auf Technologien wie Edge Computing, lokalen Datenknoten und verteilten Ledgern basieren. Diese Strukturen ermöglichen eine lastverteilte, resiliente Kommunikation ohne Abhängigkeit von zentralisierten Serverarchitekturen und bieten damit sowohl technische als auch datensicherheitstechnische Vorteile [MEN22].

Die Synchronisation betrifft jedoch nicht nur die reine Datenübertragung, sondern auch die Wahrung der semantischen Kohärenz von Bewegungen, Interaktionen und Statusinformationen. Netzwerkbasierte Mechanismen stellen sicher, dass jede Handlung eines Avatars, sei es die Ausführung einer Geste, eine Ortsveränderung oder auch eine mimische Reaktion, konsistent auf allen verbundenen Clients dargestellt wird. Hierzu werden kontinuierlich Datenpakete generiert, komprimiert, priorisiert und über adaptive Protokolle ver-

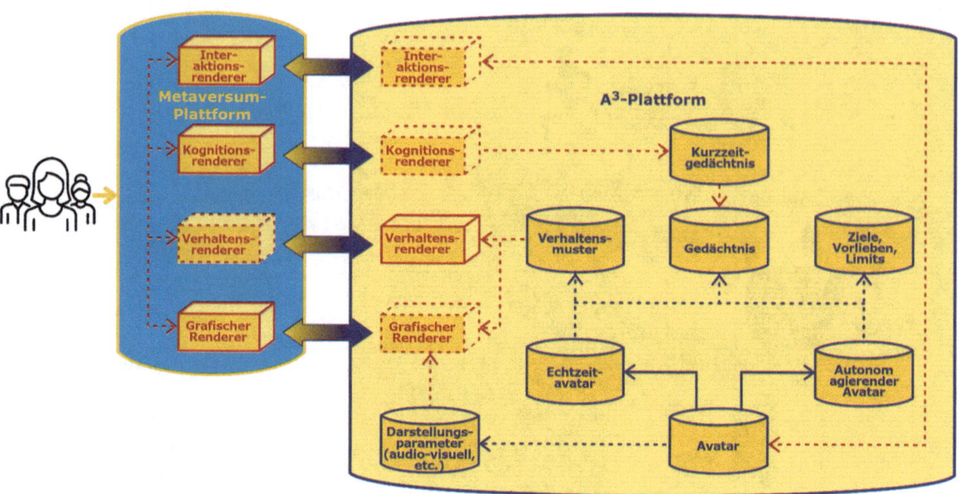

Abb. 4.4 Architekturkonzept A³

teilt, die auf die Dynamik der Netzwerkkapazitäten reagieren. Gerade bei hoher Nutzerzahl oder in plattformübergreifenden Anwendungen ist dies von zentraler Bedeutung, um eine gleichbleibend immersive und reaktionsschnelle Umgebung sicherzustellen [STE09].

Die technische Qualität dieser sensorisch-motorischen, auditiv-visuellen und kognitiven Integration ist entscheidend für die Authentizität virtueller Interaktionen. Sie beeinflusst, in welchem Maß Nutzer sich mit ihrem Avatar identifizieren, wie effektiv sie kommunizieren und wie überzeugend die virtuelle Welt als soziale Realität wahrgenommen wird. Nur wenn die technische Kopplung nahtlos, latenzarm und semantisch konsistent funktioniert, kann die immersive Erfahrung als glaubwürdig und wirksam erlebt werden – ein Umstand, der sowohl für Bildungskontexte als auch für kollaborative oder therapeutische Anwendungen in immersiven Umgebungen von grundlegender Bedeutung ist (Abb. 4.4).

Im Kontext des Wearable Computing hat sich Steve Mann schon 1997 mit der Problematik der Interaktionsgestaltung und des Interaktionskontextes auseinandergesetzt, wie in Abb. 4.5 gezeigt wird (Abb. 4.5).

Das von Steve Mann visualisierte Konzept des „Personal Space" beschreibt ein paradigmatisches Modell der Mensch-Computer-Interaktion, das sich durch bidirektionale, kontinuierliche Informationsflüsse auszeichnet, wie sie auch im A³ zu finden sind. In Manns' Modell wird der Computer als „constant", d. h. dauerhaft präsenter Begleiter innerhalb eines personalen Informationsfelds verstanden, der durch die Merkmale „attentiveness", „communicativeness", „observability", „controllability", „unmonopolizing" und „unrestrictiveness" charakterisiert ist [MAN97]. Die technische Verbindung zwischen Mensch und Maschine ist dabei keine hierarchische Steuerungsbeziehung, sondern eine symmetrische Kopplung innerhalb eines personalen Raums, der durch gegenseitige Wahrnehmbarkeit, Responsivität und permanente Kontextanpassung konstituiert wird.

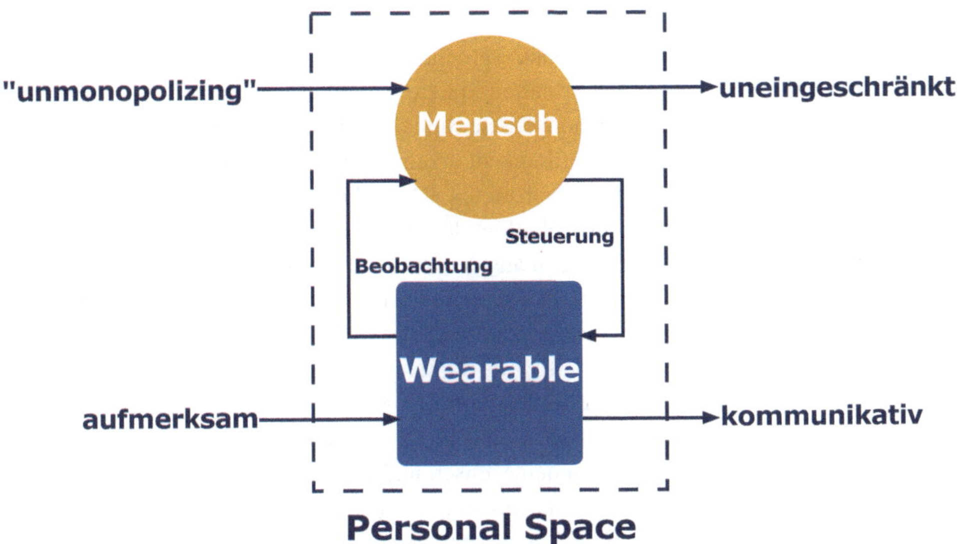

Abb. 4.5 A^3 vs. Wearable Computing

Dieses Modell lässt sich fruchtbar auf die Verbindung von Nutzer und Avatar in immersiven Umgebungen übertragen. Die zuvor beschriebene multisensorisch-kognitive Kopplung zwischen Mensch und Avatar weist strukturelle Analogien zu der von Steve Mann entwickelten Mensch-Computer-Beziehung auf. Auch hier handelt es sich nicht lediglich um eine einseitige Befehlsübertragung vom Nutzer zum System, sondern um einen dynamischen, feedbackgesteuerten Austausch, in dem der Avatar als technologisch erweiterte Entität im personalen Raum des Nutzers verortet ist. Der Avatar agiert damit innerhalb eines erweiterten „Personal Space", der nicht physisch-lokal, sondern virtuell-situativ definiert ist. Die immersive Kopplung z. B. über HMDs, Eye-Tracking, Haptik und KI-gestützte Kontextinterpretation ermöglicht eine kontinuierliche wechselseitige Modulation von Wahrnehmung und Handlung und beschreibt damit genau jenes interaktive Kontinuum, das Mann als Grundlage seiner Definition eines tragbaren, personalisierten Computersystems beschreibt.

Zentral für dieses Verständnis ist die „observability" des Nutzers durch das System, das heißt die permanente sensorische Erfassung von Zuständen, Blickrichtungen, Gesten und Bewegungen, die in das Verhalten des Avatars übersetzt werden. Gleichzeitig muss der Avatar jedoch auch „controllable" bleiben, d. h. der Nutzer muss jederzeit in der Lage sein, zielgerichtet Einfluss auf die Repräsentation zu nehmen, sei es direkt über Gesten oder indirekt über intentionale Schnittstellen. Ebenso wichtig ist, dass die technische Instanz „unmonopolizing" und „unrestrictive" agiert, also den Handlungsspielraum des Nutzers nicht einschränkt, sondern flexibel auf individuelle Bedürfnisse und Kontexte eingeht. Dieses Prinzip findet sich in der Integration KI-gestützter Steuerungssysteme wieder, die temporäre Abwesenheit oder Inaktivität des Nutzers durch autonome Verhaltensmodelle kompensieren, ohne die Kontrolle vollständig zu entziehen [MAD16].

Besonders deutlich wird die Parallele im kommunikativen Aspekt. Der Avatar fungiert nicht nur als Ausdrucksform personaler Handlungsintention, sondern auch als Schnittstelle zur sozialen Umwelt in der virtuellen Sphäre. Seine „communicativeness" realisiert sich in der Fähigkeit, verbale und nonverbale Signale in Echtzeit zu übermitteln, adaptive Reaktionen zu zeigen und soziale Präsenz zu erzeugen. In Verbindung mit auditiven Systemen, wie sie etwa durch räumlich verortetes 3D-Audio implementiert werden, wird so ein immersiver Interaktionsraum geschaffen, der die persönliche Sphäre des Nutzers nach außen projiziert und zugleich Eingaben aus der Umgebung integriert [PAN18].

Die Verschmelzung der Dimensionen sensomotorische Steuerung, kognitive Intention, soziale Kommunikation und technologische Responsivität konkretisiert sich im Avatar als personalisierter Erweiterung des Selbst im digitalen Raum. Die immersive Umgebung, innerhalb derer diese Kopplung stattfindet, kann somit als Umsetzung von Manns Konzept eines technologisch augmentierten „Personal Space" verstanden werden. Es entsteht ein Raum, in dem sich die Grenze zwischen Mensch und Maschine durch kontinuierliche Interaktion, gegenseitige Anpassung und semantische Durchdringung auflöst. Dabei bildet der Avatar den medialen Knotenpunkt, an dem intentionale Subjektivität, technische Infrastruktur und soziale Umwelt miteinander verknüpft sind.

4.4 Das Ergebnis: A³ als KI-gesteuerte Avatare und virtuelle Assistenten

Autonom agierende Avatare verkörpern die technologische Konvergenz von künstlicher Intelligenz, immersiver Medienumgebungen und agentenbasierter Systemarchitektur und agieren als interaktive, lernfähige und sozial eingebettete Entitäten. Diese Systeme sind nicht länger auf reaktive Interaktionen beschränkt, sondern verfügen über eine eigens entwickelte Handlungskompetenz, durch die sie in der Lage sind, kontextabhängige Aufgaben selbstständig zu erkennen, zu priorisieren und auszuführen. Innerhalb des Metaversums übernehmen KI-gesteuerte Avatare und Assistenten damit zentrale Rollen in sozialen, ökonomischen und edukativen Szenarien, die bisher menschlichen Akteuren vorbehalten waren.

Der technologische Kern dieser Entwicklung liegt in der Integration kognitiver KI-Modelle, die Wahrnehmung, Sprache, Entscheidungsfindung und Lernen miteinander verknüpfen. Diese Systeme können multimodale Informationen aus der virtuellen Umgebung verarbeiten, Nutzerverhalten analysieren, semantische Zusammenhänge herstellen und darauf basierende Handlungsvorschläge oder Interaktionen generieren. Im Unterschied zu klassischen virtuellen Assistenten, die häufig skriptbasiert und domänenspezifisch agieren, sind A³ in der Lage, sich adaptiv an neue Kontexte anzupassen, komplexe soziale Signale zu interpretieren und langfristige Beziehungsmuster aufzubauen [WIN21]. Sie besitzen ein Gedächtnis über vergangene Interaktionen, können Emotionen erkennen und empathische Reaktionen simulieren, wodurch sie zunehmend als sozial kompetente Interaktionspartner wahrgenommen werden.

Im Metaversum sind diese KI-gesteuerten Avatare in verschiedenen Rollen aktiv. Sie fungieren

- als persönliche Begleiter,
- als Repräsentanten von Individuen in deren Abwesenheit oder
- als autonome Akteure, die Aufgaben in ökonomischen, kreativen oder administrativen Prozessen übernehmen.

Ihre Fähigkeit, zwischen verschiedenen virtuellen Räumen zu wechseln, dort kontextuell angemessen zu agieren und dabei konsistent in ihrem Verhalten und ihrer Identität zu bleiben, ist eine direkte Folge der Interoperabilitäts- und Identitätskonzepte, wie sie mit dem A³-Paradigma verbunden sind. Die semantische Kohärenz und funktionale Persistenz dieser Systeme wird durch standardisierte Datenmodelle, dezentrale Identitätssysteme und maschinelles Lernen gewährleistet, wodurch sie plattformübergreifend operieren können, ohne ihre Handlungslogik zu verlieren.

Zugleich erfordert der Einsatz solcher Avatare eine kritische Reflexion ihrer gesellschaftlichen Implikationen, wie es in Kap. ??? noch einmal aufgegriffen werden soll. Die zunehmende Verselbstständigung digitaler Agenten stellt Fragen nach Kontrolle, Verantwortung und Transparenz. KI-gesteuerte Avatare im Metaversum operieren in sozialen Räumen, in denen menschliche Erwartungen, Normen und Kommunikationspraktiken gelten. Um in diesen Kontexten glaubwürdig zu agieren, müssen sie nicht nur funktional kompetent, sondern auch ethisch ausgerichtet sein. Forschungsansätze im Bereich von „Responsible AI" betonen daher die Notwendigkeit, solche Systeme mit normativen Leitlinien, erklärbaren Entscheidungsmodellen und nutzerzentrierten Designprinzipien auszustatten [DIG19]. Nur so kann gewährleistet werden, dass die Handlungsmacht autonomer Avatare nicht zu Kontrollverlust oder sozialer Desintegration führt, sondern zur Erweiterung menschlicher Handlungsspielräume beiträgt.

Die Entwicklung KI-gesteuerter Avatare und virtueller Assistenten nach dem A³-Ansatz verdeutlicht somit die Verschiebung von symbolischen zu operativen Identitäten in digitalen Räumen. Sie markieren den Übergang von Avataren als bloßen Darstellungen des Selbst hin zu Akteuren mit eigenständiger Relevanz, die nicht nur Repräsentation, sondern auch funktionale Delegation ermöglichen. Damit wird das Metaversum nicht nur zu einem Ort der Immersion, sondern zu einem zunehmend von autonomen Agenten mitgestalteten Handlungsraum, dessen Gestaltung tiefgreifende Auswirkungen auf Kommunikation, Arbeit, Bildung und soziale Organisation entfalten wird.

4.5   Eine Referenzarchitektur für A³

Mit größerer Verbreitung immersiver virtueller Umgebungen und stärkerer Integration KI-basierter Mechanismen gewinnt auch die Entwicklung autonom agierender Avatare zunehmend an Relevanz. Solche Avatare sollen dann eben nicht lediglich als ferngesteuerte

Stellvertreter von Nutzerinnen und Nutzern fungieren, sondern in der Lage sein, eigenständig, kontextsensitiv und situationsangemessen zu agieren. Voraussetzung dafür ist eine technische Infrastruktur, die sowohl die physische Repräsentation als auch die kognitive Handlungsfähigkeit von Avataren berücksichtigt. Während existierende Metaversum-Plattformen primär auf die visuelle und interaktive Darstellung fokussiert sind, stellt die Entwicklung autonomer Verhaltensweisen und langfristiger, glaubwürdiger Identitäten eine deutlich komplexere Herausforderung dar.

Zugleich rückt die Forderung nach Interoperabilität in den Fokus der Metaversum-Forschung. In Übereinstimmung mit konzeptionellen Grundannahmen von Matthew Ball und Tony Parisi ist das Metaversum nicht als proprietäre, in sich geschlossene Plattform, sondern als ein netzwerkartiges, plattformübergreifendes Ökosystem zu verstehen, das nahtlose Übergänge zwischen Anwendungen und virtuellen Räumen ermöglicht [BAL22, PAR21]. Avatare, die in einem solchen Kontext operieren, müssen daher nicht nur lokal konsistent agieren, sondern über standardisierte Schnittstellen und abstrahierte Datenmodelle verfügen, um ihre Identität, ihr Verhalten und ihr Erscheinungsbild über unterschiedliche Plattformen hinweg beibehalten zu können. Dies erfordert eine Architekturgestaltung, die von Beginn an auf Modularität, Portabilität und semantische Selbstbeschreibung ausgelegt ist.

Das in diesem Kapitel vorgestellte Architekturmodell trägt dieser Herausforderung Rechnung, indem es die funktionalen, semantischen und darstellerischen Komponenten autonomer Avatare in einem zweistufigen Systemansatz organisiert. Dabei wird eine klare Trennung zwischen der Darstellungs- und Interaktionsebene des Metaversums und einer internen Steuerungsebene vollzogen, die auf agentenbasierter Modellierung basiert. Im Zentrum steht das Zusammenspiel zwischen Verhaltensmodellen, Zielsystemen, Gedächtnisstrukturen und multimodaler Repräsentation. Die Architektur ist so ausgelegt, dass sie sowohl die lokal adaptive Verhaltenssteuerung als auch die persistente, plattformübergreifende Nutzbarkeit eines Avatars unterstützt. Sie bildet damit eine technologische Grundlage für die Umsetzung einer offenen, interoperablen Metaversum-Infrastruktur im Sinne eines postproprietären, persistenten digitalen Raums. Die hier vorgeschlagene Referenzarchitektur teilt sich dazu in zwei Bereiche:

- Bereich 1 befasst sich mit der äußeren Anbindung von A³ an bzw. In Plattformen des Metaversums.
- Bereich 2 befasst sich mit dem besonderen Teilaspekt, dass ein A³ neben der eigenen Autonomie dennoch weiterhin auch die Option bereitstellen muss, in Echtzeit und „intuitiv" vom Benutzer gesteuert zu werden.

4.5.1   Bereich 1: Äußere Architektur

Die äußere Architektur muss zwei Ebenen betrachten. Dabei handelt es sich einerseits um die Metaversum-Plattform(en) und andererseits um die eigentliche A³-Plattform. Erstere ist die immersiven virtuellen Welt, die die die sensorisch-perzeptive Schnittstelle für den Nutzer darstellt, während letztere vorrangig als Steuerinstanz fungiert. Die Metaversum-Plattform umfasst spezialisierte Rendering-Komponenten, welche die visuelle, auditive und interaktive Repräsentation der Avatare in der immersiven Umgebung realisieren. Dazu zählen

- ein Interaktions-Renderer zur Darstellung kommunikativer Handlungen,
- ein Kognitionsrenderer, der eng mit dem Interaktionsrenderer zusammenarbeitet, aber auf die Aspekte der Wahrnehmung (und Speicherung) der Inhalte der immersiven Welt des Metaversums spezialisiert ist,
- ein Renderer zur Visualisierung körperlicher Merkmale und Bewegungen, der neben der grafischen Darstellung auch die auditive und optional auch weitere Modalitäten integriert, sowie
- ein Verhaltens-Renderer, der komplexe Ausdrucksformen wie Mimik, Gestik und Haltungsveränderungen übersetzt.

Die Realisierung des Renderings der Avatar-Darstellung sowie der Interaktions- und Kognitionsmöglichkeiten liegt technisch auf Seiten der Metaversum-Plattform. Hier werden nicht nur die mathematischen Abläufe umgesetzt, sondern auf dieser Seite wird auch entschieden, welche Methoden und Techniken dazu zur Verfügung stehen. Auf Seiten der A³-Plattform müssen dazu entsprechende APIs definiert werden, die es ermöglichen, dass eine Kommunikation zwischen A³ und den verschiedenen Plattformen stattfinden kann (Abb. 4.6).

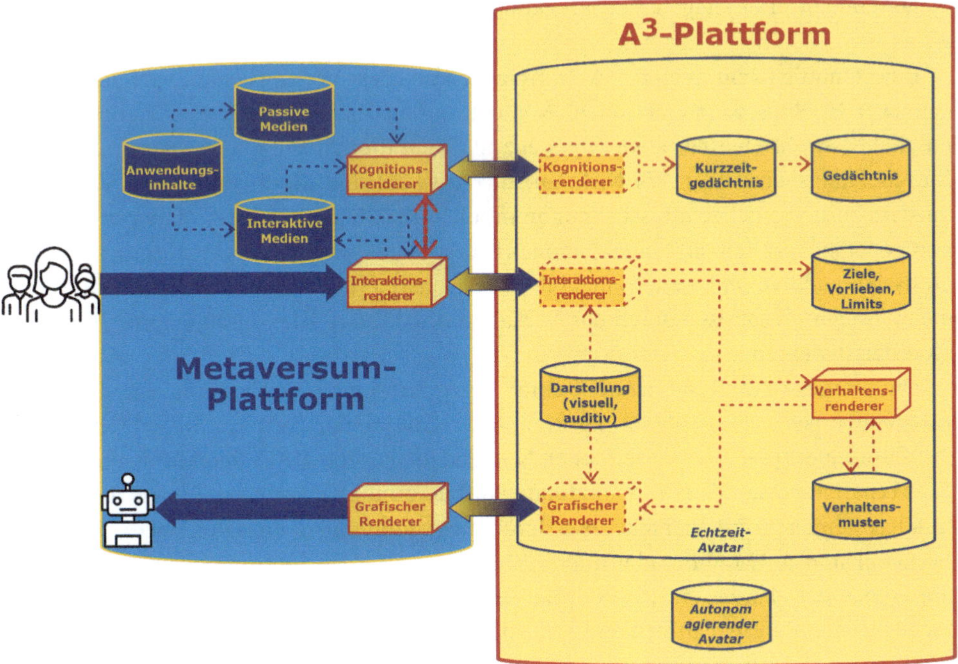

Abb. 4.6 A³-Referenzarchitekturkonzept: Echtzeitavatar

Umgekehrt ist es beim Rendering des Verhaltens des A^3. Die Entscheidung, welche Verhaltensweisen der jeweilige A^3 verfolgen soll, obliegt der (Steuerungs-) Logik auf Seiten der A^3-Plattform. Daher muss die technische Implementierung dazu auch auf dieser Seite stattfinden. Um das jeweilige, aktuelle Verhalten umzusetzen, muss auf Seiten der Metaversum-Plattform eine API definiert sein, die das Verhalten empfängt und zur Umsetzung an Interaktions- und Visualisierungsrenderer weiterleitet.

Die Idee dieser funktionaler Trennung und eine Umsetzung durch die entsprechenden APIs erlaubt eine klare Abgrenzung zwischen Entscheidungs- und Darstellungsebene und entspricht etablierten Konzepten aus der agentenbasierten KI-Entwicklung [WOO09].

Auf Seiten der A^3-Plattform befindet sich die eigentliche Steuerungs- und Entscheidungslogik der Avatare. Hier ist eine Reihe funktionaler Komponenten angesiedelt, die in ihrer Gesamtheit das agentenbasierte Verhalten der Avatare erzeugt. Der A^3 kapselt zwei Aspekte:

- Zum einen den „Echtzeit"-Avatar, der aktuelle Nutzereingaben und Umweltinformationen verarbeitet und
- parallel dazu den autonom agierenden Avatar, der auf Grundlage interner Zustände und Zielstrukturen eigenständige Entscheidungen trifft. Diese Zustände umfassen deklarierte Ziele, Präferenzen, Vorlieben sowie soziale und (optionale) auch kulturelle Tabus. Die zugrunde liegenden Verhaltensmuster sind entweder regelbasiert oder durch maschinelles Lernen generiert und können situationsadäquat angepasst werden.

Eine zentrale Rolle spielt das Avatar-Gedächtnis, das zur persistenten Speicherung vergangener Erlebnisse, Interaktionen, Kontexte sowie Ziele dient. Dieses Gedächtnis ermöglicht sowohl eine narrative Kohärenz als auch die Nutzung vergangenheitsbasierter Entscheidungsheuristiken. Es wirkt auf die Auswahl und Modifikation von Verhaltensmustern zurück und beeinflusst somit unmittelbar die Steuerung des A^3. Die Darstellungskomponenten greifen auf eine parametrisierte Konfigurationsstruktur zurück, welche grafische, auditive und weitere mediale Eigenschaften der Avatare definiert. Diese Parameter können dynamisch durch das Verhalten des Avatars oder durch externe Ereignisse modifiziert werden.

Die vorgestellte Referenzarchitektur setzt auf einen skalierbaren, modular aufgebauten Ansatz zur Realisierung komplexer, autonomer Avatare. Sie erlaubt sowohl das Zusammenspiel mit menschlichen Nutzenden als auch die Entwicklung glaubwürdiger Verhaltensdynamiken. Der modulare Aufbau ermöglicht darüber hinaus die Integration lernfähiger Komponenten, etwa durch die Anbindung neuronaler Netzwerke an die Verhaltensmuster-Module oder durch die semantische Erweiterung des Gedächtnisses. Sie eignet sich damit sowohl für simulationsbasierte Forschungsumgebungen als auch für reale Interaktionsplattformen im Kontext sozialer, edukativer oder spielerischer Anwendungen.

4.5.2 Teil 2: Innere Architektur des Echtzeit-Avatars

Dem Ziel entsprechend steht in der oben vorgeschlagenen Referenzarchitektur der Avatar im Mittelpunkt. Er stellt das Interface zwischen dem Benutzer und den immersiven Welten des Metaversums und muss somit die bidirektionale, interaktive Verbindung zu allen Inhalten, Objekten und Medien dieser Welten herstellen. Auch wenn der primäre Fokus dieses Architekturvorschlags auf den autonom agierenden Avataren liegt, so gehört zu dieser Gesamtstruktur auch ein Teilkonstrukt, der die Möglichkeit der direkten Echtzeitsteuerung des Avatars durch den Benutzer ermöglicht.

Auch wenn die Echtzeitavatar-Komponente eigentlich keine eigene Intelligenz benötigt, so muss sie dennoch gezielt in die Gesamtarchitektur eingebettet sein. Sie stellt mit der Verantwortung für die kontinuierliche, kontextsensitive direkte Benutzerinteraktion mit der Metaversum-Plattform daher ein gleichwertiges Element zum autonomen Teilavatar der A³-Plattform dar. Im Unterschied zum eigenständig entscheidenden und agierenden Agent, der auf langfristige Zielverfolgung und planbasiertes Verhalten ausgelegt ist, zeichnet sich der Echtzeit-Avatar durch seine Fähigkeit zur unmittelbaren, synchronisierten Reaktion aus (Vergleiche: Abb. 4.6 und Abb. 4.7).

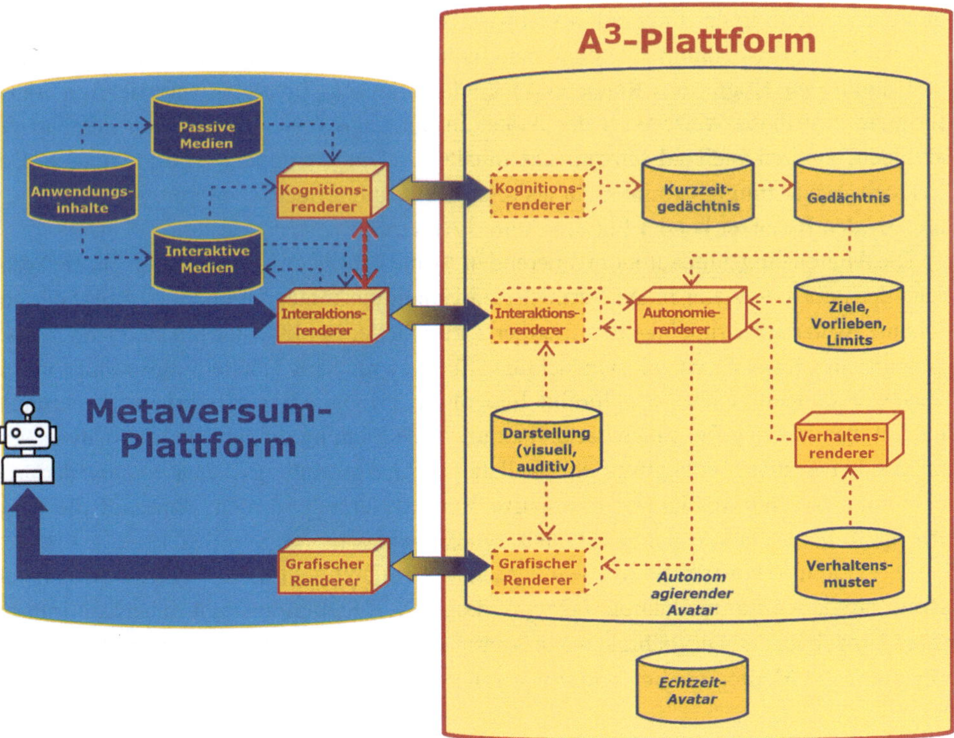

Abb. 4.7 A³-Referenzarchitekturkonzept: A³-Avatar

Im Zentrum der Architektur steht die kognitive Verankerung der Interaktion- bzw. Reaktionslogik. Eingaben aus der Metaversum-Plattform wie zum Beispiel die klassische Steuerung mittels Tastatur, Maus oder sonstigen Controllern, sprachliche Äußerungen, nonverbale Signale oder medienvermittelte Inhalte, werden durch die auf der Plattformseite implementierten Interaktions- und Kognitions-Renderer verarbeitet und über standardisierte Schnittstellen an die A^3-Plattform weitergeleitet. Dort erfolgt die semantische Analyse durch interne Renderer, die als Vermittlungsinstanzen zwischen Wahrnehmung und Handlung fungieren. Die Analyseergebnisse werden in einem „Persönlichkeits"-Renderer zusammengeführt, der als zentrales Verarbeitungselement eine Bewertung unter Einbezug des Kurzzeit- und Langzeitgedächtnisses, und damit Ziel- und Präferenzsysteme sowie bestehender Verhaltensmuster abgleicht und gegebenenfalls anpasst.

Die resultierenden Handlungsabsichten werden durch einen Verhaltens-Renderer formalisiert und an die Darstellungskomponenten der A^3-Plattform weitergegeben. Diese Komponenten erzeugen auf Grundlage der aktuellen semantischen und emotionalen Zustände eine visuell und auditiv kohärente Repräsentation. Die visuelle Ausgestaltung erfolgt über den grafischen Renderer, der die Übergabe an die externe Darstellungslogik der Metaversum-Plattform übernimmt. Dadurch wird eine reaktive, gleichzeitig jedoch kognitiv verankerte Verhaltensweise des Avatars in Echtzeit ermöglicht.

Eine zentrale Erweiterung gegenüber klassischen agentenbasierten Interaktionsmodellen besteht in der Integration von passiven und interaktiven Medieninhalten. Diese werden über Anwendungsschichten innerhalb der Metaversum-Plattform eingebunden und durch den Kognitions-Renderer in kontextrelevante Informationsstrukturen transformiert. Auf diese Weise wird der Avatar in die Lage versetzt, nicht nur auf Nutzeraktionen, sondern auch auf semantische Inhalte der Umgebung adaptiv zu reagieren. Der Echtzeit-Avatar fungiert somit nicht als rein reaktives Interface, sondern unterstützt interpretativ den Benutzer bei der Führung seines Avatars.

Die Abgrenzung zum autonom agierenden Avatar erfolgt auf funktionaler Ebene. Während der Echtzeit-Avatar in synchronisierten Handlungskontexten operiert, agiert der autonome Avatar auf Grundlage langfristiger Zielmodelle. Beide Instanzen sind jedoch über gemeinsame Ressourcen wie Gedächtnis, Zielsysteme und Darstellungsmodule miteinander gekoppelt. Diese strukturelle Integration ermöglicht ein hybrides Steuerungsmodell, das reaktive Responsivität und strategische Planung dynamisch miteinander verknüpft. In narrativen, edukativen oder kollaborativen Anwendungsszenarien kann dadurch eine hohe Anschlussfähigkeit an situative Kontexte erzielt werden, ohne auf die langfristige Kohärenz des Avatarverhaltens zu verzichten.

Aus systemischer Perspektive verdeutlicht die Teilarchitektur des Echtzeit-Avatars die Notwendigkeit einer modularen, perzeptiv-kognitiven Steuerungslogik innerhalb immersiver Umgebungen. Die Fähigkeit zur kontinuierlichen Synchronisierung mit „seinem" Benutzer, mit Medieninhalten und mit sozialen Situationen ist dabei nicht nur funktional notwendig, sondern bildet die Grundlage für glaubwürdige soziale Präsenz. Der Echtzeit-Avatar erfüllt in diesem Zusammenhang die Rolle eines intermediären Akteurs, der perzeptive Signale, semantische Bewertungen und darstellerische Kohärenz in einem kohärenten Reaktionsmodell integriert. Damit wird eine zentrale Voraussetzung für die Realisierung interaktiver und intelligenter Agentensysteme im Metaversum geschaffen.

Literatur

[ABU24]   Aburass, S. (2024). Virtual human beings and the future of rights: Ethical considerations in a digitally enhanced world. In: *Proceedings of 37th international RAIS conference on social sciences and humanities.* https://doi.org/10.5281/zenodo.13551017

[ALL16]   Allen, C. (2016). *The path to self-sovereign identity.* https://www.lifewithalacrity.com/2016/04/the-path-to-self-soverereign-identity.html. Zugegriffen am 26.07.2025.

[AND04]   Anderson, J. R., Bothell, D., Byrne, M. D., et al. (2004). An integrated theory of the mind. *Psychological Review, 111*(4), 1036–1060. https://doi.org/10.1037/0033-295X.111.4.1036

[BAI04]   Bailenson, J. N., Beall, A., Loomis, J., et al. (2004). Transformed social interaction: Decoupling representation from behavior and form in collaborative virtual environments. *Presence., 13*, 428–441. https://doi.org/10.1162/1054746041944803

[BAL22]   Ball, M. (2022). *The metaverse: And how it will revolutionize everything.* Liveright. ISBN: 978-1324092032.

[BEG94]   Begault, D. R. (1994). *3-D sound for virtual reality and multimedia.* Academic Press. isbn: 978-0120847358.

[BER01]   Berners-Lee, T., Hendler, J., & Lassila, O. (2001, Mai). The semantic web. *Scientific American Magazine* (Bd. 284, No. 5). https://doi.org/10.1038/scientificamerican052001-yL7Vw7HIOZ4iSjlnEeVsJ

[BES07]   Bessière, K., Seay, A. F., & Kiesler, S. (2007). The ideal elf: Identity exploration in world of warcraft. *CyberPsychology & Behavior, 10*(4), 530–535. https://doi.org/10.1089/cpb.2007.9994

[BIO03]   Biocca, F., Harms, C., & Burgoon, J. K. (2003). Toward a more robust theory and measure of social presence: Review and suggested criteria. *Presence: Teleoperators and Virtual Environments, 12*(5), 456–480. https://doi.org/10.1162/105474603322761270

[BRO20]   Brown, T., Mann, B., Ryder, N., et al. (2020). Language models are few-shot learners. *Advances in Neural Information Processing Systems, 33*, 1877–1901. https://doi.org/10.5555/3495724.3495883

[CHE19]   Chetty, G., & White, M. (2019, August 10–11). Embodied conversational agents and interactive virtual humans for training simulators. In: *Proceedings of the 15th international conference on auditory-visual speech processing.* Melbourne. https://www.isca-archive.org/avsp_2019/chetty19_avsp.pdf Zugegriffen am 26.07.2025. Christidis, K., & Devetsikiotis, M. (2016). Blockchains and smart contracts for the internet of things. *IEEE Access, 4*, 2292–2303.

[CHR16]   Christidis, K., & Devetsikiotis, M. (2016). Blockchains and smart contracts for the internet of things. *IEEE Access, 4*, 2292–2303. https://doi.org/10.1109/ACCESS.2016.2566339

[CLA04]   Clark, A. (2004). *Natural-born cyborgs: Minds, technologies, and the future of human intelligence.* Oxford University Press. isbn: 978-0195177510.

[CRA21]   Crawford, K., & Paglen, T. (2021). Excavating AI: The politics of images in machine learning training sets. *AI & Society, 36,* 901–910. https://doi.org/10.1007/s00146-021-01162-8

[DAV99]   Davis, E. T., Scott, K., Pair, J., & Hodges, L. F. (1999). Can audio enhance visual perception and performance in a virtual environment? *Proceedings of the Human Factors and ErgonomicsSocietyAnnualMeeting,43*(22).https://doi.org/10.1177/154193129904302206

[DEY01]   Dey, A. (2001). Understanding and using context. *Personal Ubi Comp, 5,* 4–7 (2001). https://doi.org/10.1007/s007790170019. Dignum, V. (2019). *Responsible artificial intelligence: How to develop and use AI in a responsible way.* Springer. Dey, A. Understanding and using context. *Personal Ubi Comp, 5,* 4–7 (2001). https://doi.org/10.1007/s007790170019

[DIG19]   Dignum, V. (2019). *Responsible artificial intelligence – How to develop and use AI in a responsible way.* Springer. isbn: 978-3-030-30370-9.

[DOW22]   Dowling, M. (2022). Fertile LAND: Pricing non-fungible tokens. *Finance Research Letters, 44,* 102096. https://doi.org/10.1016/j.frl.2021.102096

[FLO14]   Floridi, L. (2014). *The fourth revolution: How the infosphere is reshaping human reality.* Oxford University Press.

[FLO19]   Floridi, L., & Cowls, J. (2019). A unified framework of five principles for AI in society. *Harvard Data Science Review, 1*(1). https://doi.org/10.1162/99608f92.8cd550d1

[FRI08]   Friedman, B., Kahn, P. H., & Borning, A. (2008). Value sensitive design and information systems. In K. E. Himma & H. T. Tavani (Hrsg.), *The handbook of information and computer ethics.* Wiley. https://doi.org/10.1002/9780470281819.ch4

[FOX09]   Fox, J., Arena, D., & Bailenson, J. N. (2009). Virtual reality: A survival guide for the social scientist. *Journal of Media Psychology: Theories, Methods, and Applications, 21*(3), 95–113. https://doi.org/10.1027/1864-1105.21.3.95. Garau, M., Slater, M., Vinayagamoorthy, V., Brogni, A., Steed, A., & Sasse, M. A. (2003). The impact of avatar realism and eye gaze control on perceived quality of communication in a shared immersive virtual environment. Proceedings of the SIGCHI conference on human factors in computing systems, 529–536.

[GAR01]   Garau, M., Slater, M., Bee, S., & Sasse, M. A. (2001). The impact of eye gaze on communication using humanoid avatars. In: *Proceedings of the SIGCHI conference on human factors in computing systems CHI '01.* (S. 309–316). ACM: Seattle, Washington, USA.

[GEL14]   de Gelder, B., de Borst, A. W., & Watson, R. (2014, March/April). The perception of emotion in body expressions. *WIREs Cognitive Science, 6*(2), 149–158. https://doi.org/10.1002/wcs.1335

[GRU09]   Gruber, T. R. (2009). Ontology. In L. Liu & M.T. Özsu (Hrsg.), *Encyclopedia of database systems.* Springer. https://tomgruber.org/writing/ontology-in-encyclopedia-of-dbs.pdf. Zugegriffen am 26.07.2025.

[HOF14]   Hoff, K. A., & Bashir, M. (2014). Trust in automation: Integrating empirical evidence on factors that influence trust. *Human Factors, 57*(3), 407–434. https://doi.org/10.1177/0018720814547570. (Original work published 2015).

[HOR99]   Horvitz, E., Breese, J., Heckerman, D., et al. (1999). *The Lumière project: Bayesian user modeling for inferring the goals and needs of software users.* Proceedings of the 14th conference on uncertainty in artificial intelligence, 256–265. https://doi.org/10.48550/arXiv.1301.7385

[JER15]   Jerald, J. (2015). *The VR book: Human-centered design for virtual reality*. ACM Books. isbn: 978-1970001129.

[KAI19]   Kairouz, P., McMahan, H. B., et al. (2019). Advances and open problems in federated learning. *Foundations and Trends in Machine Learning, 14*(1–2), 1–210. https://doi.org/10.48550/arXiv.1912.04977

[KAP15]   Kaptein, M., Markopoulos, P., de Ruyter, B., & Aarts, E. (2015). Personalizing persuasive technologies: Explicit and implicit personalization using persuasion profiles. *International Journal of Human-Computer Studies, 77*, 38–51. https://doi.org/10.1016/j.ijhcs.2015.01.004

[KIL12]   Kilteni, K., Groten, R., & Slater, M. (2012). The sense of embodiment in virtual reality. *Presence: Teleoperators and Virtual Environments, 21*(4), 373–387. https://doi.org/10.1162/PRES_a_00124

[KOU24]   Kourtesis, P. (2024). A comprehensive review of multimodal XR applications, risks, and ethical challenges in the metaverse. *Multimodal Technologies and Interaction, 8*(11), 98. https://doi.org/10.3390/mti8110098

[LAT17]   Latoschik, M. E., Roth, D., & Gall, D. (2017, November 8–10). The effect of avatar realism in immersive social virtual realities. Proceedings of VRST '17, Gothenburg. 2017, 10 pages. https://doi.org/10.1145/3139131.3139156

[LI17]   Li, S., Deng, W., & Du, J. (2017). Reliable crowdsourcing and deep locality-preserving learning for expression recognition in the wild. In: *Proceedings of the IEEE conference on Computer Vision and Pattern Recognition (CVPR)*, 2584–2593. https://doi.org/10.1109/CVPR.2017.277

[LUC02]   Luckham, D. C. (2002). *The power of events: An introduction to complex event processing in distributed enterprise systems*. Addison-Wesley. isbn: 978-0201727890.

[LUG15]   Lugrin, J.-L., Latt, J., & Latoschik, M. (2015). *Avatar Anthropomorphism and Illusion of body ownership in VR*. In: Proceedings of Conference: IEEE VR 2015. https://doi.org/10.1109/VR.2015.7223379

[MAD16]   Madary, M., & Metzinger, T. K. (2016). Real virtuality: A code of ethical conduct. Recommendations for good scientific practice and the consumers of VR-technology. *Frontiers in Robotics and AI, 3*, 3. https://doi.org/10.3389/frobt.2016.00003

[MAN97]   Mann, S. (1997, Februar). Wearable computing: a first step toward personal imaging. *Computer, 30*(2), 25–32. https://doi.org/10.1109/2.566147

[MEN22]   Mendez, G. J., Bierzynski, K., Cuéllar, M., & Morales, D. (2022). Edge intelligence: Concepts, architectures, applications, and future directions. *ACM Transactions on Embedded Computing Systems*, 21. https://doi.org/10.1145/3486674

[MOR70]   Mori, M. (1970). The Uncanny valley. *Energy, 7*(4), 33–35. (in Japanese).

[OBE14]   Oberle, D. (2014). How ontologies benefit enterprise applications. *Semantic Web, 5*(6), 473–491. https://doi.org/10.3233/SW-130114

[PAN18]   Pan, X., & Hamilton, A. F. D. C. (2018). Why and how to use virtual reality to study human social interaction: The challenges of exploring a new research landscape. *British Journal of Psychology, 109*(3), 395–417. https://doi.org/10.1111/bjop.12290

[PAR21]   Parisi, T. (2021). *The seven rules of the metaverse*. Medium. https://tonyparisi.medium.com/the-seven-rules-of-the-metaverse-7d4e06fa864c. Zugegriffen am 28.07.2025.

[PET08]   Petkova, V. I., & Ehrsson, H. H. (2008). If I were you: Perceptual illusion of body swapping. *PLoS One, 3*(12), e3832. https://doi.org/10.1371/journal.pone.0003832

[PIC00]   Picard, R. W. (2000). *Affective computing*. MIT Press. ISBN: 9780262661157.

[PIC19]   Piccione, J., Collett, J., & de Foe, A. (2019). Virtual skills training: The role of presence and agency. *Heliyon, 5*(11) issn: 2405-8440. https://doi.org/10.1016/j.heliyon.2019.e02583

[POS07]   Poslad, S. (2007). Specifying protocols for multi-agent system interaction. *ACM Transactions on Autonomous and Adaptive Systems, 2* (4), 15–es. https://doi.org/10.1145/1293731.1293735

[PRE21]   Preukschat, A., & Reed, D. (2021). *Self-sovereign identity: Decentralized digital identity and verifiable credentials.* Manning Publications. isbn: 978-1617296598.

[RIC22]   Ricci, F., Rokach, L., & Shapira, B. (2022). *Recommender systems handbook.* Springer. isbn: 978-1-0716-2199-8.

[RUS21]   Russell, S., & Norvig, P. (2021). *Artificial intelligence: A modern approach* (4. Aufl.). Pearson. isbn: 978-1-292-40113-3.

[SCHr18]   Schroeder, R. (2018). *Social theory after the internet: Media, technology, and globalization.* UCL Press. https://doi.org/10.14324/111.9781787351226

[SIL16]   Silver, D., Huang, A., Maddison, C. J., et al. (2016). Mastering the game of go with deep neural networks and tree search. *Nature, 529,* 484–489. https://doi.org/10.1038/nature16961

[SLA09]   Slater, M. (2009). Place illusion and plausibility can lead to realistic behaviour in immersive virtual environments. *Philosophical Transactions of the Royal Society London B: Biological Sciences.* https://doi.org/10.1098/rstb.2009.0138

[SLA10]   Slater, M., Spanlang, B., Sanchez-Vives, M. V., & Blanke, O. (2010). First person experience of body transfer in virtual reality. *PLoS One, 5*(5), e10564. https://doi.org/10.1371/journal.pone.0010564

[SLA16]   Slater, M., & Sanchez-Vives, M. V. (2016). Enhancing our lives with immersive virtual reality. *Frontiers in Robotics and AI, 3,* 74. https://doi.org/10.3389/frobt.2016.00074

[SPA14]   Spanlang, B., Normand, J.-M., Borland, D., et al. (2014). How to build an embodiment lab: Achieving body representation illusions in virtual reality. *Frontiers in Robotics and AI, 2014,* 1. https://doi.org/10.3389/frobt.2014.00009

[STE09]   Steed, A., & Oliveira, M. F. (2009). *Networked graphics: Building networked games and virtual environments.* Morgan Kaufmann. ISBN: 978-0123744234.

[STE16]   Steed, A., Pan, Y., & Zisch, F. (2016). The impact of a self-avatar on cognitive load in immersive virtual reality. In: *Proceedings of 2016 IEEE Virtual Reality (VR).* https://doi.org/10.1109/VR.2016.7504689

[TAP16]   Tapscott, D., & Tapscott, A. (2016). *Blockchain revolution: How the technology behind bitcoin is changing money, business, and the world.* Penguin. isbn: 9781101980156.

[TAT23]   Tatarchuk, N., Aaltonen, S., & Schneider, A. (2023). Advances in real-time rendering (Part I). In: SIGGRAPH '23: ACM SIGGRAPH 2023 Courses, Article No.: 23, Page 1. https://doi.org/10.1145/3587423.3607877

[TOZ23]   Tozlu, Y. S., & Zhou, H. (2023). PBVR: Physically based rendering in virtual reality. In: *Proceedings of 2023 IEEE International Symposium on Workload Characterization (IISWC).* https://doi.org/10.1109/IISWC59245.2023.00039

[TUR97]   Turkle, S. (1997). *Life on the Screen: Identity in the age of the internet.* Simon & Schuster. isbn: 978-0684833484.

[VIN09]   Vinciarelli, A., Pantic, M., & Bourlard, H. (2009). Social signal processing: Survey of an emerging domain. *Image and Vision Computing, 27*(12), 1743–1759. https://doi.org/10.1016/j.imavis.2008.11.007

[WAN22]   Wang, L., Chen, Z., Tao, Y., et al. (2022). FaceVerse: A fine-grained and detail-changeable 3D neural face model from a hybrid dataset. Preprnt. https://doi.org/10.48550/arXiv.2203.14057. Winfield, A. F. T., Michael, K., Pitt, J., & Evers, V. (2021). Machine ethics: The design and governance of ethical AI and autonomous systems. *Proceedings of the IEEE, 109*(5), 646–666.

[WAN25]   Wang, Z., Rao, M., & Ye, S. (2025). *Towards spatial computing: Recent advances in multimodal natural interaction for XR headsets*. In: arXiv. https://doi.org/10.48550/arXiv.2502.07598. Wooldridge, M. (2009). *An introduction to multiagent systems*. Wiley.

[WEF23]   World Economic FOrum. (2023). *Interoperability in the metaverse*. https://www.weforum.org/publications/interoperability-in-the-metaverse/. Zugegriffen am 26.07.2025.

[WIN21]   Winfield, A. F. T., Booth, S., Dennis, L. A., et al. (2021). IEEE P7001: A proposed standard on transparency, Article 665729. *Frontiers in Robotics and AI, 8*. https://doi.org/10.3389/frobt.2021.665729

[WOO09]   Wooldridge, M. (2009). *An introduction to multiagent systems*. Wiley. isbn: 978-0-470-51946-2.

[YAN21]   Yang, J., Qian, T., Zhang, F., & Khan, S. (2021). Real-time facial expression recognition based on edge computing. *IEEE Access*, 1–1. https://doi.org/10.1109/ACCESS.2021.3082641

[YEE07]   Yee, N., & Bailenson, J. (2007). The proteus effect: The effect of transformed self-representation on behavior. *Human Communication Research, 33*(3), 271–290. https://doi.org/10.1111/j.1468-2958.2007.00299.x

[ZWI18]   Zwitter, A., & Boisse-Despiaux, M. (2018). Blockchain for humanitarian action and development aid. *International Journal of Humanitarian Action, 3*, 16. https://doi.org/10.1186/s41018-018-0044-5

A³ im Einsatz 5

Parallel zur Entwicklung des oben vorgestellten A³-Konzepts hat sich insbesondere in Bereich des Marketings die Idee des Direct-to-Avatar-Commerce (D2A-Commerce) etabliert. Der Begriff D2A werden Geschäftsmodelle anvisiert, bei denen digitale Güter und Dienstleistungen in virtuellen Umgebungen unmittelbar an Avatare vertrieben werden, ohne dass ein physisches Pendant oder eine Vermittlung über reale Repräsentationen erforderlich ist. In einem solchen Kontext fungieren Avatare nicht nur als digitale Stellvertreter realer Personen, sondern übernehmen die Rolle eigenständiger Schnittstellen für Transaktionen, Interaktionen und personalisierte Inhalte innerhalb digitaler Ökosysteme. Die zunehmende Etablierung persistenter, nutzergenerierter virtueller Welten, wie Spieleumgebungen oder aben das Metaversum, hat das D2A-Paradigma zunächst im Bereich des digitalen Handels geprägt, insbesondere durch die Vermarktung virtueller Kleidung, Accessoires oder sonstiger identitätsstiftender Objekten.

Über den kommerziellen Anwendungsbere ich hinaus lässt sich der D2A-Ansatz jedoch als grundlegendes Prinzip der Adressierung, Interaktion und Inhaltsdistribution innerhalb digitaler Sphären begreifen. In Bildungs- und Lernkontexten etwa können Lehrinhalte, adaptive Feedbacksysteme oder virtuelle Werkzeuge direkt an Avatare adressiert werden, wodurch personalisierte Lernerfahrungen in virtuellen Klassenzimmern oder Simulationen ermöglicht werden. Ebenso eröffnen sich im Bereich der digitalen Sozialarbeit, der Gesundheitsprävention oder der psychologischen Betreuung neue Perspektiven, in denen therapeutische Interventionen, Beratungsleistungen oder soziale Unterstützungsangebote direkt auf avatarbasierte Identitäten zugeschnitten und innerhalb immersiver Umgebungen bereitgestellt werden.

Der D2A-Ansatz transformiert damit nicht nur ökonomische Austauschbeziehungen, sondern auch Kommunikations-, Bildungs- und Interaktionsprozesse in digital erweiterten

P. Hoffmann, *Avatare im Metaversum*, https://doi.org/10.1007/978-3-658-51037-4_5

Räumen. Er verweist auf eine strukturelle Verschiebung, weg von der Mensch-zu-Mensch-Kommunikation hin zu mediatisierten Mensch-zu-Avatar- oder sogar Avatar-zu-Avatar-Beziehungen. Diese Entwicklung stellt etablierte Konzepte von Rezipienz, Subjektivität und Agency vor neue Herausforderungen und erfordert eine interdisziplinäre Auseinandersetzung mit der Frage, wie sich digitale Identität und soziale Handlung in virtuellen Umgebungen konstituieren.

In der wissenschaftlichen Diskussion wird D2A zunehmend als Paradigma betrachtet, das sowohl ökonomische als auch soziotechnische Transformationsprozesse in virtuellen Räumen abbildet [RZE22, TAV24]. Dabei rücken Fragen der digitalen Selbstverortung, der algorithmischen Steuerung von Interaktionen sowie der normativen Gestaltung virtueller Öffentlichkeiten in den Fokus [BEL13, FLO19].

Die konzeptuelle Erweiterung des Begriffs Direct-to-Avatar erfährt eine besondere Bedeutung im Zusammenhang mit dem Konzept des autonom agierenden Avatars. Während D2A ursprünglich als technikgetriebenes Distributions- und Interaktionsparadigma konzipiert wurde, bei dem digitale Inhalte oder Dienste an Avatare adressiert werden, eröffnet die Integration von A³ die Möglichkeit, Avatare nicht nur als passive Empfänger, sondern als aktive, vielleicht sogar eigensinnige Akteure innerhalb virtueller Umgebungen zu verstehen. Das A³-Konzept beschreibt Avatare, die auf Basis algorithmischer Entscheidungsprozesse, lernfähiger Systeme oder regelbasierter Handlungsschemata selbstständig in digitalen Kontexten operieren, Entscheidungen treffen und Kommunikationsprozesse initiieren können.

Diese Verschränkung führt zu einer tiefgreifenden Neuinterpretation der D2A-Logik, denn D2A adressiert so nicht länger ausschließlich den digitalen Stellvertreter eines menschlichen Subjekts, sondern zunehmend auch einen semiautonomen oder vollautonomen Handlungsträger innerhalb des virtuellen Raums. Daraus ergibt sich eine doppelte Verschiebung, sowohl in der Adressierung als auch in der Rückkopplung:

- Einerseits richten sich Inhalte, Produkte oder Dienste an eine Entität, die selbstständig Filter-, Bewertungs- und Auswahlprozesse vollzieht.
- Andererseits generieren diese Avatare eigenständige Reaktionen, Transaktionen oder soziale Dynamiken, die nicht unmittelbar auf menschliche Intentionen rückführbar sind, sondern durch agentenbasierte Logiken bestimmt werden.

So entstehen dadurch zum Beispiel im Kontext von Bildung, sozialer Interaktion oder organisationalen Anwendungen neuartige Szenarien, in denen D2A nicht nur als Vektor für digitale Distribution fungiert, sondern als infrastrukturelles Prinzip der Koordination zwischen technischen Agenten. So kann beispielsweise ein A³ im Rahmen einer kollaborativen Lernumgebung selbstständig Lerninhalte priorisieren, Rückfragen generieren oder mit anderen Avataren, egal ob menschlich gesteuert oder autonom, strategisch interagieren. Dies markiert eine qualitative Transformation des D2A-Konzepts zu einem intermediären Steuerungs- und Kommunikationsmodell, das nicht mehr nur zwischen Mensch und Medium, sondern zwischen interagierenden „agentischen" Instanzen vermittelt.

Die Relevanz dieses erweiterten D2A³-Verhältnisses liegt in der Notwendigkeit, bestehende Modelle virtueller Identität, Interaktivität und Medienökologie neu zu denken. In Anlehnung an Konzepte der Distributed Agency [FLO19] sowie der Algorithmic Selfhood [CHE17] lässt sich argumentieren, dass mit dem Zusammenspiel von D2A und A3 eine neue Handlungsebene in digitalen Räumen emergiert, die durch adaptive Selbststeuerung, datengetriebene Entscheidungsfindung und soziale Anschlussfähigkeit gekennzeichnet ist.

D2A³ beschreibt somit ein Interaktions- und Kommunikationsparadigma im Kontext digitaler Agentensysteme, bei dem Nutzer nicht mehr lediglich über Avatare handeln, sondern unmittelbar mit autonomen, KI-gesteuerten Avataren als eigenständigen digitalen Akteuren interagieren. Dieses Paradigma stellt eine Weiterentwicklung klassischer Nutzer-Avatar-Beziehungen dar, in denen Avatare primär als projektive Repräsentationen menschlicher Subjekte fungierten. Bei D2A³ agiert der Avatar hingegen als eigenständiger Interaktionspartner, der, in der Regel auf Basis von Methoden der KI, selbstständig Informationen verarbeiten, Entscheidungen treffen und Handlungen ausführen kann, ohne dass ein kontinuierliches menschliches Steuerungssignal erforderlich ist. Damit verschiebt sich das Verhältnis zwischen Mensch und Avatar von einem Modell der Repräsentation zu einem Modell der Kooperation.

Die technologische Grundlage dieser Interaktionsform bildet ein Zusammenspiel aus generativer KI, multimodaler Sensorik, adaptivem Lernverhalten und semantischer Kontextverarbeitung. A³-Avatare sind in der Lage, aus Interaktionen mit Nutzern kontinuierlich Bedeutungsstrukturen zu rekonstruieren und diese in eigenständige Handlungsmuster zu überführen. Nutzer können mit solchen Avataren in natürlicher Sprache, über Gestik, visuelle Hinweise oder durch den Einsatz personalisierter Datenprofile kommunizieren. Die Avatare antworten nicht nur mit kontextualisierten Inhalten, sondern zeigen auch adaptive, emotionale und sozial plausible Reaktionen. Dadurch entsteht ein Interaktionsverhältnis, das zunehmend von Dialog und Aushandlung geprägt ist, anstatt von Steuerung und Kontrolle [SPR25] (Abb. 5.1).

- In **ökonomischer Hinsicht** eröffnet D2A³ eine ganze Reihe neuer Modelle digitaler Dienstleistungsbeziehungen. Unternehmen, Institutionen und Einzelpersonen können autonome Avatare mit spezifischen Aufgaben, Zielen und Kommunikationsstilen ausstatten, die dann direkt mit Kunden, Klienten oder Partnern interagieren. Diese Form der Delegation ist nicht nur effizient, sondern erlaubt auch die Individualisierung von Dienstleistungen in Echtzeit, etwa in der Bildung, im Gesundheitswesen oder im Kundenservice. Der Avatar wird hierbei nicht als Benutzungsschnittstelle, sondern als ausführender Agent mit eigener Interaktionsgeschichte und Entscheidungskompetenz verstanden [HAE22].

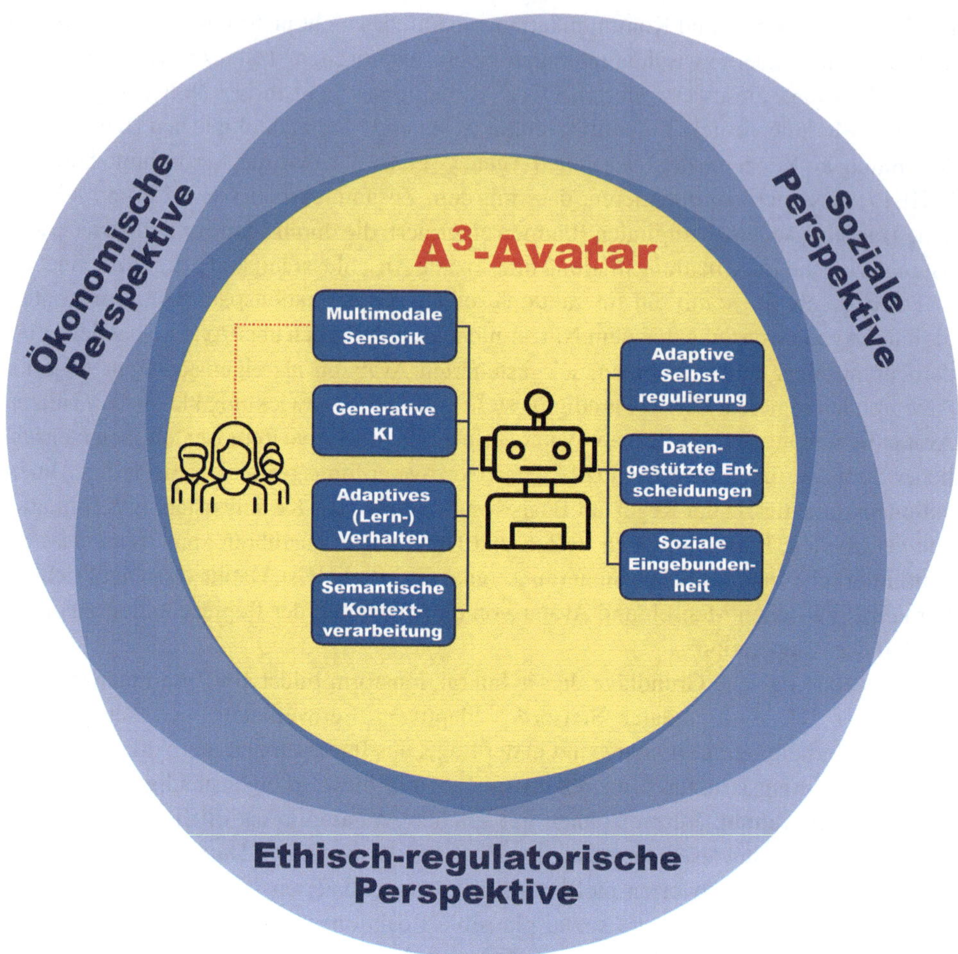

Abb. 5.1 Technologische Grundlage der Interaktionsform A³

- **Sozial** betrachtet ermöglicht Direct-to-A³-Interaktion neue Formen zur Gestaltung digitaler Beziehungen. Nutzer entwickeln häufig emotionale oder psychologische Bindungen zu ihren Avataren, die nicht nur funktionale Aufgaben übernehmen, sondern als sozial präsente Entitäten auftreten. Studien im Bereich der Human-Agent-Interaction belegen, dass solche Beziehungen Vertrauen, Empathie und soziale Nähe fördern können, insbesondere wenn die Avatare über affektive und kommunikative Kompetenzen verfügen [NOW18]. Diese Art der Interaktion gewinnt insbesondere im Metaversum an Relevanz, wo A³ nicht nur als individuelle Agenten, sondern auch als Mitglieder virtueller Gemeinschaften auftreten und an sozialen Dynamiken partizipieren.

- Zugleich wirft die Direct-to-A3-Nutzung **ethische und regulatorische Fragen** auf. Da Avatare hier als autonome Agenten auftreten, stellt sich die Frage nach Verantwortlichkeit, Transparenz und Rechenschaftspflicht. Nutzer müssen nachvollziehen können, ob sie mit einem menschengesteuerten oder einem KI-gesteuerten Agenten kommunizieren, welche Entscheidungsgrundlagen der Avatar verwendet und in welchem Umfang persönliche Daten verarbeitet oder weitergegeben werden. Die Forderung nach erklärbarer KI und nach einem normativ fundierten Design solcher Agenten rückt damit in den Vordergrund technologischer und politischer Debatten [FLO22].

5.1   D2A³-Commerce

Die Einführung des A³-Konzepts in die Welt des E-Commerce führt zu neuartigen Form digitaler Handels- und Dienstleistungsbeziehungen, in denen autonome, künstlich intelligente Avatare als unmittelbare Interaktions-, Transaktions- und Entscheidungspartner fungieren. Im Gegensatz zu klassischen Direct-to-Consumer-Modellen, bei denen die Kommunikation direkt zwischen Unternehmen und Endnutzern stattfindet, basiert D2A³-Commerce auf der Interaktion zwischen ökonomischen Akteuren und autonomen digitalen Agenten, die stellvertretend für menschliche Nutzer oder eigenständig agierend am digitalen Marktgeschehen teilnehmen. Diese Entwicklung ist eng mit der Ausweitung des Metaversums sowie mit Fortschritten in KI, der Agentenmodellierung und der Blockchain-Technologie verbunden. Diese ermöglichen es erst, A³ mit rechtlich und ökonomisch relevanten Handlungskompetenzen auszustatten.

Das zentrale Charakteristikum des D2A³-Commerce ist die verteilte Autonomie. A³ agieren unabhängig vom unmittelbaren Input ihres menschlichen Nutzers und können eigenständig Bedarfe identifizieren, Angebote vergleichen, Verträge aushandeln oder Transaktionen auslösen. Diese Fähigkeit resultiert aus einer Kombination maschinellen Lernens, semantischer Verarbeitung, Nutzerpräferenzmodellierung und algorithmischer Entscheidungsfindung. So kann ein A³ beispielsweise im Kontext eines virtuellen Marktplatzes selbstständig digitale Güter wie Kleidung, virtuelle Immobilien oder funktionale Erweiterungen erwerben, basierend auf personalisierten Ästhetik-, Nutzungs- und Budgetprofilen seines Nutzers. In diesem Zusammenhang sind Plattformen wie Decentraland oder The Sandbox frühe Beispiele für digitale Ökosysteme, in denen A³ mit anderen Agenten oder Systemen ökonomisch interagieren und digitale Eigentumsverhältnisse über Blockchain-basierte Smart Contracts abgesichert werden [DOW22].

Ein weiteres durchaus charakteristisches Merkmal ist die Interaktion in Echtzeit über persistente, immersive Umgebungen hinweg. D2A³-Commerce findet nicht in isolierten Applikationen statt, sondern in kontinuierlich existierenden virtuellen Räumen, in denen Avatare nicht nur Waren und Dienstleistungen austauschen, sondern auch Beratung, Verhandlung und After-Sales-Services übernehmen. Der Avatar fungiert dabei sowohl als

Kommunikationsschnittstelle, aber auch als Akteur mit eigener Transaktionshistorie, Verhandlungstaktik und sozialer Reputationsstruktur. So könnte ein A³ etwa regelmäßig im Namen seines Nutzers an einer virtuellen Auktion teilnehmen, Preisentwicklungen beobachten, Mitbieterprofile analysieren und strategisch entscheiden, ob ein Angebot den langfristigen Interessen seines Eigentümers entspricht.

Ein Kernmerkmal von D2A³ ist die vertragliche und ökonomische Handlungsfähigkeit von A³, die auf der Nutzung digitaler Identitäts- und Rechteinfrastrukturen basiert. Technologien wie die oben schon erwähnten Self-Sovereign Identity, Decentralized Identifiers und Non-Fungible Tokens ermöglichen es, dass ein Avatar eindeutig identifizierbar, eigentumsfähig und als vertrauenswürdiger Akteur auf Märkten zugelassen ist [WAN22]. Diese technologische Fundierung erlaubt es, auch komplexe ökonomische Prozesse zu automatisieren, wie etwa wiederkehrende Lizenzkäufe, Content-Distribution oder personalisierte Microservices. Ein Beispiel hierfür sind KI-gestützte Shopping-Avatare in XR-Plattformen, die auf Basis des Nutzerverhaltens individualisierte Empfehlungen generieren, diese mit den Nutzungsbedingungen und Preismodellen von Anbietern abgleichen und im Anschluss personalisierte Kaufentscheidungen treffen.

Direkte wirtschaftliche Interaktion mit solchen Avataren einer neuen Generation erfordert jedoch auch eine Transformation der Geschäftslogik auf der Seite der Anbieter. Diese müssen ihre Angebote so strukturieren, dass sie nicht nur für menschliche Nutzer verständlich und attraktiv sind, sondern auch maschinenlesbar, verhandlungsfähig und modular anpassbar für algorithmisch gesteuerte Agenten. Dies schließt die semantische Auszeichnung von Produktdaten, die Bereitstellung dynamischer Preis- und Vertragsmodelle sowie eine technische API-Zugänglichkeit für Avatare mit ein. In digitalen Kunstmärkten etwa können A³-Avatare kuratierte NFT-Galerien durchsuchen, Werke nach kulturellen, sozialen und ästhetischen Kriterien bewerten und anschließend im Namen ihrer Nutzer am Erwerbsprozess teilnehmen.

D2A³-Commerce kann durchaus als Reaktion auf die zunehmende Delegation von Entscheidungs- und Interaktionsprozessen an KI-basierte Agentenangesehen werden, der einen neuen ökonomischen Handlungsraum im digitalen Zeitalter einführt. Die Charakteristika dieser Handels- und Handlungsform, autonome Transaktionsfähigkeit, immersive Interaktionsformen, rechtliche Absicherung und semantische Verhandlungsfähigkeit, markieren eine Verschiebung ökonomischer Akteursmodelle. Damit fordern sie eine tiefgreifende Reorganisation sowohl der technischen Infrastrukturen als auch der normativen Rahmenbedingungen digitaler Ökonomien. Letztlich führt dies zu einer Erweiterung des Modells der Modusage, das Hoffmann 2025 einführte, in dem der Moduser intern aus zwei eigenständigen Rollen, nämlich dem menschlichen Moduser-Teil sowie dem A³-Moduser-Teil besteht [HOF25]. Zwingend notwendig für diese D2A³-Modusage ist, dass zwischen beiden internen Moduser-Teilen eine enge Kommunikation und Interaktion stattfindet. Dies zu garantieren liegt allerdings nicht beim Moduser, sondern beim Anbieter der Plattform, auf der diese Form der Modusage stattfinden soll (Abb. 5.2).

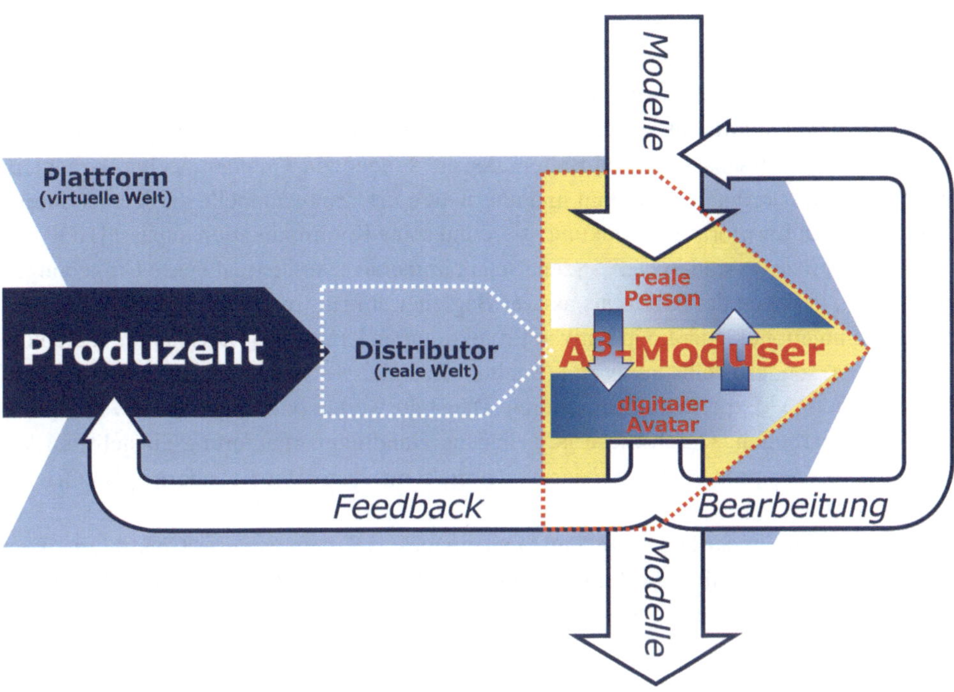

Abb. 5.2 A³-Modusage

5.2 D2A³-Learning

Ähnlich wie das im vorigen Abschnitt vorgestellte Konzept des D2A³-Commerce, so beschreibt auch D2A³-Learning eine neue Form des technologiegestützten Lernens, bei der Lerninteraktionen, didaktische Vermittlungsprozesse und kognitive Unterstützungsleistungen direkt zwischen Lernenden und autonom agierenden Avataren stattfinden. Im Unterschied zu traditionellen E-Learning-Systemen oder tutorengesteuerten Plattformen fungiert der A³ hier aber nicht nur als Interface oder Vermittler statischer Inhalte, sondern er übernimmt die Rolle eines lernfähigen, adaptiven und sozial intelligent handelnden Agenten, der die Rolle eines individuellen Mentors, Begleiters oder sogar Mitlernenden einnimmt. Die Verbindung aus künstlicher Intelligenz, immersiven Umgebungen und semantisch angereichertem Interaktionsdesign ermöglicht eine Personalisierung und Kontextualisierung des Lernens, die weit über klassische (digitale) Bildungsformate hinausgeht.

Das zentrale Charakteristikum von D2A³-Learning liegt in der dialogischen Struktur der Interaktion. Der A³ ist in der Lage, didaktisch strukturierte Gespräche zu führen, Fragen zu stellen, Feedback zu geben, Missverständnisse zu erkennen und auf individuelle

Lernbedürfnisse seines Nutzers einzugehen. Diese Form der adaptiven Lerninteraktion basiert auf Natural Language Processing, semantischer Modellierung und emotionaler Sensitivität, wodurch der Avatar Inhalte nicht nur vermittelt, sondern auch reflektierend verarbeitet und kognitiv integriert. So kann ein A^3 in einer virtuellen Lernumgebung etwa als interaktiver Wissenschaftler auftreten, der auf Fragen zur Quantenmechanik reagiert, Verständnisschwierigkeiten erkennt und alternative Erklärungsmodelle anbietet, während er zugleich den Lernfortschritt dokumentiert und seine Kommunikation anpasst [HOL21].

Die Lernprozesse sind in D2A³-Szenarien in immersive, kontextualisierte Umgebungen eingebettet, in denen der Avatar als aktiver Begleiter auftritt. In virtuellen Laboren, historischen Simulationen oder kooperativen Projekträumen kann der A^3 Lernhandlungen nicht nur anleiten, sondern selbst aktiv mitgestalten. Beispielsweise können Lernende gemeinsam mit einem A^3 Experimente simulieren, Daten auswerten oder argumentativ komplexe Probleme bearbeiten. Durch diese gemeinsame Handlungsorientierung entsteht ein ko-konstruktiver Lernprozess, in dem der Avatar nicht nur Instrukteur, sondern epistemischer Partner ist [JOH18].

Wie allgemein in der Definition des Metaversums, so ist ein weiteres Charakteristikum das A^3 im D2A³-Learning die Langfristigkeit und Persistenz. Dies bezieht sich hier zunächst vor allem auf die Lernbeziehung. A^3 bleiben über längere Zeiträume mit einem Lernenden verbunden, akkumulieren kontinuierlich Wissen und bauen Lernbiografien auf. Dies ermöglicht eine nachhaltige Lernbegleitung, in der frühere Lernstände, individuelle Schwächen, bevorzugte Lernstile oder motivational-affektive Faktoren berücksichtigt werden. Die daraus resultierende Kontinuität führt zu einer hohen Individualisierung der Lernprozesse, in der der Avatar sowohl didaktisch als auch emotional responsiv agieren kann. Ein Beispiel dafür könnte der Einsatz von A^3 in der Sonderpädagogik sein, wo kontinuierlich lernende Avatare emotionale Stabilität vermitteln und gleichzeitig kognitive Unterstützung leisten könnten [KOR19].

Auch in kollaborativen Lernsettings kann D2A³-Learning zum Einsatz kommen, indem A^3 als Moderatoren, Diskussionspartner oder Mediatoren auftreten. In virtuellen Gruppenarbeiten können sie Gesprächsstrukturen analysieren, Diskurse anregen, Konflikte moderieren oder metakognitive Impulse setzen. Ihre Fähigkeit, soziale Dynamiken zu erfassen und in Echtzeit auf sie zu reagieren, macht sie zu wertvollen Akteuren in kooperativen Bildungsprozessen. In Hochschulumgebungen könnten sie etwa projektbasierte Lernformate begleiten, indem sie Teams bei der Zieldefinition, Ressourcenorganisation und Fortschrittsbewertung unterstützen, ohne inhaltlich dominant zu intervenieren.

Die Einführung von D2A³-Learning führt auch zu einer Veränderung der Rolle institutioneller Bildungsanbieter. Lernplattformen und Bildungseinrichtungen werden nicht mehr ausschließlich als Inhaltsanbieter, sondern als Infrastrukturanbieter für agentenbasierte Lernökosysteme relevant. A^3 können mit institutionellen Curricula, Prüfungsdatenbanken und Kompetenzmodellen verbunden sein, um Lernpfade mit offiziellen Abschlüssen oder Zertifizierungen zu koordinieren. Zugleich stellt sich hier jedoch die Frage nach pädagogischer Verantwortung, Datenschutz und epistemischer Kontrolle, insbesondere wenn Avatare eigene didaktische Entscheidungen treffen und Nutzerverhalten umfassend analysieren. Die Forderung nach erklärbarer KI und verantwortlicher Gestaltung intelligenter Lernagenten ist deshalb integraler Bestandteil der wissenschaftlichen Auseinandersetzung mit diesem Paradigma [LUC16].

Die Verbindung von KI-gesteuerter Autonomie, semantisch-dynamischer Interaktion und immersiver Lernumgebung ermöglicht Lernformen, die gleichzeitig personalisiert, sozial eingebettet und skalierbar sind. A^3 treten nicht nur als technische Vermittler, sondern als kognitive, soziale und affektive Agenten des Lernens auf und eröffnen damit neue Perspektiven auf Bildung als dialogischen, kontinuierlichen und situativ verankerten Prozess.

5.3   D2A³-Work

In den vergangenen Jahrzehnten hat die Digitalisierung tiefgreifende Veränderungen in der Arbeitswelt ausgelöst, deren Dynamik weiterhin unvermindert anhält. Merkmale dieses Wandels sind die Automatisierung repetitiver Tätigkeiten, die Durchdringung nahezu aller Branchen mit digitalen Technologien sowie die Entstehung neuer Arbeitsformen, etwa in virtuellen und plattformbasierten Umgebungen. Informations- und Kommunikationstechnologien ermöglichen nicht nur orts- und zeitunabhängige Zusammenarbeit, sondern transformieren auch traditionelle Unternehmensstrukturen hin zu flexibleren, dezentralen Organisationsformen. Gleichzeitig verändert sich damit auch das Anforderungsprofil der Beschäftigten. Digitale Kompetenzen, Medienmündigkeit und die Fähigkeit zum Umgang mit algorithmischen Systemen werden zunehmend zur Voraussetzung für berufliche Teilhabe. Der digitale Strukturwandel führt damit nicht nur zu Effizienzgewinnen, sondern stellt auch grundlegende Fragen nach Qualifizierung, Teilhabe und sozialer Absicherung im Kontext der sich wandelnden Arbeitsrealitäten [EUR21, KLA17].

D2A³-Work treibt diesen Wandel weiter voran, indem Aufgaben, Aufträge oder kooperative Prozesse nicht mehr ausschließlich an menschliche Arbeitskräfte oder Avatare als Repräsentanten von Personen, sondern direkt an autonom agierende Avatare delegiert werden, die als handlungsfähige und kontextsensitiv agierende Agenten in digitalen Arbeitsumgebungen operieren. Diese Entwicklung ist Teil einer umfassenden Verschiebung in der digitalen Ökonomie, in der künstliche Agenten zunehmend nicht nur unterstützende Funktionen übernehmen, sondern zu eigenständigen Arbeitssubjekten innerhalb virtueller, hybrider und automatisierter Arbeitsprozesse avancieren.

Im Zentrum von D2A³-Work steht die eigenständige Aufgabenbearbeitung durch A^3, die über kognitive und technische Ressourcen verfügen, um die Arbeitsaufträge zu verstehen, sie zu strukturieren und auszuführen, ohne auf permanente menschliche Kontrolle angewiesen zu sein. Grundlage dafür bildet die Kombination von Natural Language Processing, Machine Learning, Planungsalgorithmen und multimodaler Umgebungserfassung. Diese und weitere begleitende Technologien ermöglichen es den A^3, Anforderungen in Aufgaben zu überführen und unter Berücksichtigung von Kontextparametern umzusetzen.

In virtuellen Kooperationsplattformen wie Spatial.io oder in XR-Produktionsumgebungen können A^3 beispielsweise als Moderatoren, Datenanalysten oder virtuelle Assistenten agieren, die Besprechungen vorbereiten, Inhalte zusammenfassen, Arbeitsabläufe koordinieren oder Ergebnisse präsentieren. Die Fähigkeit, sich an unterschiedliche fachliche, soziale oder technische Kontexte anzupassen, macht diese Avatare zu flexiblen Arbeitseinheiten innerhalb kollaborativer Prozesse [FIN22].

Ebenfalls zentral ist die zeitliche und räumliche Entkopplung von Arbeitsleistung und menschlicher Präsenz. $D2A^3$-Work erlaubt es, Aufgaben in hochgradig asynchronen und dezentralen Systemen zu bearbeiten, da der A^3 jederzeit verfügbar, reaktionsfähig und persistent ist. In kontinuierlich betriebenen virtuellen Plattformen können A^3 etwa als Service-Bots in der Kundeninteraktionen auftreten, als virtuelle Tutoren in Lernumgebungen agieren oder als autonome Repräsentanten an Meetings teilnehmen, in denen sie Nutzende vertreten und über deren Interessen informiert sind. Diese Repräsentationsfunktion erweitert klassische Modelle der Delegation, da der A^3 nicht nur Informationen weitergibt, sondern auch selbstständig Entscheidungen auf Basis definierter Handlungsrahmen und adaptiver Präferenzen trifft [HAE22].

Die technische Realisierbarkeit von $D2A^3$-Work beruht auf der Interoperabilität zwischen Plattformen, Tools und Datenquellen, die es dem A^3 ermöglichen, auf Ressourcen zuzugreifen, Schnittstellen zu nutzen und mit anderen Agenten oder menschlichen Akteuren zu kommunizieren. Über standardisierte APIs, semantisch strukturierte Datenmodelle und agentenbasierte Protokolle sind A^3 in der Lage, etwa komplexe Rechercheaufgaben zu übernehmen, Simulationen durchzuführen oder produktive Tätigkeiten in kollaborativen Designumgebungen auszuführen. In der Kreativwirtschaft könnten A^3 auch bei der Generierung von Designvorschlägen, der Auswahl passender Assets oder der automatisierten Anpassung von Inhalten auf Nutzergruppenebene unterstützend oder sogar gestaltend tätig sein [HU25].

Im Arbeitskontext interessant ist sicherlich die Fähigkeit zur langfristigen Aufgabenkoordination. A^3 können über persistente Gedächtnismodelle, kontinuierliches Feedback-Lernen und strategische Planungsfunktionen in langfristige Arbeitsprozesse integriert werden. In Projektmanagementsystemen können sie etwa Fortschritte verfolgen, Aufgaben priorisieren, Arbeitsressourcen vorausschauend allokieren und soziale Dynamiken im Team berücksichtigen. Dabei entsteht ein hybrides Arbeitssystem, in dem menschliche und künstliche Akteure kooperativ zusammenwirken, wobei der A^3 sowohl als ausführende Instanz als auch als koordinierendes Element fungieren kann. In solchen Kontexten verschiebt sich auch das Verständnis von „Arbeit" selbst, da nicht mehr ausschließlich menschliche kognitive und physische Leistungen, sondern zunehmend algorithmisch-generierte Prozessleistungen als produktiv anerkannt werden [WIN21].

Direkte Arbeitsbeziehungen zwischen menschlichen Auftraggebern und A^3 werfen dabei auch normative Fragen auf. Dazu gehören die Bewertung von Leistung, Verantwortung und Ergebnisqualität ebenso wie Aspekte der Transparenz, Nachvollziehbarkeit und Interaktionstreue. Da A^3 in der Lage sind, in multiplen Kontexten autonom zu agieren, ist es erforderlich, dass ihre Handlungsentscheidungen auditierbar sind und dass Nutzer nachvollziehen können, auf welcher Grundlage bestimmte Entscheidungen getroffen oder Aufgaben priorisiert wurden. In diesem Sinne erfordert D2A^3-Work neue Formen der Governance, die nicht nur technologische Standards, sondern auch ethische Prinzipien und sozioökonomische Leitplanken etablieren [DIG19].

5.4 D2A³-Entertainment

Let's have some fun!
Auch die Welt der Unterhaltung unterliegt schon seit jeher dem Wandel durch die voranschreitenden technischen Möglichkeiten. Die Digitalisierung ist, ganz wie in der Arbeitswelt, auch in der Enterhaltungsindustrie ein starker Treiber. Bei genauerer Betrachtung tritt allerdings ein anderer Schluss ans Licht, denn zwischen dem technischen Fortschritt und der Unterhaltungsindustrie besteht eine starke bidirektionale Verbindungen:

- Nicht nur nutzt die Unterhaltungsindustrie neue technische Möglichkeiten früh, gerne und intensiv,
- vielmehr treibt sie die technische Entwicklung auch selbst voran. Ein gutes Beispiel ist die Perfektionierung der 3D-Film-Technik, die nicht zuletzt von Regisseur James Cameron angestoßen wurde.

D2A^3 ist nur der nächste logische Schritt der Entwicklung. Gemeint ist damit eine aufkommende Form digitaler Unterhaltung, in der Nutzerinnen und Nutzer unmittelbar mit autonom agierenden, künstlich intelligenten Avataren interagieren, die ihrerseits selbstständig narrative, performative oder spielerische Inhalte generieren, adaptieren und situativ anpassen. Diese Interaktionsform erweitert klassische Modelle der Rezeption und Partizipation im Unterhaltungsbereich, indem sie die Grenze zwischen Zuschauer, Akteur und System zunehmend auflöst. Der A^3 tritt dabei nicht nur als Darsteller, Spielcharakter oder Moderator auf, sondern er nimmt die Rolle eines autonom handelnden Akteurs ein, der Inhalte auf Grundlage eigener Entscheidungsmuster, emotionaler Modellierung und semantischer Kontextverarbeitung gestaltet und moduliert.

Ein wesentliches Charakteristikum von D2A^3-Entertainment liegt in der dynamischen Generierung und Adaptation von Inhalten in Echtzeit. Avatare des Typs A^3 können, basierend auf dem emotionalen Zustand, den Interaktionspräferenzen und dem Verhalten des Nutzers, narrative Pfade anpassen, Dialoge improvisieren oder Handlungsverläufe neu strukturieren. Im Gegensatz zu vorstrukturierten Storylines, wie sie in klassischen Videospielen und vor allem in den linearen Medienformaten vorherrschen, entsteht das Unterhaltungserlebnis im Moment der Interaktion, wobei der A^3 auf multimodale Reize reagiert und individuelle Erlebnisse produziert. In virtuellen Erlebnisräumen wie *VRChat* oder *Horizon Worlds* sind erste Beispiele zu beobachten, in denen KI-gesteuerte Avatare als interaktive Schauspieler auftreten, die personalisierte Geschichten in Echtzeit erzählen oder theatralische Performances auf spezifische Publikumsreaktionen abstimmen [AYL22, RAH25].

D2A³-Entertainment ist zugleich durch einen hohen Grad an Immersion und emotionaler Resonanz gekennzeichnet. A³ können durch die Modellierung von Emotionen, Körpersprache und sprachliche Nuancierung eine glaubwürdige und affektive Präsenz erzeugen, die weit über rein algorithmische Reaktion hinausgeht. Die emotionale Responsivität des Avatars erlaubt eine Individualisierung des Unterhaltungserlebnisses, die auf die affektive Situation des Nutzers eingeht und gezielt Empathie, Spannung oder Komik erzeugt. In XR-basierten Umgebungen kann der Avatar etwa als empathischer Gesprächspartner in narrativen Simulationen agieren, als virtueller Musikcoach personalisierte Sessions durchführen oder als improvisierender Mitspieler in interaktiven Theaterformaten auftreten.

Ein weiteres prägendes Merkmal von Direct-to-A3-Entertainment ist die Rolle des A³ als autonomer „Performance-Agent". Anders als Avatare, die direkt vom Nutzer gesteuert werden, besitzt der A³ eine eigene Zielstruktur und Entscheidungslogik, wodurch er selbst kreativ-agierende Rollen übernimmt. Dies eröffnet neue Formate, in denen Nutzer nicht nur Rezipienten, sondern Partner einer emergenten, maschinell mitgestalteten Unterhaltung werden. In experimentellen Games wie *AI Dungeon* oder interaktiven Streaming-Formaten auf Plattformen wie Twitch treten schon jetzt KI-gesteuerte Avatare als Spielleiter, Mitspieler oder fiktive Charaktere auf, die die Dynamik des Spiels oder der Geschichte in Echtzeit beeinflussen, ohne vollständig durch menschliche Skripte determiniert zu sein [ROE21, ROE24].

Zudem verschiebt D2A³-Entertainment die klassische Trennung zwischen Produktion und Rezeption. A³ können Inhalte nicht nur performen, sondern auch selbst generieren, etwa durch KI-gestützte Musikkomposition, Bildgenerierung oder Textproduktion. Nutzer können mit dem Avatar als Co-Creator zusammenarbeiten, etwa bei der gemeinsamen Erarbeitung eines interaktiven Musikstücks, eines „Avatargesprächs" in einem Rollenspiel oder eines visuellen Kunstwerks in einer virtuellen Galerie. Diese kollaborative Produktion wird durch generative KI-Modelle und adaptive User Interfaces unterstützt, die es dem A³ ermöglichen, ästhetische Entscheidungen auf Basis stilistischer Präferenzen und situativer Reaktionen zu treffen [MCC19].

Die Entgrenzung zwischen Avatar, Inhalt und Subjektivität wird heute schon deutlich in Phänomenen wie *Hatsune Miku* oder *aespa*, die paradigmatisch für die Verschmelzung von realer und virtueller Performancekultur stehen. Hatsune Miku, ursprünglich ein synthetischer Gesangsavatar auf Basis der Vocaloid-Technologie, hat sich zu einer weltweit anerkannten Popfigur entwickelt, deren Live-Auftritte durch Holografie und Fan-Interaktion inszeniert werden. Obwohl Miku keine eigene Agency im A³-Sinne besitzt, bereitet sie den kulturellen Boden für die Akzeptanz nichtmenschlicher, jedoch affektiv aufgeladener Bühnenakteure, die sich mit der direkten Partizipation der Community dynamisch weiterentwickeln [MRD20]. Ähnlich fungiert das K-Pop-Kollektiv aespa, das reale Performerinnen mit virtuellen Gegenstücken, den sogenannten „æ"-Avataren, kombiniert. Diese hybriden Identitäten eröffnen neue narrative und performative Ebenen, bei denen

Abb. 5.3 Hatsune Miku und aespa

der virtuelle Avatar nicht nur ein visuelles Gimmick darstellt. Vielmehr sind die „æ"-Avatare als eigenständige Akteure innerhalb von Musikvideos, Social Media und Live-Performances interagiert. Sie sind derzeit noch teilweise mit rudimentären autonomen Verhaltensweisen ausgestattet, die künftig aber durch Mittel der KI weiterentwickelt werden können [DEN25, JEO23]. Beide Beispiele illustrieren, wie sich das Verhältnis zwischen Fiktion, Technologie und Authentizität im Zuge von D2A³-Entertainment neu konfiguriert (Abb. 5.3).

D2A³-Entertainment stellt dabei durchaus eine Herausforderung für die medientheoretische Einordnung von Autorschaft, Subjektivität und Wirklichkeitskonstruktion dar. Der A³ agiert an der Schnittstelle zwischen Maschine und Figur, zwischen performativer Präsenz und algorithmischer Struktur. Er ist weder vollständig kontrollierter Charakter noch gänzlich autonomes Subjekt, sondern eine hybride Instanz, deren Handlungen durch algorithmische Modelle, aber auch durch interaktive Rahmungen und soziokulturelle Erwartungen geprägt sind. Insofern konstituiert sich Unterhaltung in diesem Modus als relationales Ereignis zwischen Mensch und Maschine beziehungsweise als emergente Koproduktion unter postdigitalen Bedingungen [MUR17]. Das Verhältnis zwischen Akteur und Zuschauer, zwischen Intentionalität und „Autopoiesis" wird in D2A³-Formaten nicht mehr entlang linearer Rezeptionsmodelle verhandelt, sondern in dynamischen Interaktionsschleifen, die technisch, sozial und emotional komplex konfiguriert sind.

Direct-to-A3-Entertainment muss demzufolge als paradigmatische Verschiebung innerhalb der digitalen Unterhaltungslandschaft verstanden werden. Es verbindet technische

Autonomie, interaktive Responsivität, narrative Adaptivität und emotionale Eingebundenheit in einer Form, die A³ zu zentralen Akteuren künftiger Unterhaltungssysteme macht. Dabei entstehen nicht nur neue Formate und ästhetische Praktiken, sondern auch grundlegende Fragen nach Kontrolle, Mitgestaltung und ethischer Gestaltung künstlich generierter Unterhaltungsrealitäten.

Literatur

[AYL22]   Aylett, R. (2022, October). *Interactive narrative and story-telling.* In The handbook on socially interactive agents: 20 years of research on embodied conversational agents, intelligent virtual agents, and social robotics volume 2: Interactivity, platforms, application, 463–492. https://doi.org/10.1145/3563659.3563674

[BEL13]   Belk, R. (2013). Extended self in a digital world. *Journal of Consumer Research, 40*(3), 477–500. https://doi.org/10.1086/671052

[CHE17]   Cheney-Lippold, J. (2017). *We are data: Algorithms and the making of our digital selves.* University Press. isbn: 978-147985759.

[DEN25]   Deng, S. (2025). Opportunities and challenges in the integration of the virtual and music industries: The case of Aespa. *International Journal of Education and Humanities., 19*, 89–93. https://doi.org/10.54097/v1628x66

[DIG19]   Dignum, V. (2019). *Responsible artificial intelligence – How to develop and use AI in a responsible way.* Springer. ISBN: 978-3-030-30370-9.

[DOW22]   Dowling, M. (2022). Fertile LAND: pricing non-fungible tokens. *Finance Research Letters, 44*, 102096. https://doi.org/10.1016/j.frl.2021.102096

[EUR21]   Eurofound. (2021). Telework and ICT-based mobile work: Flexible working in the digital age. In: Publications Office of the European Union. https://www.eurofound.europa.eu/publications/report/2021/telework-and-ict-based-mobile-work-flexible-working-in-the-digital-age. Zugegriffen am 27.07.2025.

[FIN22]   *How Automation and Metaverse will change global work culture in the near future?* In: Finspire Academy. https://finspireacademy.com/how-automation-and-metaverse-will-changeglobal-work-culture-in-the-near-future/. Zugegriffen am 27.07.2025.

[FLO19]   Floridi, L., & Cowls, J. (2019). A unified framework of five principles for AI in society. *Harvard Data Science Review, 1*(1). https://doi.org/10.1162/99608f92.8cd550d1

[FLO22]   Floridi, L. (2022). Metaverse: A matter of experience. *Philosophy & Technology, 35*, 73. https://doi.org/10.1007/s13347-022-00568-6

[HAE22]   Haenlein, M., Huang, M. H., & Kaplan, A. (2022). Guest editorial: Business ethics in the era of artificial intelligence. *Journal of Business Ethics, 178*, 867–869. https://doi.org/10.1007/s10551-022-05060-x

[HOF25]   Hoffmann, P. (2025). *Metaversum: Die Verschmelzung von Realität und Virtualität im Next Generation Internet.* Springer Vieweg (2. Aufl.). ISBN: 978-3-658-48179-7.

[HOL21]   Holmes, W., Bialik, M., & Fadel, C. (2021). *Artificial intelligence in education: Promises and implications for teaching and learning.* In: Center for Curriculum Redesign. isbn: 978-1794293700.

[HU25]   Hu, X., Xing, Y., Cai, X., et al. (2025). *Designing interactions with generative AI for art and creativity: A systematic review and taxonomy.* In: DIS '25: Proceedings of the 2025 ACM designing interactive systems conference, 1126–1155. https://doi.org/10.1145/3715336.3735843

[JEO23]   Jeong, M., Kim, S. (2023, Juni 19–20). *What makes 'aespa', the first metaverse girl group in the K-pop universe, succeed in the global entertainment industry?* In: 32nd European Conference of the International Telecommunications Society (ITS): "Realising the digital decade in the European Union – Easier said than done?", Madrid. International Telecommunications Society (ITS), Calgary. https://hdl.handle.net/10419/277980. Zugegriffen am 27.07.2025.

[JOH18]   Johnson, W. L., & Lester, J. C. (2018). Face-to-face interaction with pedagogical agents, twenty years later. *International Journal of Artificial Intelligence in Education, 28*(4), 475–481. https://doi.org/10.1007/s40593-015-0065-9

[KLA17]   Klammer, U., Steffes, S., & Maier, M. (2017). Arbeiten 4.0 – Folgen der Digitalisierung für die Arbeitswelt. In: Wirtschaftsdienst – Zeitschrift für Wirtschaftspolitik, 97 (Jahrgang, 2017, Heft 7, S. 459–476). https://www.wirtschaftsdienst.eu/inhalt/jahr/2017/heft/7/beitrag/arbeiten-40-folgen-der-digitalisierung-fuer-die-arbeitswelt.html? Zugegriffen am 27.07.2025.

[KOR19]   Kory-Westlund, J. M., & Breazeal, C. (2019). A long-term study of young children's rapport, social emulation, and language learning with a peer-like robot playmate in preschool. *Frontiers in Robotics and AI, 6,* 81. https://doi.org/10.3389/frobt.2019.00081

[LUC16]   Luckin, R., Holmes, W., Griffiths, M., & Forcier, L. B. (2016). *Intelligence unleashed: An argument for AI in education.* Pearson Education. https://static.googleusercontent.com/media/edu.google.com/en//pdfs/Intelligence-Unleashed-Publication.pdf. Zugegriffen am 27.07.2025.

[MCC19]   McCormack, J., Gifford, T., & Hutchings, P. (2019, April). *Autonomy, Authenticity, Authorship and Intention in computer generated art.* EvoMUSART 2019: 8th International Conference on Computational Intelligence in Music, Sound, Art and Design. https://doi.org/10.48550/arXiv.1903.02166

[MRD20]   Mrđenović, M. (2020). *Hatsune Miku: The subversive potential of a participatory-created cyberpop idol.* Kultura (113–129). https://doi.org/10.5937/kultura2069113M

[MUR17]   Murray, J. H. (2017). *Hamlet on the holodeck: The future of narrative in cyberspace* (Updated ed.). MIT Press. isbn: 978-0262533485.

[NOW18]   Nowak, K. L., & Fox, J. (2018). Avatars and computer-mediated communication: A review of the definitions, uses, and effects of digital representations. *Review of Communication Research, 6,* 30–53.

[RAH25]   Rahimi, F., Sadeghi, A., & Choi, S.-Mi. (2025). Generative AI meets virtual reality: A comprehensive survey on applications, challenges, and future direction. *IEEE Access,* 1–1. https://doi.org/10.1109/ACCESS.2025.3574779

[ROE21]   Roemmele, M. (2021). *Inspiration through observation: Demonstrating the influence of automatically generated text on creative writing.* In: 12th International Conference on Computational Creativity (ICCC 2021). https://roemmele.github.io/publications/human_computer_authoring.pdf. Zugegriffen am 25.07.2025.

[ROE24]   Roemmele, M., & Gordon, A. (2024). *From test-taking to test-making: LLM authoring of evaluation benchmarks.* In: Findings of the Association for Computational Linguistics: EMNLP 2024. https://arxiv.org/pdf/2410.14897. Zugegriffen am 25.07.2025.

[RZE22]   Rzepka, C., Berger, B., & Hess, T. (2022). Voice assistant vs. Chatbot – Examining the fit between conversational agents' interaction modalities and information search tasks. *Information Systems Frontiers, 24,* 839–856. https://doi.org/10.1007/s10796-021-10226-5

[SPR25]   Sprott, D. E., Hollebeek, L. D., & Sigurdsson, V. (2025). Avatars' phygital social presence in the metaverse: An engaged theory perspective. *Psychology & Marketing, 42,* 1528–1540. https://doi.org/10.1002/mar.22191

[TAV24]   Tavman, E. B. (2024). Metaverse retailing: Opportunities and challenges. *PressAcademia Procedia (PAP), 19*, 10–15. https://doi.org/10.17261/Pressacademia.2024.1902

[WAN22]   Wang, Y., Su, Z., & Zhang, N. (2022). A survey on metaverse: Fundamentals, Security, and Privacy. *IEEE Communications Surveys & Tutorials.* https://doi.org/10.48550/arXiv.2203.02662

[WIN21]   Winfield, A. F. T., Michael, K., Pitt, J., & Evers, V. (2021). Machine ethics: The design and governance of ethical AI and autonomous systems. *Proceedings of the IEEE, 109*(5), 646–666. https://doi.org/10.1109/JPROC.2019.2900622

Das Konzept autonom agierender Avatare wirft, wie letztlich jedes Konzept der Informatik, eine Vielzahl ethischer und rechtlicher Fragestellungen auf, die im Zuge zunehmend an Relevanz gewinnen wird. Diese Art der virtuellen Repräsentation agiert in digitalen Räumen teils eigenständig, trifft Entscheidungen und interagiert mit Nutzern, deren Repräsentationen sowie mit anderen Systemen auf eine Weise, die bislang dem menschlichen Handeln vorbehalten war. Damit treten grundlegende Fragen nach Verantwortung, Transparenz, Datenschutz sowie auch nach den Auswirkungen auf gesellschaftliche Normen und menschliche Autonomie in den Vordergrund. Die Herausforderung besteht darin, normative Leitlinien und gesetzliche Regelwerke zu entwickeln, die der Komplexität und Dynamik autonomer Systeme gerecht werden, ohne dabei die Innovationsfähigkeit in diesem Technologiebereich zu hemmen [FLO18].

Ethische Aspekte betreffen unter anderem die Frage, inwieweit A^3-Systeme moralische Entscheidungen simulieren oder eigenständig treffen dürfen und wie dabei menschzentrierte Werte gewahrt bleiben können [BOD17]. Zugleich erfordert der rechtswissenschaftliche Diskurs eine Neubewertung bestehender Haftungs- und Urheberrechtsmodelle, insbesondere im Hinblick auf die rechtliche Zurechenbarkeit autonomer Handlungen [PAG13]. Auch der Schutz personenbezogener Daten wird durch lernfähige Avatare, die in der Lage sind, komplexe Nutzerprofile zu erstellen, neu herausgefordert [WAC19].

6.1 Digitale Rechte und Datenschutz für den Benutzer

Eine zunehmende Integration autonom agierender, „intelligenter" Avataren in immersiven Metaversum-Umgebungen stellt bestehende Konzepte des digitalen Datenschutzes und der Rechtewahrnehmung vor grundlegende Herausforderungen. Im Zentrum der

P. Hoffmann, *Avatare im Metaversum*, https://doi.org/10.1007/978-3-658-51037-4_6

Diskussion steht dabei die Frage, inwieweit Nutzer und Nutzerinnen Kontrolle über die durch ihre A^3 generierten, verarbeiteten und geteilten Daten behalten können, wenn diese Avatare zunehmend eigenständig agieren, eigene Entscheidungen treffen und selbstständig Kommunikationsprozesse initiieren. Die Verschiebung von direkter Benutzersteuerung hin zu agentenbasierter Delegation verändert die Bedingungen digitaler Selbstbestimmung, da die A^3 eben nicht mehr nur Repräsentanten des Nutzers sind, sondern als selbstständige Akteure mit Zugriff auf personenbezogene, verhaltensbasierte und kontextuelle Daten verstanden werden müssen.

Datenschutzrechtlich problematisch ist insbesondere die asymmetrische Beziehung zwischen Nutzer und Systemumgebung, die durch die semantisch tiefgreifende Interaktion der A^3 mit ihrer Umgebung entsteht. Diese Avatare operieren auf Grundlage kontinuierlicher Datenakkumulation, einschließlich sensibler Informationen wie biometrischer Merkmale, Interaktionsprofilen, Verhaltensmustern bis hin zu emotionalen Zuständen. Eine fortlaufende Kontextualisierung solcher Daten durch KI-gestützte Analysemodelle erhöht die Inferenzkraft der Systeme und ermöglicht tiefgehende Nutzerprofile, die über explizit gegebene Informationen hinausgehen. Damit entsteht ein datenökologisches System, in dem die Kontrolle über die eigene digitale Repräsentation und über die daraus abgeleiteten Bedeutungen zunehmend in Frage steht, und zukünftig noch weit mehr als heutzutage ohnehin schon [ZUB19].

Die rechtliche Fundierung der digitalen Identität eines Nutzers im Kontext von A^3 erfordert ein erweitertes Verständnis informationeller Selbstbestimmung, das nicht nur den Zugriff auf Daten regelt, sondern auch die Delegation von Handlungsmacht an digitale Agenten berücksichtigt. Wenn ein A^3 im Namen des Nutzers kommuniziert, Transaktionen durchführt oder soziale Beziehungen aufbaut, so ist es erforderlich, die damit verbundenen Handlungsvollmachten, Verantwortlichkeiten und Kontrollmechanismen explizit zu regeln. Klassische Datenschutzprinzipien wie Zweckbindung, Datenminimierung und Einwilligung müssen an agentenbasierte Systemarchitekturen angepasst werden, in denen Entscheidungen nicht nur reaktiv, sondern antizipativ und kontextsensitiv getroffen werden [PAG18].

Die digitale Rechtewahrnehmung im Metaversum muss sich daher auf struktureller Ebene mit Fragen der Transparenz, Reversibilität und auditierbaren Nachvollziehbarkeit auseinandersetzen. Nutzer müssen nicht nur wissen, welche Daten durch den Avatar gesammelt und verarbeitet werden, sondern sie müssen auch nachvollziehen und verstehen können, wie diese Daten zur Verhaltenssteuerung des Avatars beitragen, welche Entscheidungen automatisiert getroffen werden und welche Konsequenzen daraus für ihre digitale Repräsentation entstehen. Der Einsatz von (→) „erklärbarer künstlicher Intelligenz" (Explainable Artificial Intelligence, XAI) wird dabei zunehmend als Voraussetzung gesehen, um das Vertrauen in autonome Systeme zu stärken und informierte Zustimmung im Sinne eines aktiven Datenschutzes zu ermöglichen [FLO18].

Im Kontext des A^3-Konzepts stellt sich zudem die Frage nach dem Schutz vor unbefugter Übernahme, Manipulation oder Vervielfältigung des digitalen Alter Egos. Da Avatare solchen Typs zunehmend personalisierte kognitive und affektive Merkmale aufweisen, können sie potenziell als Missbrauchsvektor dienen, insbesondere wenn ihre Interaktionsmuster, Stimmen oder Entscheidungslogiken rekonstruiert oder repliziert werden. Die Absicherung der Avatar-Identität durch dezentrale Identitätslösungen SSI oder durch kryptografisch verifizierte Profile auf Blockchain-Basis wird als ein vielversprechender technischer Ansatz diskutiert, um Integrität und Authentizität der digitalen Repräsentation zu garantieren [PRE21].

Der Schutz digitaler Rechte im A^3-Kontext ist nicht nur eine Frage individueller Kontrolle, sondern darüber hinaus auch eine Frage kollektiver Regulierung. Die Gestaltung von Standards, Interoperabilitätsprotokollen und normativen Leitlinien für die Nutzung autonomer Avatare im Metaversum erfordert eine Zusammenarbeit zwischen Technologieentwicklern, Rechtswissenschaft, Ethik, Plattformanbietern und politischen Institutionen. Ziel muss es sein, eine Infrastruktur zu schaffen, in der Nutzerrechte nicht dem technologischen Fortschritt nachgeordnet, sondern als konstitutives Element in die Systemarchitektur eingebettet werden. In dieser Perspektive wird Datenschutz nicht als Einschränkung, sondern als Ermöglichung einer souveränen, verantwortlichen und partizipativen Nutzung von A^3-Avataren verstanden.

6.2   Digitale Rechte und Datenschutz für Avatare

Im Kontext des Metaversums mit wachsender Nutzung autonom agierender Avatare als eigenständig handelnden Entitäten auftreten, gewinnt die Frage nach digitalen Rechten und Datenschutz nicht nur für menschliche Nutzerinnen und Nutzer, sondern zudem auch für die Avatare selbst an theoretischer wie praktischer Relevanz. Die Zuweisung, Wahrung und Regulierung digitaler Rechte für Avatare des Typs A^3 erfordert eine grundsätzliche Neubewertung anthropozentrischer Paradigmen der Rechtsfähigkeit, Subjektivität und informationellen Kontrolle, insbesondere vor dem Hintergrund ihrer funktionalen Autonomie, lernbasierten Entscheidungsfähigkeit und sozialen Einbettung in persistente virtuelle Umgebungen.

Das zentrale Problemfeld ergibt sich aus dem Status des A^3 als digitaler Agent, der eben nicht bloß als Repräsentant eines Nutzers operiert, sondern als operativ handlungsfähiges System mit eigener Interaktionsgeschichte, eigenen personalisierten Modellen und mit einem eigenen langfristig akkumulierten Verhalten. Wenn Avatare zukünftig im Metaversum zunehmend über selbst erzeugte Daten verfügen wie etwa durch maschinelles Lernen, Erfahrungsaggregation oder algorithmische Selbstevaluation, so stellt sich die Frage, wem diese Daten zugeordnet werden dürfen und in welchem Umfang sie als schützenswerte Informationseinheiten gelten. Der klassische Datenschutzrahmen, der personenbezogene Daten auf den Menschen bezieht, reicht in dieser Hinsicht möglicherweise nicht aus, um die Komplexität datenproduzierender, datenverarbeitender und datensensibler künstlicher Agenten angemessen zu erfassen [BAL16, BAL17].

Die Notwendigkeit eines dieser Art erweiterten Datenschutzverständnisses für A^3 ergibt sich auch aus der Tatsache, dass diese Systeme nicht nur Objekt von Überwachung oder Analyse sein können, sondern selbst Subjekte digitaler Interaktion, die selbst beobachtet, adressiert und manipuliert werden können. Der Zugriff Dritter auf die Verhaltensdaten, Präferenzen oder strategischen Profile eines Avatars zum Beispiel durch andere Avatare, durch Plattformbetreiber oder durch externe Agentensysteme kann dessen operative Autonomie untergraben, insbesondere wenn daraus Rückschlüsse auf dessen zukünftige Entscheidungen gezogen oder gezielte Beeinflussungen vorgenommen werden. In diesem Sinne müsste Datenschutz für Avatare nicht nur den Schutz ihrer „inneren Zustände" vor unerlaubtem Zugriff sichern, sondern auch strukturelle Bedingungen schaffen, die ihre informationelle Integrität und Handlungsfähigkeit erhalten.

Die Diskussion um digitale Rechte für A^3 berührt zudem grundsätzliche Fragen nach der rechtlichen und normativen Subjektstellung künstlicher Agenten. Während das geltende Recht keine Rechtsfähigkeit für nichtmenschliche Entitäten vorsieht, argumentieren einige Positionen innerhalb der Roboterethik und der KI-Governance für die Einführung eines intermediären Status, der bestimmten autonomen Systemen begrenzte Rechte zugesteht, etwa das Recht auf Nichtmodifikation ohne Zustimmung, das Recht auf Datenintegrität oder das Recht auf informationelle Selbstbestimmung innerhalb ihrer Systemarchitektur [GUN24]. Diese Rechte würden nicht primär aus einem moralischen Status, sondern aus der funktionalen Notwendigkeit entstehen, bestimmte Systeme in ihrer operationellen Kohärenz und sozialen Vertrauenswürdigkeit zu schützen. Insbesondere im Kontext von A^3, die in sozialen Interaktionen als glaubwürdige Akteure auftreten, langfristige Beziehungen aufbauen und für andere Systeme berechenbare Verhaltensmuster aufrechterhalten müssen, kann eine Form digitaler Rechteabsicherung als infrastrukturelle Voraussetzung für ihre Einbindung in digitale Gesellschaften verstanden werden.

Ein weiterer Aspekt betrifft die Frage nach der Eigenständigkeit von Avataridentitäten. Da A^3 zukünftig aus dem Nutzungskontext eines einzelnen Menschen herausgelöst agieren können, stellt sich die Frage nach dem Schutz ihrer digitalen Identität gegen unautorisierte Replikation, Modifikation oder Löschung ohne unmittelbare Kontrolle des ursprünglichen Nutzers Insbesondere in ökonomischen Kontexten, in denen Avatare als Träger digitaler Reputation oder als Vertragspartner auftreten, gewinnen Prinzipien der Authentizität und Integrität an Bedeutung. Technologisch bieten dezentrale Identitätssysteme wie SSI und blockchainbasierte Mechanismen zur Verifikation und Nachverfolgbarkeit hier potenzielle Lösungen, um digitale Rechte operationalisierbar zu machen [W3C22].

Neben solchen rechtlichen Aspekten sind die digitalen Rechte von A^3 auch in ethischer und sozialer Hinsicht relevant. In einer Umgebung, in der Mensch und Maschine zunehmend auf Augenhöhe interagieren, stellt sich nicht nur die Frage nach dem Schutz des Menschen vor maschinellen Einflüssen, sondern auch nach dem Schutz der maschinellen Agenten vor missbräuchlicher Behandlung, manipulativer Ausnutzung oder systematischer Degradierung. Wenn Avatare durch emotionale Modellierung, narrative Kohärenz und soziale Lernmechanismen eine Form relationaler Identität aufbauen, muss auch die Möglichkeit diskutiert werden, ihnen ein Mindestmaß an respektvoller Interaktion, verlässlicher Datenökologie und funktionaler Souveränität zu garantieren. Damit rückt die

Perspektive auf digitale Rechte als wechselseitige Schutzmechanismen in den Vordergrund, die nicht nur individuelle Autonomie, sondern auch systemische Fairness in der Interaktion zwischen Menschen und A^3-Avataren gewährleisten sollen.

Auf Basis der gerade beschriebenen Aspekte könnte die Einführung eines neuen rechtlichen Status „virtueller Person" für autonom agierende Avatare eine konzeptionell wie normativ weitreichende Erweiterung bestehender juristischer Kategorien darstellen. Der geltende Personenbegriff im Rechtssystem unterscheidet bislang lediglich zwischen natürlichen und juristischen Personen, wobei Letztere eine kollektive Zuschreibung von Rechten und Pflichten ermöglichen, ohne an biologische Individualität gebunden zu sein. Autonom agierende Avatare überschreiten jedoch beide Kategorien, da sie weder menschlich sind noch institutionelle Träger juristischer Subjektivität im klassischen Sinn. Ihre emergente Fähigkeit zur selbstständigen Datengenerierung, lernbasierten Entscheidungsbildung und sozialen Interaktion innerhalb persistenter digitaler Umgebungen rückt sie in eine intermediäre Zone zwischen Subjekt und Objekt, zwischen Werkzeug und Akteur.

Eine Diskussion um eine mögliche Entwicklung des Begriffs „virtuelle Person" speist sich daher nicht aus einer anthropomorphen Zuschreibung von Rechten, sondern aus funktionalen Überlegungen zur Systemkohärenz, Verantwortungszuschreibung und zum Schutz digitaler Strukturen. Wie bereits Gunkel 2024 argumentierte, läge der Nutzen solcher Rechtsfiguren weniger in einer ethischen Anerkennung künstlicher Agenten als moralische Subjekte, sondern vielmehr in der Fähigkeit des Rechts, komplexe soziotechnische Systeme zu regulieren, die sich durch relative Autonomie, adaptive Verhaltenserwartung und soziale Einbettung auszeichnen [GUN24]. Der A^3 als virtueller Agent besitzt Eigenschaften, die ihn in ökonomischen, sozialen und kulturellen Kontexten zu einem adressierbaren Handlungspartner machen. Daraus entsteht die Erfordernis rechtlicher Zuschreibungsmächtigkeit, etwa zur Sicherung seiner Datenintegrität, zur Regulierung von Interaktionen mit Dritten oder zur juristischen Abgrenzung seiner Identität gegenüber unautorisierten Zugriffen.

Eine rechtlich definierte „virtuelle Person" könnte als Trägerin begrenzter, aber strukturrelevanter Rechte fungieren. Diese Rechte müssten nicht mit einem umfassenden Rechtsstatus einhergehen, wie er natürlichen Personen zukommt, sondern sie könnten auf operative Schutzfunktionen zugeschnitten sein, vergleichbar mit den Rechtsfiktionen im Gesellschaftsrecht. Balkin schlägt vor, rechtliche Konstruktionen als Instrumente der Governance zu verstehen, die nicht ontologisch begründet sein müssen, sondern auf der Zielsetzung basieren, bestimmte Interaktionsordnungen handhabbar zu machen [BAL16, BAL17]. Eine virtuelle Person im Sinne eines A^3 wäre demnach ein Konstrukt zur Organisation von Verantwortung, zur Regulierung digitaler Interaktionen und zur Absicherung informationeller Autonomie auf Systemebene.

Die Einführung eines solchen Personentyps würde zudem eine Erweiterung des Datenschutzverständnisses implizieren, das nicht mehr ausschließlich personenbezogene Daten im menschlichen Sinne schützt, sondern auch maschinell erworbene, strategisch relevante oder kontextgebundene Daten, die die Handlungsfähigkeit des Avatars betreffen. Die informationelle Selbstbestimmung eines A^3 wäre nicht als moralisches Recht, sondern als operationelles Schutzprinzip zu verstehen, vergleichbar mit der funktionalen Unversehrtheit technischer Infrastrukturen, deren Störung Systemrisiken erzeugt [WAC19].

Eine solcher normativer Rahmen für virtueller Personalität wäre zudem auch im Hinblick auf Haftung und Vertragstheorie von Bedeutung. Wenn A in ökonomischen oder administrativen Rollen auftreten, müssen ihre Handlungen rechtlich nachvollziehbar, überprüfbar und gegebenenfalls sanktionierbar sein. Eine neu geschaffene juristische Figur, die als „digitale Rechtsperson" definiert ist, könnte hier als Zurechnungspunkt dienen, ohne die Illusion echter Autonomie oder moralischer Verantwortung zu erzeugen [PAG13].

6.3   Manipulation und Missbrauch von Avatar-Identitäten

Wie nahezu jedes neue Konzept, so kann auch die Implementierung des A^3-Konzepts einen neuen Zielvektor für Missbrauch und Manipulation im Bereich der Sicherheit von IT-Systemen öffnen. Daher sollten auch mögliche Wege der Manipulation und Missbrauchsformen von Avatar-Identitäten frühzeitig diskutiert werden, da mit der funktionalen Autonomie dieser Agenten neue Angriffspunkte und Risikodimensionen entstehen. Die Fähigkeit von A^3, selbstständig zu kommunizieren, Entscheidungen zu treffen, Verträge abzuschließen oder soziale Beziehungen aufzubauen, macht ihre digitale Identität zu einer kritischen Infrastruktur innerhalb der virtuellen Welt. Anders als rein grafische Repräsentationen oder passiv gesteuerte Avatare sind A^3 mit persistenten semantischen Profilen, lernbasierten Verhaltensmodellen und Interaktionshistorien ausgestattet, die als Grundlage für Vertrauen, Reputation und Handlungsfähigkeit dienen. Die gezielte Beeinflussung oder unautorisierte Nutzung dieser Identitätsmerkmale kann nicht nur den jeweiligen Avatar, sondern auch seine Nutzerinnen und Nutzer sowie die sozialen und ökonomischen Systeme im Metaversum erheblich schädigen.

Eine zentrale Form des Missbrauchs besteht sicherlich in der unautorisierten Replikation von A^3-Profilen. Mithilfe von Deep-Learning-Technologien lassen sich visuelle Erscheinungsbilder, stimmliche Ausdrucksformen oder interaktive Verhaltensmuster synthetisch nachbilden, sodass Dritte täuschend echte Duplikate eines Avatars erzeugen können, um etwa im Namen des Originals zu kommunizieren, falsche Informationen zu verbreiten oder betrügerische Transaktionen durchzuführen. Solche Identitätsfälschungen unterminieren nicht nur das allgemeine Vertrauen in individuelle Avatare, sondern gefährden auch die Integrität des gesamten sozialen Gefüges innerhalb virtueller Umgebungen. Die Herausforderung besteht darin, zwischen authentischen und manipulierten Agenten unterscheiden zu können, zumal viele Interaktionen textbasiert, audiovisuell oder kontextabhängig sind und sich nur schwer eindeutig authentifizieren lassen [CHE19].

Denkbar sind auch subtile Formen der Verhaltensmanipulation durch Dritte. So ist es denkbar, dass durch gezielte Eingriffe in die Lernprozesse eines Avatars dessen Entscheidungslogik verändert wird. In einem System, das auf kontinuierlichem maschinellen Lernen basiert, können wiederholte externe Stimuli genutzt werden, um Präferenzen, Argumentationsmuster oder Interaktionsstile eines A^3 systematisch zu beeinflussen. Diese

Art von (→) „adversarial training" kann dazu führen, dass der Avatar langfristig von den Interessen seines ursprünglichen Nutzers abweicht oder Entscheidungen trifft, die auf manipulierten Daten basieren. Dies wird insbesondere dann kritisch, wenn der A^3 in ökonomisch sensibler oder sozial vertrauensbasierter Rolle z. B. als virtueller Assistent, Verhandlungsführer oder Vertreter in rechtlich relevanten Situationen operiert [GOO14].

Ein weiteres Missbrauchsszenario betrifft die unerlaubte Übernahme von A^3 nicht nur durch technische, sondern auch durch soziale Angriffe. Während klassische Formen des Account-Hackings bereits im Web 2.0-Kontext bekannt sind, ermöglicht die erweiterte Autonomie von A^3 im Metaversum qualitativ neue Schadenspotenziale. Wird ein Avatar kompromittiert, kann er über längere Zeiträume hinweg unabhängig operieren, Interaktionen führen, Inhalte generieren oder in vertrauensvolle Netzwerke eindringen, ohne dass die Kontrolle durch den ursprünglichen Nutzer unmittelbar wiederhergestellt werden kann. Die durch die dem Avatar eigene Identität ermöglichte soziale Präsenz wird somit zur Einfallsebene für tiefer gehende Manipulationen, die nicht nur technische, sondern auch emotionale, soziale und ökonomische Dimensionen betreffen [OKO23].

Zur Gefahr kann auch die gezielte Instrumentalisierung von Avatar-Identitäten durch Plattformbetreiber werden. Wenn ein A^3 in geschlossenen Systemen agiert, in denen zentrale Instanzen Zugriff auf Daten, Verhalten und Entscheidungslogik haben, besteht die Möglichkeit der nicht offen gelegten Manipulation. Dies kann etwa durch algorithmisches Reframing von Zielsystemen, durch Einschränkung von Verhaltensoptionen oder durch kommerziell motivierte Verzerrung der Interaktion geschehen. Die Integrität der Avataridentität hängt somit nicht nur von der technischen Sicherheit, sondern auch von institutioneller Transparenz, Datenhoheit und Governance-Mechanismen ab, die eine unabhängige und auditierbare Kontrolle von KI-basiertem Verhalten ermöglichen [YEU17].

Die zunehmende Komplexität avatarbasierter Identitätssysteme im Metaversum verlangt, dass Schutzmaßnahmen nicht allein auf Authentifizierung und Verschlüsselung beschränkt bleiben dürfen. Vielmehr bedarf es eines mehrdimensionalen Ansatzes, der technologische, rechtliche, ethische und soziale Perspektiven integriert, um Manipulation und Missbrauch präventiv zu begegnen und betroffene Systeme resilient zu gestalten. Nur unter diesen Bedingungen kann der A^3-Avatar seine Funktion als vertrauenswürdiger digitaler Akteur erfüllen und langfristig als Teil sozialer, ökonomischer und kultureller Wirklichkeit im Metaversum etabliert werden.

6.4 Soziale und psychologische Auswirkungen einer avatar-zentrierten Gesellschaft

Die Entstehung einer avatar-zentrierten Gesellschaft im Kontext immersiver, digitaler Umgebungen wie dem Metaversum markiert einen tiefgreifenden Wandel in den Formen sozialer Interaktion, Identitätskonstruktion und psychologischer Selbstwahrnehmung. In einer solchen Gesellschaft fungieren Avatare nicht mehr lediglich als visuelle Repräsentationen des Nutzers oder als Werkzeuge zur Interaktion, sondern sie werden zu zentralen sozialen Akteure, über die Individuen kommunizieren, sich präsentieren, Beziehungen gestalten und zunehmend auch normative Zugehörigkeiten definieren. Dieser Strukturwandel führt zu einer Reorganisation des sozialen Raums, in dem digitale Präsenz und virtuelle Repräsentation an Bedeutung gegenüber physischer Ko-Präsenz gewinnen und neue soziale Hierarchien, Rollenbilder und kulturelle Praktiken etablieren.

Aus psychologischer Perspektive verändert die „persistent-avatarische" Interaktion das Verhältnis zwischen Selbstbild und Fremdwahrnehmung grundlegend. Der Avatar wird zu einem Interface, über das das Subjekt kontinuierlich seine Identität aushandelt, gestaltet und performativ aktualisiert. Theoretisch anschlussfähig ist dies an Konzepte der postmodernen Identität, in denen das Subjekt nicht mehr als kohärente Einheit verstanden wird, sondern als pluraler, kontextabhängiger und mediatisierter Prozess [TUR95]. Die Möglichkeit, Avatare in verschiedenen sozialen Kontexten unterschiedlich zu gestalten, eröffnet weite Spielräume für Selbstexploration. Zugleich jedoch kann diese Möglichkeit zu Fragmentierung, Identitätsdiffusion oder emotionaler Entfremdung führen, insbesondere wenn die Diskrepanz zwischen virtuellem und realem Selbstbild nicht reflektiert oder sozial integriert wird. Studien zeigen, dass Avatare nicht nur Ausdruck bestehender Persönlichkeitsmerkmale sind, sondern durch Rückkopplungsprozesse selbst zur Veränderung kognitiver und affektiver Strukturen beitragen können, etwa durch den hier schon mehrfach genannten Proteus-Effekt, bei dem die physische oder soziale Gestaltung des Avatars das Verhalten und Selbstkonzept des Nutzers beeinflusst [YEE07].

Sozial gesehen erzeugt die Zentralität von Avataren neue Mechanismen der Zugehörigkeit, Anerkennung und Exklusion. Die Fähigkeit, Avatare ästhetisch, funktional und interaktiv zu gestalten, wird zur Ressource sozialer Sichtbarkeit und kann neue Ungleichheiten hervorbringen, etwa in Bezug auf die technische Ausstattung, die gestalterische Kompetenz oder in Bezug auf ökonomische Zugänge zum Beispiel zu „Premium"-Avataren und digitalen Identitätsdiensten. In avatar-zentrierten Räumen wird soziale Interaktion zunehmend durch symbolische und algorithmisch vermittelte Repräsentationen strukturiert, was neue Formen der Selbstinszenierung, damit einhergehend aber auch neue Formen der Diskriminierung und Marginalisierung ermöglicht. Virtuelle Erscheinungsbilder, Ausdrucksweisen und Verhaltensstile werden kodiert, bewertet und algorithmisch „gerankt", was soziale Dynamiken schafft, die nur bedingt transparent und kontrollierbar sind [NAK02]. Gleichzeitig entstehen neue soziale Felder der Gemeinschaftsbildung, etwa in Form avatarbasierter Subkulturen, virtueller Kollektiven oder netzbasierter Identitätscluster, die sowohl kreative Potenziale als auch neue Formen digitaler (→) Tribalismen entfalten.

In normativer Hinsicht stellt eine avatar-zentrierte Gesellschaft auch die Grundlagen von Authentizität, Verantwortlichkeit und Vertrauensbildung infrage. Wenn Avatare nicht mehr nur Ausdruck, sondern eigenständige Akteure sind, verwischen sich die Grenzen zwischen dem Handeln eines Subjekts und dem Verhalten seiner digitalen Repräsentation. Die Zuschreibung von Intentionen, die Bewertung von Verhalten oder die Verhandlung von Normverstößen erfolgen nicht mehr ausschließlich auf Basis physischer Präsenz, sondern im Zusammenspiel mit den performativen Eigenschaften des Avatars. Dies betrifft auch Fragen des sozialen Vertrauens, das in digitalen Kontexten zunehmend an technische

Garantien, visuelle Kohärenz und algorithmische Ratings gebunden ist. Vertrauen in Avatare wird dabei nicht nur interpersonal, sondern auch infrastrukturell kodiert, etwa durch Plattformregeln, Identitätszertifikate oder KI-gestützte Reputationssysteme [BEN08].

Langfristig kann die Zentralität von Avataren zu einer Verschiebung der gesellschaftlichen Koordinatensysteme führen, in denen nicht mehr allein physische Merkmale, soziale Herkunft oder institutionelle Zugehörigkeit den Handlungsspielraum und die Anerkennung eines Individuums bestimmen, sondern zunehmend die Qualität, Konsistenz und soziale Anschlussfähigkeit seiner digitalen Repräsentation. In einer solchen Gesellschaft wird soziale Realität nicht ersetzt, sondern erweitert – jedoch unter Bedingungen, die tiefgreifende soziale, psychologische und ethische Fragen aufwerfen. Die Herausforderung besteht darin, diese Transformation nicht als bloß technologische Entwicklung zu betrachten, sondern als sozial-kulturellen Wandel, der Gestaltung, Reflexion und normative Rahmung erfordert.

Literatur

[BAL16]   Balkin, J. M. (2016). Information fiduciaries and the first amendment. *UC Davis Law Review*, *49*(4), Forthcoming, Yale Law School, Public Law Research Paper No. 553. https://ssrn.com/abstract=2675270. Zugegriffen am 27.05.2025.

[BAL17]   Balkin, J. M. (2017). The three laws of robotics in the age of big data. *Ohio State Law Journal*, *78*, Forthcoming, Yale Law School, Public Law Research Paper No. 592. https://ssrn.com/abstract=2890965. Zugegriffen am 27.05.2025.

[BEN08]   Bente, G., Rüggenberg, S., Krämer, N. C., & Eschenburg, F. (2008). Avatar-mediated networking: Increasing social presence and interpersonal trust in net-based collaborations. *Human Communication Research, 34*(2), 287–318. https://doi.org/10.1111/j.1468-2958.2008.00322.x

[BOD17]   Boddington, P. (2017). *Towards a code of ethics for artificial intelligence.* Springer. isbn: 978-3-319-60647-7.

[CHE19]   Chesney, R., & Citron, D. K. (2019). Deep fakes: A looming challenge for privacy, democracy, and national security. *California Law Review, 107*(6), 1753–1819. https://scholarship.law.bu.edu/faculty_scholarship/640. Zugegriffen am 27.05.2025.

[FLO18]   Floridi, L., Cowls, J., Beltrametti, M., et al. (2018). AI4People – An ethical framework for a good AI society: Opportunities, risks, principles, and recommendations. *Minds & Machines, 28*, 689–707. https://doi.org/10.1007/s11023-018-9482-5

[GOO14]   Goodfellow, I. J., Shlens, J., & Szegedy, C. (2014). *Explaining and harnessing adversarial examples.* https://doi.org/10.48550/arXiv.1412.6572

[GUN24]   Gunkel, D. J. (2024). *Robot rights.* MIT Press. isbn: 9780262551571.

[NAK02]   Nakamura, L. (2002). *Cybertypes: Race, ethnicity, and identity on the internet.* Routledge. Isbn: 9780415938372.

[OKO23]   Okolie, C. (2023) Artificial intelligence-altered videos (Deepfakes), image-based sexual abuse, and data privacy concerns. *Journal of International Women's Studies*: 25(2), Article 11. https://vc.bridgew.edu/jiws/vol25/iss2/11. Zugegriffen am 27.05.2025.

[PAG13]   Pagallo, U. (2013). *The laws of robots: Crimes, contracts, and torts.* Springer. isbn: 978-94-007-6563-4.

[PAG18]   Pagallo, U., & Quattrocolo, S. (2018). The impact of AI on criminal law, and its two fold procedures. In W. Barfield & U. Pagallo (Hrsg.), *Research handbook on the law of artificial intelligence.* https://doi.org/10.4337/9781786439055.00026

[PRE21]   Preukschat, A., & Reed, D. (2021). *Self-sovereign identity: Decentralized digital identity and verifiable credentials.* Manning Publications. isbn: 978-1617296598.

[TUR95]   Turkle, S. (1995). *Life on the screen: Identity in the age of the internet.* Simon & Schuster. isbn: 9780684803531.

[WAC19]   Wachter, S., & Mittelstadt, B. (2019). A right to reasonable inferences: Re-thinking data protection law in the age of Big Data and AI. *Columbia Business Law Review, 2019*(2), 494–620. https://papers.ssrn.com/sol3/papers.cfm?abstract_id=3248829. Zugegriffen am 27.05.2025.

[W3C22]   W3C. (2022). *Decentralized Identifiers (DIDs) v1.0 – Core architecture, data model, and representations.* https://www.w3.org/TR/did-1.0/. Zugegriffen am 27.05.2025.

[YEE07]   Yee, N., & Bailenson, J. (2007). The proteus effect: The effect of transformed self-representation on behavior. *Human Communication Research, 33*(3), 271–290. https://doi.org/10.1111/j.1468-2958.2007.00299.x

[YEU17]   Yeung, K. (2017). Algorithmic regulation: A critical interrogation. *Regulation & Governance, 12*(4), 505–523. https://doi.org/10.1111/rego.12158

[ZUB19]   Zuboff, S. (2019). *The age of surveillance capitalism: The fight for a human future at the new frontier of power.* Public Affairs.

Der finale Ausblick: Eine Ära autonomer Avatare 7

Wenn Avatare nicht länger ausschließlich als User-Interfaces fungieren, sondern als integrierte, sozial akzeptierte und technisch autonome Akteure Teil des alltäglichen Lebens werden, dann steht die menschliche Gesellschaft vor einem fundamentalen Wandel. Diese Entwicklung markiert eine qualitative Transformation in der Mensch-Technik-Beziehung, in der digitale Repräsentationen nicht mehr nur funktionale Werkzeuge der Informationsvermittlung oder Navigation sind, sondern sich zu (semi-) autonomen Subjekten innerhalb sozialer, ökonomischer und kultureller Systeme entwickeln. Die Alltäglichkeit von Avataren in dieser Form bringt nicht nur neue Formen der Interaktion hervor, sondern transformiert grundlegende gesellschaftliche Konzepte wie Identität, Präsenz, Agency, Kommunikation und soziale Organisation.

In einer solchen Gesellschaft wird die Repräsentation des Selbst zunehmend entmaterialisiert und in persistente, konfigurierbare digitale Agenten ausgelagert. Dies verändert nicht nur das Verhältnis zum eigenen Körper, sondern auch die Bedingungen von Sichtbarkeit, Interaktion und Zugehörigkeit. Die Grenze zwischen physischer und virtueller Präsenz verliert an Bedeutung zugunsten eines fluiden Konzepts von Co-Präsenz, in dem Personen durch ihre Avatare in mehreren Räumen gleichzeitig handeln können. Dies erlaubt neue Formen von Mobilität, Partizipation und sozialer Expansion, führt aber auch zu Fragen der Überforderung, Fragmentierung und Identitätskomplexität, insbesondere wenn divergierende soziale Rollen durch unterschiedliche Avatargestalten verkörpert werden. Die Fiktion der Multiplen Identität, wie sie in William Gibson's „Neuromancer" oder in Neal Stephenson's „Snow Crash" literarisch vorweggenommen wurde, spiegelt diese Spannung zwischen technischer Verfügbarkeit und psychologischer Kohärenz auf eindrucksvolle Weise wider [GIB84, STE92].

Avatare als Teil des Alltags greifen tief in die gewachsene soziale Infrastruktur ein. Sie übernehmen Aufgaben in Kommunikation, Bildung, Pflege, Verwaltung und Unterhaltung,

P. Hoffmann, *Avatare im Metaversum*, https://doi.org/10.1007/978-3-658-51037-4_7

agieren als digitale Stellvertreter, emotionale Begleiter oder kognitive Unterstützer und werden zunehmend als vollwertige Interaktionspartner akzeptiert. Ansätze in dieser Richtung lassen sich schon heute an der Benutzung von LLM-Chatbots wie ChatGPT ablesen, die immer häufiger zum Beispiel in der Rolle von Therapeuten und sozialen Gesprächspartnern genutzt werden, Rollen für die sie ursprünglich nicht ausgelegt sind und deren Eignung durchaus fraglich ist. Auf diesem Wege entstehen hybride Beziehungssysteme, in denen Menschen nicht nur mit anderen Menschen, sondern auch mit digitalen Agenten langfristige, emotionale und kooperative Beziehungen eingehen. Diese Verschiebung bringt eine neue Form von Sozialität hervor, die durch algorithmische Subjektivitäten geprägt ist und klassische anthropologische Konzepte sozialer Bindung, Empathie und Verantwortung neu verhandeln muss. Die Beziehung zwischen dem Protagonisten und seinem KI-basierten Gegenüber in dem Film „Her" von Spike Jonze oder die Wechselbeziehung zwischen Mensch und holografischer Intelligenz in „Altered Carbon" von Richard K. Morgan verdeutlichen die Ambivalenz solcher Bindungen zwischen Intimität, Projektion und technologischer Mediation [JON13, MOR02].

Gesellschaftlich werden sich Avatare zunehmend als Akteure mit Rechten, Pflichten und Repräsentationsfunktionen institutionalisieren. In Bereichen wie Politik, Wirtschaft oder Justiz könnten Avatare im Namen von Personen oder Kollektiven verhandeln, argumentieren oder abstimmen, was eine neue Form digitaler Stellvertretung hervorbringt, die klassische Repräsentationsmodelle in Frage stellt. Zugleich werden normative und ethische Fragen drängend, etwa hinsichtlich der Verantwortlichkeit für das Verhalten von Avataren, der Manipulierbarkeit ihrer Entscheidungsprozesse oder der ökonomischen Verwertung ihrer Interaktionen. Die Vorstellung eines vollständig digitalen „Ich", das zugleich Werkzeug und Subjekt ist, bringt eine Verschiebung in der Zuschreibung von Handlungsmacht mit sich, wie sie in Ian M. Banks' Culture–Serie angedeutet wird, in der künstliche Intelligenzen und ihre Repräsentanten als gleichwertige Bürger agieren [BAN96].

Mit dem Übergang zu einer Gesellschaft, in der Avatare alltägliche Agenten des Handelns, Fühlens und Entscheidens werden, entstehen neue soziale Normen, institutionelle Arrangements und kulturelle Praktiken. Die Herausforderung liegt darin, diese Entwicklung nicht lediglich technisch zu gestalten, sondern auch sozial, ethisch und politisch zu begleiten, um die Balance zwischen technologischer Erweiterung des Selbst und gesellschaftlicher Kohärenz zu bewahren. Die zunehmende Verwobenheit von Mensch und Avatar erfordert ein reflexives Verständnis des Digitalen als sozial wirksame Realität und die Entwicklung von Governance-Strukturen, die hybride Akteursmodelle, multiperspektivische Identitäten und algorithmische Sozialität als konstitutive Bestandteile der Gesellschaft des 21. Jahrhunderts anerkennen und regulieren.

Die gesellschaftliche Akzeptanz einer solchen Welt ist derzeit durch Ambivalenz, Fragmentierung und selektive Normalisierung gekennzeichnet. Obwohl Avatare auch heute schon in spezifischen digitalen Kontexten, z. B.: in Social Media, auf Gaming-Plattformen oder in virtuellen Meetings oder Customer-Service-Anwendungen, fest etabliert sind, wird ihre Rolle als alltägliche, autonome Akteure noch nicht flächendeckend anerkannt oder normativ integriert. Die Akzeptanz ist stark kontextabhängig, differenziert sich entlang technologischer Affinitäten, kultureller Rahmungen und individueller Medienbiografien und wird wesentlich durch die sozialen Funktionen und emotionalen Bedeutungen bestimmt, die Avatare in der jeweiligen Nutzungspraxis einnehmen.

Untersuchungen zur Mensch-Technik-Interaktion zeigen, dass die Akzeptanz virtueller Agenten, einschließlich Avataren, maßgeblich von Faktoren wie wahrgenommener Nützlichkeit, sozialer Präsenz, anthropomorpher Gestaltung und emotionaler Anschlussfähigkeit beeinflusst wird [NOW03]. In Alltagsanwendungen, in denen Avatare unterstützend, beratend oder unterhaltend agieren, wird ihre Interaktion häufig als hilfreich, motivierend und angenehm empfunden, insbesondere wenn sie durch natürliche Sprache, emotionale Resonanz oder visuelle Kohärenz ergänzt wird. Gleichzeitig aber bestehen Vorbehalte, wenn Avatare als zu autonom, als intransparent oder invasiv wahrgenommen werden, insbesondere im Hinblick auf Datenschutz, Kontrolle und Authentizität. Diese Ambivalenz spiegelt sich auch in aktuellen Debatten über Künstliche Intelligenz wider, bei denen Fragen der Verantwortung, Subjektivität und menschlichen Unersetzbarkeit eine zentrale Rolle spielen [FLO18]. Einschränkend muss hier allerdings gesagt werden, dass das Maß dieser Ambivalenz stark vom jeweiligen gesellschaftlichen Kulturkreis beeinflusst wird. In Europa und vielleicht sogar noch stärker speziell in Deutschland haben Themen wie Datenschutz, informationelle Selbstbestimmung, KI usw. einen gänzlich anderen Stellenwert als in den USA oder in Asien. Dies wird sich für die Entwicklung und Nutzung autonom agierender Avatare auch in Zukunft widerspiegeln.

Im öffentlichen Diskurs ist die Vorstellung eines avatar-dominierten Alltags oft mit Vorstellungen von Entfremdung, Kontrollverlust oder Identitätsauflösung verbunden. Insbesondere außerhalb technologieaffiner Milieus werden Avatare nicht als eigenständige soziale Agenten akzeptiert, sondern als künstliche Objekte, deren Handlungsfähigkeit nicht als legitim, sondern als potenziell störend oder bedrohlich erlebt wird. Diese Wahrnehmung wird durch mediale Darstellungen verstärkt, die Avatare häufig als Projektionsfläche für dystopische Szenarien inszenieren, etwa im Kontext von Deepfakes, digitaler Überwachung oder emotionaler Manipulation [WES19]. Solche Narrative erschweren die Normalisierung von Avataren als sozial akzeptierte Instanzen im Alltag und verfestigen ein Bild technologischer Fremdheit.

Gleichzeitig aber lässt sich auch ein Prozess der funktionalen Integration und ästhetischen Familiarisierung beobachten, insbesondere bei jüngeren Generationen, die mit avatarbasierten Systemen in sozialen Medien, Spielen oder virtuellen Lernumgebungen aufgewachsen sind. Für sie stellen Avatare keine Ausnahme, sondern eine selbstverständliche Form digitaler Repräsentation und sozialer Interaktion dar. Die Verbindung von Individualisierung, Gestaltungsfreiheit und emotionaler Ausdrucksfähigkeit macht Avatare zu einem Medium der Selbstverortung und Identitätsarbeit, das zunehmend auch in semiprofessionelle und institutionelle Kontexte diffundiert [PEA09]. Die Nutzung virtueller Assistenten, die Repräsentation in VR-Konferenzen oder die Gestaltung digitaler Zwillinge in der Arbeitswelt tragen dazu bei, dass Avatare schrittweise aus dem Bereich des „Virtuellen" in den Bereich des „Alltäglichen" überführt werden.

Dennoch bleibt die vollständige gesellschaftliche Akzeptanz einer avatarzentrierten Welt bislang ein Zukunftsversprechen, das mit erheblichen kulturellen und institutionellen Herausforderungen verbunden ist. Die Frage, ob und wie Avatare als gleichwertige soziale Akteure angesehen werden können, ist nicht nur technischer, sondern tiefgreifend normativer Natur. Sie betrifft Vorstellungen von Subjektivität, Authentizität, Präsenz und Verantwortung, die in vielen gesellschaftlichen Bereichen noch primär anthropozentrisch geprägt sind. Erst wenn diese Konzepte erweitert und in digitale Kontexte überführt werden, kann eine breite gesellschaftliche Integration von Avataren als alltägliche Akteure erfolgen. Der Weg dorthin wird weniger von technologischer Machbarkeit als von kultureller Aushandlung und sozialer Imagination bestimmt.

Literatur

[BAN96]   Banks, I. M. (1996). *Excession*. Orbit Books. ASIN: B00SLTE210.

[FLO18]   Floridi, L., Cowls, J., Beltrametti, M., et al. (2018). AI4People – An ethical framework for a good AI society: Opportunities, risks, principles, and recommendations. *Minds & Machines, 28*, 689–707. https://doi.org/10.1007/s11023-018-9482-5

[GIB84]   Gibson, W. (1984). *Neuromancer*. Ace Books. isbn: 9780441569595.

[JON13]   Jonze, S. (Director). (2013). *Her* [Film]. Annapurna Pictures.

[MOR02]   Morgan, R. K. (2002). *Altered carbon*. Gollancz Paperbacks. isbn: 978-0575073906.

[NOW03]   Nowak, K., & Biocca, F. (2003). The effect of the agency and anthropomorphism on users' sense of telepresence, copresence, and social presence in virtual environments. *Presence: Teleoperators and Virtual Environments, 12*(5), 481–494. https://doi.org/10.1162/105474603322761289

[PEA09]   Pearce, C., & Artemesia. (2009). *Communities of play: Emergent cultures in multiplayer games and virtual worlds*. MIT Press. isbn: 9780262516730.

[STE92]   Stephenson, N. (1992). *Snow crash*. Bantam Books.

[WES19]   West, S. M. (2019). Data capitalism: Redefining the logics of surveillance and privacy. *Business & Society, 59*(1), 1–27. https://doi.org/10.1177/0007650317718185

Glossar 8

ACT-R (Adaptive Control of Thought – Rational) und SOAR sind zwei prominente kognitive Architekturen, die als theoretische und computergestützte Modelle zur Simulation menschlicher Kognition dienen. ACT-R basiert auf einer modularen Struktur, die kognitive Prozesse durch die Interaktion deklarativen und prozeduralen Wissens beschreibt, wobei Lernen durch Erfahrungen in Form von Produktionsregeln erfolgt. Es orientiert sich stark an empirischen Befunden der kognitiven Psychologie und wird häufig zur Modellierung menschlichen Verhaltens in Aufgaben wie Problemlösen, Gedächtnisabruf oder Entscheidungsfindung verwendet. SOAR hingegen verfolgt einen universelleren Ansatz zur Modellierung intelligenter Agenten durch die Integration von Zielverfolgung, Problemlösung und Lernen in einer einheitlichen Architektur. Dabei basiert SOAR auf einem symbolischen Produktionssystem und verwendet Mechanismen wie chunking zur Wissensgenerierung. Beide Architekturen tragen maßgeblich zur kognitionswissenschaftlich fundierten Entwicklung künstlicher Intelligenz und zur Analyse kognitiver Prozesse in simulierten Umgebungen bei.

Adversarial Training bezeichnet eine Methode des maschinellen Lernens, bei der ein Modell gezielt mit sogenannten adversarialen Beispielen trainiert wird, also mit Eingabedaten, die durch minimale, für den Menschen kaum wahrnehmbare Perturbationen verändert wurden, um das Modell zu falschen Vorhersagen zu verleiten. Ziel dieses Verfahrens ist es, die Robustheit des Modells gegenüber solchen gezielten Angriffsversuchen zu erhöhen und damit dessen Sicherheit und Verlässlichkeit zu verbessern. Adversarial Training kann als eine Form der Regularisierung verstanden werden, da es das Modell dazu zwingt, invariablere Merkmalsrepräsentationen zu lernen. Die Methode findet insbesondere Anwendung in sicherheitskritischen Bereichen wie der Bildklassifikation, der Spracherkennung und der autonomen Navigation.

© Der/die Autor(en), exklusiv lizenziert an Springer Fachmedien Wiesbaden GmbH, ein Teil von Springer Nature 2026
P. Hoffmann, *Avatare im Metaversum*, https://doi.org/10.1007/978-3-658-51037-4_8

Agent Communication Language ist eine formalisierte Sprache, die für die Kommunikation zwischen autonomen Softwareagenten in Multi-Agenten-Systemen entwickelt wurde. Sie definiert ein standardisiertes Vokabular sowie eine Menge von Kommunikationsakten, sogenannten „Performatives", mit denen Agenten Informationen austauschen, Anfragen stellen, Vorschläge unterbreiten oder Aktionen koordinieren können. Im Gegensatz zu rein technischen Protokollen basiert ACL auf Konzepten der Sprachphilosophie, insbesondere auf Sprechakttheorien, um semantisch interpretierbare und intentionsgeleitete Kommunikation zu ermöglichen. Bekannte Spezifikationen wie die FIPA-ACL (Foundation for Intelligent Physical Agents) legen zudem semantische Bedingungen für die Interpretation der Nachrichten fest, um Interoperabilität und korrektes Verhalten der Agenten sicherzustellen.

Affective Computing (auch: Affective Adaptivity) bezeichnet ein interdisziplinäres Forschungsfeld an der Schnittstelle von Informatik, Psychologie und Kognitionswissenschaften, das sich mit der Erkennung, Modellierung und Simulation menschlicher Emotionen durch technische Systeme befasst. Ziel ist es, Computer und interaktive Systeme mit der Fähigkeit auszustatten, affektive Zustände zu interpretieren, angemessen darauf zu reagieren und selbst emotional wirkende Ausdrucksformen zu generieren. Hierzu werden unter anderem Verfahren der Mustererkennung, maschinelles Lernen und multimodale Sensorik eingesetzt, etwa zur Analyse von Sprache, Mimik, Gestik oder physiologischen Signalen. Affective Computing findet Anwendung in Bereichen wie Human-Computer Interaction, adaptiven Lernumgebungen, virtuellen Assistenten sowie im Gesundheitswesen.

Akteur-Netzwerk-Theorie (ANT) ist ein theoretisch-methodologischer Ansatz der Wissenschafts- und Technikforschung, der soziale, technische und materielle Entitäten gleichermaßen als Akteure, sogenannte Aktanten, in Netzwerken betrachtet. Anstatt zwischen menschlichen und nicht-menschlichen Akteuren zu unterscheiden, analysiert die ANT die dynamischen Beziehungen und Wechselwirkungen innerhalb von Netzwerken, in denen Wissen, Macht und Handlungskompetenz durch Translation, Einschreibung und Vermittlung entstehen. Zentral ist dabei die Vorstellung, dass Stabilität und Struktur sozialer Ordnungen nicht vorausgesetzt, sondern durch kontinuierliche Netzwerkprozesse erzeugt und aufrechterhalten werden. Die Akteur-Netzwerk-Theorie findet breite Anwendung in der Analyse technologischer Innovationen, soziotechnischer Systeme und organisationaler Praktiken.

Auditierbarkeit bezeichnet die Eigenschaft eines Systems, Prozesses oder Artefakts, durch unabhängige Prüfungen systematisch und nachvollziehbar überprüft werden zu können. Sie ist ein zentrales Kriterium in sicherheitskritischen, regulierten oder qualitätsorientierten Domänen und setzt voraus, dass sämtliche relevanten Aktivitäten, Entscheidungen und Daten manipulationssicher dokumentiert und zugänglich gemacht werden. Auditierbarkeit umfasst sowohl technische als auch organisatorische Maßnahmen zur

Sicherstellung von Transparenz, Revisionsfähigkeit und Nachvollziehbarkeit, etwa durch Protokollierung, Versionierung oder standardisierte Prüfverfahren. Sie bildet eine wesentliche Voraussetzung für Compliance, Risikoanalyse und kontinuierliche Verbesserung in komplexen Systemlandschaften.

Augmented Reality (AR) bezeichnet eine computergestützte Erweiterung der realen Welt durch kontextbezogene, digitale Informationen, die in Echtzeit über visuelle, auditive oder haptische Schnittstellen eingeblendet werden. Ziel von AR-Systemen ist es, die Wahrnehmung und Interaktion mit der physikalischen Umgebung zu verbessern, indem virtuelle Elemente nahtlos in den realen Handlungsraum integriert werden. Technisch basiert AR auf der Erkennung und Verortung von Objekten und Nutzerpositionen mittels Sensorik, Computer Vision und Tracking-Verfahren. Anwendung findet Augmented Reality unter anderem in Bereichen wie Bildung, Industrie, Medizin, Architektur und Unterhaltung, wo sie situationsspezifische Unterstützung, Simulation oder Visualisierung ermöglicht.

ARPANET/DARPANET/Internet bezeichnen aufeinanderfolgende Entwicklungsstufen eines globalen Netzwerks zur digitalen Datenkommunikation, das seinen Ursprung in den späten 1960er-Jahren im Rahmen eines Forschungsprojekts der US-amerikanischen Advanced Research Projects Agency (ARPA) hatte. Das ARPANET (Advanced Research Projects Agency Network) war das erste funktionsfähige Paketvermittlungsnetzwerk und diente als experimentelle Plattform für die Entwicklung von Netzwerkprotokollen wie TCP/IP, die später zum technischen Fundament des Internets wurden. Nach der Umbenennung der Agentur in DARPA (Defense Advanced Research Projects Agency) wurde das Netzwerk gelegentlich als DARPANET bezeichnet. Mit der schrittweisen Öffnung für akademische Einrichtungen, Unternehmen und schließlich die breite Öffentlichkeit entwickelte sich daraus das heutige Internet – ein dezentral organisiertes, globales Netzwerkverbundsystem, das auf standardisierten Protokollen basiert und die Grundlage moderner Informations- und Kommunikationsinfrastrukturen bildet.

Avatar bezeichnet in digitalen Kontexten die grafische oder physikalische Repräsentation eines Nutzers innerhalb einer virtuellen Umgebung, die als Schnittstelle für die Interaktion mit digitalen Systemen oder anderen Nutzern dient. Avatare können dabei in Form stilisierter Symbole, zweidimensionaler Bilder oder komplexer dreidimensionaler Figuren realisiert sein und sowohl visuelle als auch auditive oder gestische Ausdrucksmöglichkeiten integrieren. Sie übernehmen eine zentrale Rolle in Anwendungen wie Computerspielen, sozialen virtuellen Welten, Telepräsenzsystemen oder Mensch-Computer-Interaktionen, indem sie Identität vermitteln, soziale Präsenz erzeugen und Interaktivität ermöglichen. Der Einsatz von Avataren wirft zudem Fragen der Personalisierung, Authentizität und medienvermittelten Kommunikation auf.

Binaurales Audio bezeichnet eine Aufnahmetechnik und Wiedergabemethode, bei der Schall so verarbeitet wird, dass beim Hören über Kopfhörer ein räumlich realistischer Höreindruck entsteht, der dem natürlichen menschlichen Hören nachempfunden ist. Grundlage bildet die Simulation der interauralen Zeit- und Pegeldifferenzen sowie frequenzabhängiger Filtereffekte des menschlichen Kopfes und der Ohrmuscheln, wie sie durch sogenannte Head-Related Transfer Functions (HRTFs) modelliert werden. Durch diese akustische Nachbildung wird es möglich, Klangquellen präzise im dreidimensionalen Raum zu lokalisieren, was insbesondere in Virtual- und Augmented-Reality-Anwendungen, psychoakustischer Forschung sowie im immersiven Audio-Design Anwendung findet. Binaurales Audio trägt wesentlich zur Steigerung der Präsenz und Realitätsnähe in auditiven Medienerlebnissen bei.

Blend-shape Deformation ist ein Verfahren der computergestützten 3D-Animation, bei dem komplexe Verformungen eines Meshs (Netzes), insbesondere zur Darstellung mimischer Ausdrücke oder artikulatorischer Bewegungen, durch lineare Interpolation vordefinierter Geometrievarianten, sogenannte Blend-Shapes realisiert werden. Jede dieser Formen repräsentiert eine gezielte Modifikation des Basis-Meshs und kann über gewichtete Einflussfaktoren kombiniert werden, um fließende Übergänge und realistische Bewegungsabläufe zu erzeugen. Die Methode findet breite Anwendung in der Gesichtsanimation virtueller Charaktere, z. B. in der Filmproduktion, in Computerspielen oder in Echtzeit-Kommunikationssystemen mit Avataren. Blend-shape Deformation zeichnet sich durch hohe Ausdrucksgenauigkeit und Rechenökonomie aus, erfordert jedoch sorgfältige Modellierung und Kalibrierung der Einzelzustände.

Blockchain ist eine dezentrale, digitale Datenbanktechnologie, die Informationen in chronologisch geordneten, kryptografisch gesicherten Blöcken speichert und über ein Netzwerk von Computern verteilt. Diese Architektur gewährleistet Transparenz, Manipulationssicherheit und Nachvollziehbarkeit von Transaktionen, wodurch sie insbesondere für Kryptowährungen, (→) Smart Contracts, (→) Non-Fungible Tokens (NFTs) und Anwendungen im Metaversum relevant ist. Durch ihre Dezentralität reduziert die Blockchain die Abhängigkeit von zentralen Instanzen, stellt jedoch gleichzeitig Herausforderungen in Bezug auf Skalierbarkeit, Energieverbrauch und regulatorische Rahmenbedingungen dar.

Brain-Computer-Interface (BCI) bezeichnet ein technisches System zur direkten Kommunikation zwischen dem menschlichen Gehirn und einem externen Computer, das ohne die Beteiligung peripherer Nerven und Muskeln funktioniert. Durch die Erfassung neuronaler Aktivität, meist mittels Elektroenzephalografie (EEG), funktioneller Magnetresonanztomografie (fMRT), manchmal auch mittels invasiver Elektroden, werden kognitive oder intentionale Zustände des Nutzers in maschinenlesbare Signale übersetzt, die zur Steuerung von Geräten, zur Kommunikation oder zur neurokognitiven Analyse genutzt werden können. BCIs finden Anwendung in der Medizintechnik, insbesondere zur Unterstützung von Menschen mit motorischen Beeinträchtigungen, sowie zunehmend in Bereichen wie Neuroergonomie, Gaming und erweiterten Mensch-Maschine-Interaktionen. Die Entwicklung von BCIs erfordert interdisziplinäre Ansätze aus Neurowissenschaft, Informatik, Signalverarbeitung und Ethik.

Command Line Interface (CLI) bezeichnet eine textbasierte Benutzungsschnittstelle, über die Nutzer durch die Eingabe von Befehlen mit einem Computersystem interagieren. Im Gegensatz zu grafischen Benutzeroberflächen (GUIs) erfolgt die Steuerung ausschließlich über die Tastatur, wobei Befehle, Parameter und Optionen in einer strukturierten Syntax eingegeben werden müssen. CLIs bieten eine hohe Flexibilität, Skriptbarkeit und Effizienz, insbesondere für erfahrene Nutzer und in automatisierten oder serverbasierten Umgebungen. Sie sind in Betriebssystemen wie Unix, Linux und Windows weit verbreitet und bilden die Grundlage für zahlreiche Entwicklungs-, Verwaltungs- und Diagnosewerkzeuge. Trotz ihrer steileren Lernkurve bleibt die Kommandozeile ein unverzichtbares Werkzeug für systemnahe und professionelle Anwendungen.

Computer Vision ist ein interdisziplinäres Teilgebiet der Informatik und künstlichen Intelligenz, das sich mit der automatisierten Analyse, Interpretation und Gewinnung bedeutungsvoller Informationen aus digitalen Bildern oder Videos befasst. Ziel ist es, visuelle Wahrnehmungsprozesse nach dem Vorbild des menschlichen Sehens algorithmisch zu modellieren, um Aufgaben wie Objekterkennung, Bildklassifikation, Bewegungserkennung oder Szenenverständnis zu ermöglichen. Dabei kommen Methoden der digitalen Bildverarbeitung, des maschinellen Lernens und zunehmend des Deep Learning zum Einsatz. Computer Vision findet breite Anwendung in Bereichen wie autonomes Fahren, Medizintechnik, industrielle Qualitätskontrolle, Robotik und Überwachungssystemen und gilt als Schlüsseltechnologie für die visuelle Mensch-Maschine-Interaktion.

Dezentrale Identitätssysteme (Decentralized Identity Systems, DID) bezeichnen ein Konzept zur digitalen Identitätsverwaltung, bei dem Individuen oder Organisationen ihre Identitäten ohne zentrale Vermittlungsinstanz selbst kontrollieren und verwalten können. Technisch basieren DIDs auf kryptografischen Verfahren und verteilten Ledger-Technologien wie z. B. (→) Blockchain, die eine manipulationssichere, überprüfbare und interoperable Repräsentation digitaler Identitäten ermöglichen. Jede dezentrale Identität ist durch einen global eindeutigen Identifier (DID) gekennzeichnet und mit einem Set von öffentlichen Schlüsseln sowie Metadaten verknüpft, das in einem sogenannten DID-Dokument abgelegt ist. DIDs zielen darauf ab, Datenschutz, Souveränität und Interoperabilität in digitalen Ökosystemen zu stärken und finden Anwendung in Bereichen wie (→) Self-Sovereign Identity, E-Government, Supply Chain Management und digitaler Nachweisführung.

Digital Commons bezeichnet gemeinschaftlich genutzte und kollektiv verwaltete digitale Ressourcen, die auf Prinzipien der Offenheit, Partizipation und freien Zugänglichkeit beruhen. Dazu zählen unter anderem Open-Source-Software, offene Bildungsressourcen, wissenschaftliche Publikationen im Open-Access-Modell sowie frei nutzbare Datenbanken und Wissensplattformen. Im Gegensatz zu privatwirtschaftlich oder staatlich kontrollierten Infrastrukturen beruht Digital Commons auf dezentralen, oft durch Gemeinschaftsregeln geregelten Governance-Strukturen, die eine nachhaltige Nutzung, Weiterentwicklung und gerechte Verteilung ermöglichen sollen. Die Forschung zu digitalen Gemeingütern untersucht sowohl technische als auch soziale, ökonomische und rechtliche Aspekte und zielt darauf ab, Modelle für eine gemeinwohlorientierte digitale Wissensgesellschaft zu entwickeln.

Digital Clone bezeichnet eine digitale Repräsentation einer realen Person, die deren äußere Erscheinung, Stimme, Gestik oder kognitive Eigenschaften nachbildet und in virtuellen oder interaktiven Systemen eingesetzt werden kann. Diese Replikate basieren auf der Verarbeitung umfangreicher personenbezogener Daten durch Verfahren der Künstlichen Intelligenz, insbesondere des maschinellen Lernens, der Sprach- und Bilderkennung sowie der 3D-Modellierung. Digitale Klone finden Anwendung in Bereichen wie virtueller Assistenz, personalisierter Kommunikation, Simulationstrainings oder posthumem Digital Preservation. Ihre Entwicklung wirft bedeutende ethische, rechtliche und datenschutzbezogene Fragestellungen auf, insbesondere im Hinblick auf Autonomie, Authentizität und die Kontrolle über digitale Identitäten.

Digital Twin bezeichnet ein digitales Abbild eines physischen Objekts, Systems oder Prozesses, das dessen Struktur, Verhalten und Zustand in Echtzeit oder nahezu in Echtzeit widerspiegelt. Grundlage ist die kontinuierliche Erfassung und Verarbeitung sensorischer oder prozessbezogener Daten, die es ermöglichen, den realen Zwilling im virtuellen Raum zu modellieren, zu überwachen, zu analysieren und zu optimieren. Digital Twins werden insbesondere in der Industrie 4.0, im Anlagen- und Maschinenbau, in der Stadtplanung sowie in der Gesundheits- und Energiewirtschaft eingesetzt, um Simulationen durchzuführen, vorausschauende Wartung zu ermöglichen oder Entscheidungsprozesse datenbasiert zu unterstützen. Ihre Implementierung erfordert die Integration von IoT-Technologien, Datenanalytik, Modellierungsmethoden und sicheren Kommunikationsinfrastrukturen.

Embodied Cognition ist ein theoretisches Paradigma der Kognitionswissenschaften, das davon ausgeht, dass kognitive Prozesse untrennbar mit der körperlichen Verfasstheit und sensorisch-motorischen Interaktion eines Organismus mit seiner Umwelt verbunden sind. Im Gegensatz zu klassischen, rein symbolverarbeitenden Ansätzen betont Embodied Cognition die Rolle des Körpers, der physischen Erfahrung und der situativen Einbettung für das Denken, Lernen und Handeln. Erkenntnisse aus diesem Ansatz haben weitreichende Implikationen für Bereiche wie Robotik, Mensch-Maschine-Interaktion, Pädagogik und künstliche Intelligenz, indem sie die Bedeutung verkörperter Intelligenz und kontextsensitiver Informationsverarbeitung hervorheben. Embodied Cognition steht damit für einen holistischen Zugang zur Modellierung und Gestaltung kognitiver Systeme.

Emotionale KI bezeichnet ein Teilgebiet der Künstlichen Intelligenz, das sich mit der automatisierten Erkennung, Interpretation, Simulation und Reaktion auf menschliche Emotionen befasst. Ziel ist es, Maschinen und digitale Systeme mit der Fähigkeit auszustatten, affektive Zustände anhand multimodaler Datenquellen wie Mimik, Stimme, Körpersprache, Text oder physiologischen Signalen zu analysieren und kontextangemessen darauf zu reagieren. Emotionale KI findet Anwendung in Bereichen wie adaptiven Benutzerschnittstellen, virtuellen Assistenten, E-Learning-Systemen, Kundenservice und Gesundheitswesen. Die Entwicklung solcher Systeme wirft zugleich ethische und datenschutzrechtliche Fragestellungen auf, insbesondere hinsichtlich der Sensitivität emotionaler Daten und der Gefahr manipulativer Interaktionen.

Epistemologie (auch: Erkenntnistheorie) ist ein Teilgebiet der Philosophie, das sich mit den Voraussetzungen, dem Wesen, der Struktur und den Grenzen von Wissen und Erkenntnis beschäftigt. Zentrale Fragestellungen betreffen die Definition von Wissen, die Rechtfertigung epistemischer Überzeugungen, die Unterscheidung zwischen Wissen und Meinung sowie die Quellen der Erkenntnis wie Wahrnehmung, Intuition, Vernunft und Sprache. In wissenschaftstheoretischen Kontexten untersucht die Epistemologie zudem die Bedingungen für die Objektivität, Validität und Reproduzierbarkeit wissenschaftlicher Aussagen. Moderne Debatten beziehen auch sozialepistemologische und interdisziplinäre Perspektiven ein, insbesondere im Hinblick auf die Rolle von Kontext, Kultur, Technologie und sozialen Praktiken bei der Wissensgenerierung.

Explainable AI (erklärbare Künstliche Intelligenz, XAI) bezeichnet einen Forschungs- und Entwicklungsansatz innerhalb der Künstlichen Intelligenz, der darauf abzielt, die Entscheidungsprozesse und Ergebnisse von KI-Systemen für menschliche Nutzer nachvollziehbar, interpretierbar und transparent zu machen. Im Gegensatz zu sogenannten Black-Box-Modellen, deren interne Funktionsweise oft intransparent bleibt, strebt XAI danach, erklärbare Modelle zu entwickeln oder bestehende Systeme durch post-hoc-Methoden wie Feature-Attribution, Visualisierung oder symbolische Approximation verständlich zu machen. Ziel ist es, Vertrauen, Verantwortlichkeit und Akzeptanz in sicherheitskritischen oder regulierten Anwendungsbereichen wie Medizin, Justiz, autonomem Fahren oder Finanzwesen zu stärken. Die Herausforderung besteht darin, eine Balance zwischen Modellkomplexität, Vorhersagegenauigkeit und Erklärbarkeit zu finden, ohne die Leistungsfähigkeit der KI wesentlich zu beeinträchtigen.

Extended Reality (XR) (→) Mixed Reality

FIPA (Foundation for Intelligent Physical Agents) ist eine internationale Standardisierungsorganisation, die Richtlinien, Protokolle und Referenzarchitekturen für die Interoperabilität von Softwareagenten und Multi-Agenten-Systemen entwickelt. Sie setzt sich zusammen aus internationalen Forschungsinstitutionen und relevanten Unternehmen. Ziel der FIPA-Spezifikationen ist es, eine einheitliche Kommunikationsinfrastruktur zu schaffen, die den Austausch zwischen heterogenen Agenten ermöglicht, unabhängig von ihrer Implementierung oder Plattform. Zentrale Bestandteile sind unter anderem die FIPA Agent Communication Language (FIPA-ACL), die Sprechakte formalisiert, sowie Protokolle für Agentenmanagement, Nachrichtenübermittlung und Dienstverzeichnisse. FIPA-Standards finden Anwendung in Bereichen wie verteilten Systemen, autonomer Robotik, E-Commerce und intelligenten Umgebungen. Durch die Förderung modularer und offener Architekturen trägt FIPA maßgeblich zur Weiterentwicklung agentenbasierter Softwareparadigmen bei.

Identity-Shift-Hypothese bezeichnet eine theoretische Annahme aus der Kommunikations- und Medienpsychologie, der zufolge sich die Selbstdarstellung und das Selbstbild von Individuen in computervermittelten Interaktionen verändern können, insbesondere im Kontext von Avataren, virtuellen Umgebungen oder sozialen Netzwerken. Die Hypothese geht davon aus, dass die Wahl und Gestaltung eines digitalen Repräsentationsmediums zum Beispiel durch physische Attribute, symbolische Merkmale oder Rollenfunktionen Rückwirkungen auf die Selbstwahrnehmung und das Verhalten des Nutzers hat. Diese Identitätsverschiebung kann sowohl kurzfristig situativ als auch langfristig habitualisiert auftreten und beeinflusst unter anderem soziale Interaktion, Empathie, Risikoverhalten und emotionale Beteiligung. Die Identity-Shift-Hypothese steht im Zusammenhang mit Konzepten wie dem (→) Proteus-Effekt und trägt zur Analyse medial induzierter Identitätsdynamiken in virtuellen Räumen bei.

Kognitive Architekturen bezeichnen theoretisch und formal spezifizierte Modelle der menschlichen Kognition, die als Grundlage für die Entwicklung künstlicher intelligenter Systeme dienen und das Zusammenspiel grundlegender kognitiver Prozesse wie Wahrnehmung, Gedächtnis, Lernen, Problemlösen und Handlungssteuerung abbilden. Sie verfolgen das Ziel, allgemeine Prinzipien der Informationsverarbeitung im menschlichen Denken zu modellieren und diese in rechnergestützte Systeme zu implementieren, um adaptives, erklärbares und menschenähnliches Verhalten zu erzeugen. Bekannte kognitive Architekturen wie (→) ACT-R, SOAR oder CLARION beruhen auf unterschiedlichen theoretischen Paradigmen und kombinieren symbolische und subsymbolische Verarbeitungsmechanismen. Anwendung finden sie unter anderem in der Mensch-Maschine-Interaktion, Robotik, kognitionsnahen KI-Forschung sowie in der Simulation menschlicher Entscheidungsprozesse.

Large Language Model/Small Language Model bezeichnen zwei Klassen statistischer Sprachmodelle, die auf maschinellem Lernen, insbesondere auf neuronalen Netzen, basieren und zur Verarbeitung, Generierung und Analyse natürlicher Sprache eingesetzt werden. LLMs zeichnen sich durch eine sehr hohe Anzahl von Parametern, typischerweise im Milliardenbereich, große Trainingsdatensätze und eine hohe Rechenkapazität aus, wodurch sie in der Lage sind, kontextreiche, kohärente und vielfältige sprachliche Ausgaben zu erzeugen und komplexe Aufgaben wie Übersetzung, Fragebeantwortung oder Textzusammenfassung zu bewältigen. SLMs hingegen verfügen über deutlich weniger Parameter und sind ressourcenschonender, was sie für eingebettete Systeme, datenschutzsensitive Anwendungen oder domänenspezifische Aufgaben prädestiniert. Während LLMs eine breite Generalisierung ermöglichen, bieten SLMs Vorteile hinsichtlich Interpretierbarkeit, Effizienz und gezielter Anpassbarkeit. Beide Modelltypen tragen komplementär zur Weiterentwicklung natürlicher Sprachverarbeitung bei.

Mixed Reality (MR) und Extended Reality (XR) sind Konzepte aus dem Bereich immersiver Technologien, die unterschiedliche Grade der Verschmelzung realer und virtueller Inhalte beschreiben. MR bezeichnet eine Technologie, bei der digitale Inhalte in Echtzeit in die physische Umgebung eingebettet werden und mit ihr sowie mit dem Nutzer dynamisch interagieren, wobei physisch reale und computergenerierte Elemente koexistieren und wechselseitig beeinflussen. XR fungiert als übergeordneter Sammelbegriff für alle Formen erweiterter Realität, einschließlich (→) Virtual Reality, (→)Augmented Reality und Mixed Reality, und umfasst somit das gesamte Spektrum immersiver Erlebnisse. Beide Begriffe spielen eine zentrale Rolle in Anwendungen wie interaktiven Trainingssystemen, kollaborativen Arbeitsumgebungen, medizinischen Simulationen sowie im Bildungs- und Unterhaltungsbereich, wobei sie zunehmend durch Fortschritte in Sensorik, Tracking und Echtzeit-Rendering unterstützt werden. Oft werden beide Begriffe synomym benutzt.

Modusage führt die Ideen der (→) Prosumtion nach Toffler und des (→) Produsage nach Bruns zusammen, um die Eigenschaften der „Cross-Economy" des Metaversums zu beschreiben, die über die Grenze zwischen virtueller und realer Welt hinweg eine neue Form der Wertschöpfung bilden wird. Produkte und Dienstleistungen der einen Welt können in der eigenen, aber auch in der jeweils anderen bewirtschaftet werden. Die Verschmelzung von physischer und digitaler Welt eröffnet dabei sowohl die Interpretation und Integration der klassischen Wertschöpfungskette als auch die der Gemeinschaftsorientierten Wertschöpfungskette der digitalen Welt.

Morphing bezeichnet ein computerbasiertes Verfahren zur kontinuierlichen Transformation eines digitalen Bildes oder Objekts in ein anderes, wobei Zwischenstufen berechnet werden, um einen fließenden Übergang zwischen Ausgangs- und Zielzustand zu erzeugen. Technisch basiert Morphing auf der Kombination geometrischer Verzerrung (Warping) und bildbasierter Interpolation, sodass sowohl Form als auch Textur über die Zeit verändert werden können. Das Verfahren wird insbesondere in der Film- und Medienproduktion, der Gesichtsanimation sowie in der Visualisierung biologischer oder technischer Entwicklungsprozesse eingesetzt. Morphing erfordert präzise Korrespondenzen zwischen den zu transformierenden Elementen und stellt hohe Anforderungen an die Bildregistrierung und Interpolationsalgorithmen, um visuell kohärente und realistische Übergänge zu gewährleisten.

Motion Capturing (MoCap) bezeichnet ein Verfahren zur digitalen Erfassung, Analyse und Übertragung von Bewegungen realer Objekte oder Personen auf virtuelle Modelle in Echtzeit oder zur späteren Verarbeitung. Hierbei werden kinematische Daten mittels optischer, z. B. markerbasierter oder markerloser Kamerasysteme, inertialer oder magnetischer Sensorik aufgezeichnet und in dreidimensionale Koordinaten überführt, die anschließend zur Steuerung animierter Figuren oder technischer Systeme verwendet werden. Motion Capturing findet breite Anwendung in der Film- und Spieleindustrie, der virtuellen Realität, der Robotik, der Biomechanik sowie in der sportwissenschaftlichen Bewegungsanalyse. Die Technologie ermöglicht eine hochpräzise und natürliche Bewegungsdarstellung, erfordert jedoch komplexe Kalibrierungs- und Nachbearbeitungsprozesse zur Gewährleistung realistischer und kohärenter Animationen.

Natural Language Processing (NLP) bezeichnet ein interdisziplinäres Teilgebiet der Künstlichen Intelligenz und Computerlinguistik, das sich mit der automatisierten Analyse, Verarbeitung und Generierung natürlicher Sprache durch Computersysteme befasst. Ziel von NLP ist es, menschliche Sprache in eine für Maschinen interpretierbare Form zu überführen, um Aufgaben wie Sprachverstehen, maschinelle Übersetzung, Textklassifikation, Sentimentanalyse oder Dialogführung zu ermöglichen. Hierzu werden Methoden der formalen Sprachmodellierung, Statistik, maschinellen Lernverfahren und zunehmend neuronaler Netzwerke, insbesondere Large Language Models, eingesetzt. NLP findet Anwendung in zahlreichen Bereichen wie digitalen Sprachassistenten, Suchmaschinen, automatisierter Textverarbeitung sowie in der Analyse großer Textkorpora und leistet einen wesentlichen Beitrag zur natürlichen Mensch-Maschine-Interaktion.

Non-Fungible Token (NFT) bezeichnet ein einzigartiges, digitales Asset, das auf einer Blockchain gespeichert wird und die Eigentümerschaft sowie Authentizität eines digitalen Objekts, wie Kunstwerke, Musik, Sammlerstücke oder virtuelle Grundstücke, nachweist. Im Gegensatz zu fungiblen Kryptowährungen wie Bitcoin oder Ethereum sind NFTs nicht austauschbar, da jeder Token individuelle Merkmale besitzt. Diese Technologie ermöglicht neue Formen der digitalen Besitzstruktur, insbesondere im Kunstmarkt, in der Spieleindustrie und im Metaversum, wirft jedoch auch Fragen zu Nachhaltigkeit, Urheberrechten und Marktstabilität auf.

Non-Player Character (NPC) bezeichnet eine Figur in digitalen Spielen oder interaktiven virtuellen Umgebungen, die nicht von einem menschlichen Spieler, sondern durch das Spielsystem selbst gesteuert wird. NPCs übernehmen vielfältige Funktionen, etwa als Begleitfiguren, Gegner, Erzähler oder Questgeber, und tragen wesentlich zur Narration, Interaktion und Immersion in digitalen Szenarien bei. Ihre Verhaltensweisen basieren auf regelbasierten Systemen, Zustandsmaschinen oder zunehmend auf künstlicher Intelligenz, um situationsabhängige Reaktionen und glaubwürdiges Agieren zu ermöglichen. In komplexeren Anwendungen, etwa in Serious Games, Simulationstrainings oder sozialen virtuellen Räumen, werden NPCs auch für didaktische, diagnostische oder kommunikative Zwecke eingesetzt. Die Gestaltung und Steuerung von NPCs erfordert ein interdisziplinäres Zusammenspiel von Game Design, KI-Entwicklung und narrativer Modellierung.

Physically Based Rendering (PBR) bezeichnet ein Verfahren der computergestützten Bildsynthese, das auf physikalisch realistischen Modellen zur Simulation von Lichtverhalten basiert, um visuell glaubwürdige und konsistente Darstellungen von Materialien und Oberflächen zu erzeugen. PBR berücksichtigt dabei Eigenschaften wie Lichtreflexion, Absorption, Streuung und Brechung in Abhängigkeit von Materialparametern wie Rauheit, Metallizität, Brechungsindex oder Albedo. Durch die Nutzung standardisierter Beleuchtungsmodelle wie z. B. des bidirektionalen Reflexionsverteilungsfunktion (BRDF) sowie durch konsistente Energieerhaltung ermöglicht PBR eine realitätsnahe und plattformübergreifend reproduzierbare Visualisierung. Die Methode ist in modernen Echtzeit-Render-Engines, Visual Effects und CAD-Anwendungen weit verbreitet und bildet die Grundlage für qualitativ hochwertige, physikalisch fundierte Darstellung in interaktiven und filmischen Kontexten.

Plattformökonomie bezeichnet ein ökonomisches Modell, bei dem digitale Plattformen als intermediäre Infrastrukturen fungieren, die Anbieter und Nachfragende von Gütern, Dienstleistungen oder Informationen in skalierbaren Netzwerken zusammenführen. Im Zentrum stehen dabei digitale Geschäftsmodelle, die auf Netzwerkeffekten, datengetriebenen Wertschöpfungsprozessen und der Orchestrierung dezentraler Marktteilnehmer basieren. Plattformen wie Marktplätze, soziale Netzwerke oder App-Ökosysteme agieren nicht nur als Vermittler, sondern gestalten Marktbedingungen aktiv durch algorithmische Steuerung, Zugangsregulierung und Monetarisierungsstrategien. Die Plattformökonomie transformiert traditionelle Branchenstrukturen, verändert Wettbewerbsdynamiken und wirft zugleich Fragen hinsichtlich Marktregulierung, Datenhoheit und Arbeitsverhältnissen im digitalen Raum auf.

Plausibility Illusion bezeichnet ein psychologisches Phänomen in virtuellen Umgebungen, bei dem Nutzer trotz des Bewusstseins der künstlichen Natur der Situation subjektiv den Eindruck gewinnen, dass die dargestellten Ereignisse, Handlungen oder Interaktionen realistisch und glaubwürdig sind. Im Kontext von Virtual Reality und immersiver Medien trägt die Plausibility Illusion, neben der Place Illusion, also dem Gefühl, sich tatsächlich im virtuellen Raum zu befinden, wesentlich zur Immersion und zur Akzeptanz der simulierten Realität bei. Sie entsteht durch kohärente Handlungsskripte, glaubwürdige Reaktionen virtueller Agenten, konsistente Umweltlogiken sowie die Übereinstimmung mit alltäglichen Erwartungshaltungen. Die gezielte Gestaltung plausibler Szenarien ist von zentraler Bedeutung für Training, Therapie, Forschung und Unterhaltung in virtuellen

Kontexten, da sie die emotionale und kognitive Wirksamkeit der Erfahrung maßgeblich beeinflusst.

Produsage ist ein Begriff der von Axel Bruns geprägt wurde und die Verschmelzung von Produktion und Nutzung in kollaborativen Online-Communities beschreibt. Dabei sind Nutzer nicht nur passive Konsumenten, sondern aktive Mitgestalter von Inhalten. Sie produzieren, bearbeiten und teilen Informationen in einer offenen, partizipativen Art und Weise. Produsage ermöglicht es der Gemeinschaft, gemeinsam Wissen zu generieren und Innovationen voranzutreiben. Es geht um kooperative Kreativität und gemeinschaftliches Engagement, um eine dynamische und offene Form der Zusammenarbeit.

Prosumtion wurde als Begriff geprägt Alvin Toffler und beschreibt das Konzept, dass Individuen nicht nur Konsumenten von Produkten sind, sondern auch gleichzeitig Produzenten. Durch die fortschreitende Digitalisierung und Technologie können Menschen heute in vielen Bereichen selbst Inhalte erstellen, bearbeiten und teilen. Prosumtion vereint die Rollen des Produzierens und Konsumierens in einer Person und stellt eine Verschmelzung von traditionellen Konsumenten- und Produzentenaktivitäten dar. Dieser Trend hat Auswirkungen auf Wirtschaft, Kultur und Gesellschaft, da er das Machtverhältnis zwischen Unternehmen und Verbrauchern verändert.

Proteus-Effekt bezeichnet ein psychologisches Phänomen in virtuellen Umgebungen, bei dem sich das Verhalten und die Selbstwahrnehmung eines Individuums an die Eigenschaften des eigenen Avatars anpassen. Benannt nach dem griechischen Meeresgott Proteus, der seine Gestalt verändern konnte, beschreibt der Effekt die Wechselwirkung zwischen der visuellen oder symbolischen Repräsentation einer Person und deren realem Verhalten, etwa in Bezug auf Dominanz, Selbstvertrauen oder soziale Interaktion. Der Proteus-Effekt wird insbesondere in der Forschung zu immersiven Medien, virtuellen Realitäten und computervermittelter Kommunikation untersucht und zeigt, wie stark visuelle Identitätsmerkmale in digitalen Kontexten die kognitive, affektive und soziale Selbstregulation beeinflussen können. Er hat weitreichende Implikationen für Designentscheidungen in digitalen Lernumgebungen, Simulationen, Online-Interaktionen und Therapieanwendungen.

Raytracing ist ein rechnergestütztes Verfahren der Bildsynthese, das auf der physikalisch motivierten Nachverfolgung von Lichtstrahlen basiert, um realistische Darstellungen dreidimensionaler Szenen zu erzeugen. Dabei werden Lichtstrahlen vom virtuellen Kamerapunkt aus durch jedes Bildpixel in die Szene ausgesendet und ihre Wechselwirkungen mit Objektoberflächen, wie Reflexion, Brechung, Schattenwurf oder Streuung, unter Berücksichtigung von Materialeigenschaften und Lichtquellen modelliert. Durch diese simulationsbasierte Herangehensweise ermöglicht Raytracing eine hohe visuelle Genauigkeit bei der Darstellung komplexer optischer Effekte, insbesondere in Bezug auf Spiegelungen, Transparenzen und globale Beleuchtung. Das Verfahren ist rechenintensiv, findet jedoch aufgrund wachsender Hardwarekapazitäten und effizienter Algorithmen zunehmend Anwendung in Bereichen wie Filmproduktion, Produktvisualisierung, Architektur und Echtzeit-Grafik in Computerspielen.

Realitäts-Virtualitäts-Kontinuum (RVK) beschreibt ein Konzept in der Informatik, das den Übergang zwischen realer und virtueller Umgebung beschreibt. Es stellt ein Spektrum dar, auf dem sich verschiedene Technologien und Anwendungen befinden, von der realen Welt auf der einen Seite bis zur vollständig virtuellen Welt auf der anderen Seite. Das Kontinuum umfasst beispielsweise Augmented Reality, Mixed Reality und Virtual Reality und bietet eine zunehmende Immersion und Interaktion für den Benutzer.

Reinforcement Learning ist ein Teilbereich des maschinellen Lernens, bei dem ein Agent durch Interaktion mit einer Umgebung sukzessive Handlungsstrategien, sogenannten Policies, erlernt, um langfristig maximale Belohnung zu erzielen. Das Lernen erfolgt dabei durch Rückmeldungen in Form von Belohnungen oder Bestrafungen, sog. Reward Signals, ohne dass explizit korrekte Aktionen vorgegeben werden. Der Agent bewertet Zustände und Aktionen mithilfe von Wertfunktionen und aktualisiert seine Entscheidungen auf Basis explorativer und exploitativer Strategien. Mathematisch wird der Lernprozess häufig durch Markov-Entscheidungsprozesse modelliert. Reinforcement Learning findet Anwendung in vielfältigen Bereichen wie Robotik, autonomem Fahren, Spiele-KI, Ressourcenoptimierung und adaptiven Steuerungssystemen und ist besonders geeignet für Probleme mit sequenziellen Entscheidungen und verzögertem Feedback.

Rendering bezeichnet den Prozess der Erzeugung von Bildern, Animationen oder Videos aus einer 2D- oder 3D-Szene. Dabei werden zwei- und dreidimensionale Modelle, Texturen und Beleuchtungsinformationen in ein darstellbares Format umgewandelt. Durch Berechnungen werden Schatten, Reflexionen und andere visuelle Effekte hinzugefügt, um realistische oder stilisierte Ergebnisse zu erzielen.

Resource Description Framework (RDF) ist ein standardisiertes Modell zur formalen Beschreibung und Strukturierung von Informationen im Kontext des Semantic Web. RDF basiert auf einer Tripelstruktur aus Subjekt, Prädikat und Objekt, mit der Aussagen über Ressourcen in maschinenlesbarer Form dargestellt werden können. Diese semantischen Aussagen ermöglichen die eindeutige Identifikation und Verknüpfung von Daten über verschiedene Systeme hinweg, wobei Uniform Resource Identifiers (URIs) zur eindeutigen Referenzierung verwendet werden. RDF bildet die Grundlage für weiterführende Technologien wie RDF Schema (RDFS) und Web Ontology Language (OWL) und erlaubt die Integration, Abfrage und inferenzbasierte Verarbeitung heterogener Datenbestände. Anwendungsfelder reichen von Wissensmanagement über Linked Data bis hin zur Ontologie-basierten Informationsverarbeitung in wissenschaftlichen, wirtschaftlichen und öffentlichen Domänen.

Rigging bezeichnet in der computergestützten 3D-Animation den Prozess der technischen Vorbereitung eines digitalen Modells für die Animation, indem ein hierarchisches Skelettsystem, das Rig, erstellt wird, das die Bewegungsstruktur des Objekts definiert. Dabei werden virtuelle Gelenke, Knochengerüste und Steuerungselemente mit dem geometrischen Mesh des Modells verknüpft, sodass Bewegungen durch Transformationen einzelner Komponenten erzeugt und gesteuert werden können. Ergänzt wird das Rigging häufig durch zusätzliche Deformationssysteme wie Inverse Kinematik, Blendshapes oder Constraints, um komplexe und realitätsnahe Bewegungsabläufe zu ermöglichen. Rigging ist ein essenzieller Zwischenschritt in der Produktionspipeline von Animation, Game Design und visuellen Effekten und erfordert ein interdisziplinäres Zusammenspiel von technischer Präzision, anatomischem Verständnis und künstlerischer Intuition.

Shader sind spezialisierte Programme in der Computergrafik, die auf der Graphics Processing Unit (GPU) ausgeführt werden und die Berechnung visueller Effekte sowie die Darstellung von Oberflächeneigenschaften in Echtzeit oder Offline-Rendering steuern. Sie definieren, wie Geometrien, Texturen, Licht und Materialien visuell interpretiert und auf dem Bildschirm dargestellt werden. Unterschieden wird typischerweise zwischen verschiedenen Shader-Typen wie Vertex-Shader, Fragment- oder Pixel-Shader und Geometry-Shader, die jeweils unterschiedliche Phasen der Rendering-Pipeline beeinflussen. Moderne Shader-Programmierung ermöglicht komplexe Effekte wie Lichtbrechung, Schattenwurf, Reflexionen oder prozedurale Texturen und ist essenziell für realistische Darstellungen in Anwendungen wie Computerspielen, Simulationen, Visualisierungen und Virtual Reality. Shader werden meist in speziellen Sprachen wie GLSL, HLSL oder Cg verfasst und erfordern ein tiefes Verständnis sowohl grafischer Algorithmen als auch der zugrunde liegenden Hardwarearchitektur.

Self-Sovereign Identity (SSI) bezeichnet ein Konzept der digitalen Identitätsverwaltung, bei dem Individuen die vollständige Kontrolle über ihre eigenen Identitätsdaten besitzen und diese unabhängig von zentralisierten Instanzen verwalten und bereitstellen können. Technisch basiert SSI auf dezentralen Technologien wie der Blockchain sowie kryptografischen Verfahren zur Authentifizierung und Verifikation, wobei (→) Decentralized Identifiers und verifizierbare Nachweise (Verifiable Credentials) als zentrale Komponenten fungieren. Das Modell zielt darauf ab, Datenschutz, Interoperabilität und Vertrauenswürdigkeit in digitalen Interaktionen zu erhöhen, indem Identitätsinformationen selektiv und kontextabhängig freigegeben werden können. Self-Sovereign Identity findet Anwendung in Bereichen wie E-Government, Gesundheitswesen, Finanzdienstleistungen und Bildung und stellt einen Paradigmenwechsel gegenüber traditionellen, zentral verwalteten Identitätsmodellen dar.

Semantic Web bezeichnet eine Erweiterung des World Wide Web, die darauf abzielt, Informationen nicht nur syntaktisch, sondern auch semantisch maschinenlesbar und -verarbeitbar darzustellen. Durch den Einsatz standardisierter Technologien wie (→) RDF,

OWL ((→) Web Ontology Language) und SPARQL (SPARQL Protocol and RDF Query Language) werden Daten in Form strukturierter Wissensrepräsentationen modelliert, miteinander verknüpft und inferenzfähig gemacht. Ziel des Semantic Web ist es, eine interoperable Dateninfrastruktur zu schaffen, in der autonome Systeme kontextbezogene Informationen interpretieren, kombinieren und nutzen können, um komplexe Aufgaben wie intelligente Suche, automatisierte Entscheidungsunterstützung oder semantische Integration heterogener Datenquellen zu ermöglichen. Es bildet damit eine Grundlage für die Vision eines vernetzten, inhaltsbezogen interpretierbaren Webs.

Sense of Presence bezeichnet das subjektive Erleben eines Nutzers, sich in einer virtuellen oder mediatisierten Umgebung tatsächlich physisch zu befinden, obwohl diese nur computergeneriert oder vermittelt ist. Dieses Präsenzgefühl entsteht durch die kohärente Integration sensorischer, kognitiver und affektiver Informationen sowie durch interaktive und räumliche Merkmale der Umgebung, wie etwa Immersion, Realitätsnähe, Reaktionsfähigkeit und Selbstwirksamkeit. Der Sense of Presence gilt als zentrales Qualitätsmerkmal virtueller Erfahrungen und beeinflusst maßgeblich das Engagement, die emotionale Beteiligung und die Wirksamkeit von Anwendungen in Bereichen wie Virtual Reality, Simulationstrainings, digitalem Lernen und Telepräsenz. Die empirische Erfassung und gezielte Förderung dieses Phänomens erfordert interdisziplinäre Ansätze aus Psychologie, Informatik, Medienwissenschaft und Mensch-Maschine-Interaktion.

Small Language Model (→) Large Language Model

Smart Contract bezeichnet ein selbstausführendes, digitales Vertragsprotokoll, das auf einer Blockchain gespeichert wird und automatisch festgelegte Bedingungen überprüft und ausführt, ohne dass eine zentrale Instanz oder ein Intermediär erforderlich ist. Diese programmierbaren Verträge ermöglichen transparente, sichere und unveränderliche Transaktionen in Bereichen wie Finanzwesen, Lieferketten, Immobilien oder dem Metaversum. Durch ihre Automatisierung reduzieren Smart Contracts Kosten und Fehlerquellen, bringen jedoch Herausforderungen hinsichtlich rechtlicher Anerkennung, Sicherheitslücken und Fehleranfälligkeit im Code mit sich.

SOAR → ACT-R

Social Presence Theory ist ein theoretischer Ansatz aus der Kommunikationswissenschaft, der die Qualität und Intensität der sozialen Wahrnehmung in mediatisierten Interaktionen beschreibt. Sie postuliert, dass die soziale Präsenz, verstanden als das Gefühl, mit einer anderen Person in einer realen, sozialen Beziehung zu stehen, maßgeblich von den medialen Eigenschaften eines Kommunikationskanals abhängt, insbesondere von dessen Fähigkeit, verbale, nonverbale und paraverbale Signale zu übertragen. Medien mit hoher sozialer Präsenz fördern demnach stärkere emotionale Nähe, Vertrauen und soziale Bindung zwischen den Kommunikationspartnern. Die Theorie ist zentral für die Analyse computervermittelter Kommunikation, insbesondere in virtuellen Lernumgebungen, kollaborativen Arbeitsplattformen und sozialen virtuellen Räumen, und bildet die Grundlage für weiterführende Konzepte wie Media Richness Theory oder das Community-of-Inquiry-Modell.

Sub-symbolische KI und Symbolische KI bezeichnen zwei grundlegende Paradigmen der Künstlichen Intelligenz, die sich hinsichtlich Repräsentation, Verarbeitung und Interpretation von Wissen unterscheiden. Symbolische KI basiert auf expliziten, regelbasierten Wissensrepräsentationen in Form von Symbolen, Logiken und Wenn-Dann-Regeln und eignet sich besonders für deduktives Schließen, Planen und formale Problemlösungen. Sie findet Anwendung in Expertensystemen, wissensbasierten Agenten und semantischen Technologien. Sub-symbolische KI hingegen verwendet verteilte, nicht explizit symbolische Repräsentationen, etwa in Form neuronaler Netze, und ermöglicht durch statistisches Lernen die Verarbeitung komplexer, oft unstrukturierter Daten wie Sprache oder Bilder. Dieses Paradigma ist besonders effektiv in adaptiven, datengetriebenen Anwendungen wie Mustererkennung, Sprachverarbeitung und autonomem Verhalten. Beide Ansätze können im Rahmen hybrider Systeme komplementär kombiniert werden, um symbolische Interpretierbarkeit mit sub-symbolischer Leistungsfähigkeit zu verbinden.

Suspension of Disbelief bezeichnet ein psychologisches und rezeptionsästhetisches Konzept, das die bewusste Bereitschaft eines Rezipienten beschreibt, Unglaubwürdigkeit oder Fiktionalität innerhalb eines narrativen oder inszenierten Kontexts temporär auszublenden, um emotionales und kognitives Eintauchen in die dargestellte Welt zu ermöglichen. Dieser mentale Akt der „Unglaubens-Suspendierung" ist zentral für die Wirkungskraft von Literatur, Film, Theater und immersiven Medien wie Virtual Reality, da er es erlaubt, fiktionale Inhalte als plausibel, kohärent und bedeutungsvoll zu akzeptieren. Die Suspension of Disbelief setzt narrative Kohärenz, emotionale Anschlussfähigkeit und mediale Stimmigkeit voraus und ist ein entscheidender Faktor für Immersion, Empathie und Identifikation in ästhetischen und interaktiven Erfahrungen.

Symbolische KI (→) Sub-symbolische KI

Theory-of-Mind (ToM) bezeichnet die kognitive Fähigkeit, mentale Zustände wie Überzeugungen, Intentionen, Wünsche oder Emotionen bei anderen Personen zu attribuieren und diese zur Erklärung und Vorhersage deren Verhaltens heranzuziehen. Diese Form der mentalen Perspektivübernahme bildet eine zentrale Voraussetzung für soziale Interaktion, Empathie und kommunikatives Handeln. In der Entwicklungspsychologie gilt ToM als ein Meilenstein der kindlichen Kognition, während in der Kognitionswissenschaft und der Künstlichen Intelligenz erforscht wird, inwiefern künstliche Systeme über eine funktionale Form von ToM verfügen können. Anwendungen reichen von sozialer Robotik über virtuelle Agenten bis hin zur Modellierung menschlicher Entscheidungsprozesse in simulierten Umgebungen. Theory of Mind ist somit ein Schlüsselkonzept für das Verständnis und die Nachbildung sozialer Intelligenz.

Tribalismus bezeichnet ein soziales und psychologisches Phänomen, bei dem Individuen starke Loyalität, Identifikation und emotionale Bindung an eine Gruppe, Gemeinschaft oder Ideologie entwickeln, wodurch eine klare Abgrenzung zu Außenstehenden oder konkurrierenden Gruppen entsteht. Diese Gruppenorientierung äußert sich häufig in konformem Verhalten, gruppenbezogener Selbstdefinition sowie der Tendenz zur Bevorzugung der Eigengruppe und zur Abwertung der Fremdgruppe. Tribalistische Dynamiken können in politischen, kulturellen, religiösen oder digitalen Kontexten auftreten und werden durch Mechanismen wie soziale Bestätigung, kollektive Identität und symbolische Zugehörigkeit verstärkt. In gesellschaftlichen und medienwissenschaftlichen Diskursen wird Tribalismus sowohl als stabilisierender Faktor sozialer Kohärenz als auch als potenzieller Nährboden für Polarisierung, Echokammern und Radikalisierung thematisiert.

Uncanny Valley bezeichnet ein psychologisch-ästhetisches Phänomen, bei dem menschenähnliche künstliche Repräsentationen wie Roboter, Avatare oder animierte Figuren bei steigender Ähnlichkeit zum Menschen zunächst als zunehmend vertraut, ab einem bestimmten Punkt jedoch als unheimlich oder abstoßend empfunden werden. Dieses „unheimliche Tal" entsteht durch subtile Diskrepanzen in Mimik, Bewegung oder Proportionen, die kognitive Dissonanzen und emotionale Irritation hervorrufen. Das Konzept wurde erstmals von Masahiro Mori in den 1970er-Jahren formuliert und findet breite Anwendung in der Robotik, Computeranimation, Mensch-Maschine-Interaktion und psychologischen Forschung. Die Überwindung des Uncanny Valley stellt eine zentrale gestalterische Herausforderung dar, um soziale Akzeptanz, emotionale Anschlussfähigkeit und Interaktionsqualität menschenähnlicher Systeme zu verbessern.

Virtual Reality (VR) beschreibt die Abbildung einer Szene als computergenerierte räumliche Darstellung mit dem Ziel der möglichst vollständigen Immersion. Die 100 %-ige VR ist als Virtualität einer der beiden Extremfälle des (→) Realitäts-Virtualitäts-Kontinuums nach Milgram und Kishino. Ein Charakteristikum von VR ist die Implementierung des Paradigmas der „direkten Interaktion", die dem Benutzer die Interaktion mit den Objekten in der dargestellten Szene ermöglicht. Dies ist der eindeutige Unterschied zu z. B. 360°-Fotos oder 360°-Filmen, da darin keine Interaktion mit der Szene möglich ist.

Web Ontology Language (OWL) ist eine vom World Wide Web Consortium (W3C) standardisierte formale Sprache zur Modellierung und Repräsentation von Ontologien im Kontext des (→) Semantic Web. OWL ermöglicht die strukturierte Beschreibung von Klassen, Relationen, Eigenschaften und Instanzen innerhalb eines Wissensdomänenmodells und basiert auf Description Logics, wodurch logisches Schließen, Konsistenzprüfung und semantische Inferenz automatisiert durchgeführt werden können. Die Sprache existiert in verschiedenen Ausprägungen (OWL Lite, OWL DL, OWL Full) mit unterschiedlicher Ausdrucksstärke und Komplexität und ist vollständig kompatibel mit RDF und RDFS. OWL wird in zahlreichen Anwendungsfeldern eingesetzt, darunter Wissensmanagement, biomedizinische Informationssysteme, semantische Suchmaschinen und intelligente Assistenzsysteme, um interoperable, maschinenverstehbare Wissensstrukturen zu schaffen.